# कहानी का लोकतन्त्र
# और
# अप्रकाशित रचनाएँ

# कहानी का लोकतन्त्र और अप्रकाशित रचनाएँ


नामवर सिंह

संकलन-सम्पादन

विजय प्रकाश सिंह

अंकित नरवाल



वाणी प्रकाशन

प्रकाशन के उत्कृष्टतम 62 वर्ष

पेपरबैक पहला संस्करण : 2024
पेपरबैक दूसरा संस्करण : 2025

vaniprakashan.com

वाणी प्रकाशन
4695, 21-ए, दरियागंज, नयी दिल्ली-110 002
फ़ोन : + 91 11 23273167, 23275710
**शाखाएँ**
अशोक राजपथ, पटना-800 004, बिहार
कॉफ़ी हाउस कैम्पस, महात्मा गांधी मार्ग, प्रयागराज-211 001, उत्तर प्रदेश
महात्मा गांधी अन्तरराष्ट्रीय हिन्दी विश्वविद्यालय, वर्धा-442 001, महाराष्ट्र
sales@vaniprakashan.in
vaniprakashan@gmail.com

Kahani Ka Loktantra aur Aprakashit Rachnayen
*by* Namwar Singh
*Compiled & Edited by* Vijay Prakash Singh, Ankit Narwal

ISBN : 978-93-5775-558-0
Criticism



मूल्य : ₹ 395



जी.एस. ऑफ़सेट, दिल्ली-110 095 में मुद्रित

वाणी प्रकाशन का लोगो मक़बूल फ़िदा हुसैन की कूची से

*स्वर्गीय विजय मोहन सिंह चाचा जी की*
*स्मृति को समर्पित*

# अपनी बात

पिता जी कवि, संवादी आलोचक और चिन्तक थे। उनके साहित्यिक सफ़र पर मैं जब भी नज़र डालता हूँ, उन्होंने सफ़र में साहित्य की सारी विधाओं और विविध विषयों पर जितना लिखा है उसके अनुपात में बोला ज़्यादा है। 1970 के दशक में उनकी लिखी हुई कोई पुस्तक प्रकाशित नहीं हुई थी। जब उनसे न लिखने के बारे में लोग पूछते थे, तो मज़ाक़ में अक्सर कह देते थे, "मैंने लिखना छोड़ा नहीं है पहले मैं ध्यानस्थ होकर क़लम से लिखता था और अब ध्यानस्थ होकर मुँह से लिखता हूँ। किसी विषय पर अपने विचारों को व्यक्त करने के यही दो माध्यम हैं।" उनकी मान्यता थी कि जब हम अपने विचारों को बोलकर लोगों तक पहुँचाते हैं, विचार ज़्यादा ऊर्जावान और प्रभावशाली हो जाते हैं। उसका सम्प्रेषण भी अच्छा होता है। इस तरह इन्सान जीवन में ज़्यादा जुड़ा हुआ महसूस करता है। शब्द तो वाणी का ही प्रसाद है। सरस्वती पुत्र (माँ का नाम वागेश्वरी देवी) होने के नाते और साहित्य-साधना से उन्हें वाणी सिद्ध करने का आशीर्वाद मिला था। पिछले तीन दशकों में उनके व्याख्यानों, अप्रकाशित लेखों और साक्षात्कारों आदि के कई संकलन प्रकशित हो चुके हैं। इसी शृंखला में 'कहानी का लोकतन्त्र और अप्रकाशित रचनाएँ' नाम का यह संकलन अपने ढंग का एक नायाब संकलन है। इस संकलन में कुल 32 लेख/व्याख्यान हैं इन्हें विभिन्न स्रोतों से इकट्ठा करके इसमें शामिल किया गया है। पहले खण्ड में कुल 14 लेख/व्याख्यान, जिसमें से चार लेख उनकी पुस्तक 'कहानी नई कहानी' के समय के हैं, जिन्हें किन्हीं कारणों से वे इस पुस्तक में शामिल नहीं कर पाये थे। लेकिन ये लेख साहित्यिक प्रेमियों के लिए महत्त्वपूर्ण दस्तावेज़ हो सकते हैं। ये लेख उस काल विशेष में कहानी के बारे में उनकी विचारों की यात्रा से अवगत करवायेंगे। कहानी पर जब भी कोई उनसे बात करता था, मीर का यह शेर वह अक्सर सुनाते थे—

*जिससे खोयी थी नींद मीर ने कल,*
*इब्दता फिर वही कहानी की।*

इस खण्ड में इसके अलावा कहानी-उपन्यास पर शेष लेख भी अपना अलग महत्त्व रखते हैं। इसके दूसरे खण्ड में कुल 18 लेख/व्याख्यान हैं। ये समाज के कई विषयों पर नयी रोशनी देते हैं, जो साहित्य प्रेमियों और रचनाकारों के लिए खाद-पानी का काम करेंगे। सदियों से विद्या की दुनिया में विचारों की विविधता और नवीनता साहित्य और समाज को गतिशील और विकसित करने के लिए ज़रूरी रहे हैं।

आज से 73 साल पहले काव्य-पथ को छोड़कर जब आलोचना के पथ पर चले थे, उस समय 'अपने बारे में' शीर्षक से एक लेख भी उन्होंने लिखा था, जिसे मैंने इसी साल प्रकाशित उनके कविताओं के संकलन 'सम्पूर्ण कविताएँ' में शामिल किया है। उस लेख के अन्तिम वाक्य की ओर पाठकों का ध्यान आकर्षित करना चाहूँगा–"यदि मनुष्य के क्षीण शरीर में अनुराग-रंजित धरती का रस खींचकर दे सका; उसकी मानसिक नीरसता में विविध सामाजिक सम्बन्धों की सरसता दे सका; यदि उसके असन्तोष को स्वस्थ संयम तथा दृढ़ता दे सका तो अतीत से निचोड़कर, वर्तमान से दुहकर, भविष्य को चीरकर देने की कोशिश करूँगा। इस संघर्ष में भले ही यह कवि टूट जाय-जाय।"

इसी संकल्प के साथ जीवन की आलोचना और व्याख्या देश-विदेश में घूम-घूमकर जीवन भर करते रहे। साहित्य की सारी विधाओं में नये प्रतिमानों और परम्पराओं को स्थापित किया। संयोग से मुंशी प्रेमचन्द ने भी अपने 10 अप्रैल, 1936 में प्रगतिशील लेखक संघ के सम्मेलन के दौरान 'साहित्य का उद्देश्य' विषय पर दिये गये व्याख्यान में कुछ इसी तरह ही कहा है, "साहित्य की बहुत-सी परिभाषाएँ की गयी हैं, पर मेरे विचार से उसकी सर्वोत्तम परिभाषा 'जीवन की आलोचना' है चाहे यह निबन्ध के रूप में हो, चाहे कहानियों के, या काव्य के, उसे हमारे जीवन की आलोचना और व्याख्या करनी चाहिए।"

उनके भूल-बिसरे, बिखरे, अप्रकाशित लेखों, व्याख्यानों का यह संकलन एक तरह से उनके विविध विषयों पर विचारों का बहुरंगी गुलदस्ता है, जिसमें विचार और विवेक रूपी अनेक फूल हैं। सबकी अपनी अलग-अलग खुशबू और तासीर है। हम लोग जानते हैं कि जीवन भी केवल स्याह और सफ़ेद में नहीं होता है। जीवन के भी अनेक रंग होते हैं। उनका पुस्तकों से बहुत लगाव था। रोज़ एक-दो नयी किताब पढ़कर ही दिन को सार्थक मानते थे। अक्सर कहते थे:

*मरेंगे हम किताबों पर,*
*वरक होगा कफ़न अपना।*

उनकी आत्मा किताबों में ही बसती थी। वह अपनी हर नयी किताब को अपनी आत्मा का एक नया रूप मानते थे। यह संकलन भी उनकी आत्मा का एक नया रूप है। इसमें सुधी पाठक उनके ज़माने की ज़बान का एक कल्चर भी पायेंगे। उम्मीद है पाठक उसे भूमिका समझने की भूल नहीं करेंगे। इस संकलन को तैयार करते समय के मेरे कुछ ये उद्गार हैं, जिन्हें मैंने कुछ शब्दों में समेटकर पाठकों से साझा करने का छोटा-सा प्रयास किया है।

अन्त में वाणी प्रकाशन के अरुण माहेश्वरी जी और उनके सहकर्मियों का आभारी हूँ, जिन्होंने इस संकलन को प्रकाशित कर पाठकों तक पहुँचाने का प्रयास किया है।

06 सितम्बर, 2023

**—विजय प्रकाश सिंह**

# मुखौटों से लड़ती है आलोचना

आज यह निर्विवादित रूप से सत्य है कि हिन्दी आलोचना की सुदीर्घ विरासत में संस्कृत की काव्यशास्त्रीय आलोचना लम्बे समय तक उपयोग में लायी जाती रही है। हिन्दी आलोचना के शुरुआती ग्रन्थ जिस ढंग से कृतियों के मूल्यांकन का काम कर रहे थे, वह रस, छन्द, रीति, वक्रोक्ति, ध्वनि इत्यादि की शास्त्रीय आलोचना का ही विस्तृत ढाँचा था। हिन्दी की कुछ पत्रिकाओं ने प्रारम्भिक दौर में परस्पर कवियों की श्रेणियाँ बनाकर आलोचनाएँ लिखीं/लिखवायीं। देव बनाम बिहारी, सूर बनाम तुलसी, कबीर बनाम रैदास आदि कुछ श्रेणियाँ लम्बे समय तक हिन्दी आलोचना का केन्द्रीय विषय भी बनी रहीं। शुरुआती दौर में बालकृष्ण भट्ट के पत्र 'हिन्दी प्रदीप' व 'काशी नागरी प्रचारिणी सभा' आदि के प्रयासों से हिन्दी आलोचना का ढाँचा जब कुछ-कुछ संयत हुआ और विस्तृत खोजें होने लगीं, तो आलोचना के कुछ नये टूल बनने लगे। लगभग उन्हीं दिनों आचार्य रामचन्द्र शुक्ल ने 'साहित्य की साधनावस्था' और 'लोकमंगल की सिद्धावस्था' जैसे पदों का प्रयोग करके कवियों के पारस्परिक साहित्यिक मूल्यांकन का रास्ता तैयार किया। हालाँकि, दूर तक आलोचना के यह टूल भी उनकी रस के प्रति आस्था की ही उपज बने रहे। फिर भी उनके महती प्रयासों से हिन्दी में पहले-पहल विशुद्ध साहित्यिक मूल्यांकन की विधेयवादी पद्धति लागू हुई। कवियों के स्तुति गान के स्थान पर कृतियों के अन्तर्निहित पाठ उभरकर सामने आने लगे। नि:सन्देह उनकी पुस्तक 'त्रिवेणी' ने हिन्दी आलोचना के लिए एक नयी राह की शुरुआत की।

दूसरी ओर, आचार्य हजारीप्रसाद द्विवेदी ने संस्कृत की वैचारिक पृष्ठभूमि से आकर खोज के क्षेत्र को और अधिक विस्तृत किया। साहित्य के मूल्यांकन का जो रास्ता अब तक जनता की चित्तवृत्तियों (जो बहुत कुछ सामाजिक, राजनीतिक, आर्थिक आदि कारणों से लगातार बदलती रहती थीं) पर केन्द्रित था, वह द्विवेदी जी के प्रभाववश ऐतिहासिक व सांस्कृतिक विकास की चौहद्दी में प्रवेश कर गया। किसी प्रवृत्ति के निर्माण में ऐतिहासिक विकासक्रम की क्या भूमिका हो सकती है,

हिन्दी में इसके मूल्यांकन का सुदृढ़ रास्ता विशेषत: द्विवेदी जी के प्रयासों से ही खुला। हिन्दी आलोचना भले ही अभी भी अपनी शास्त्रीय परम्परा से मोहग्रस्त थी, किन्तु कृतियों के मूल्यांकन से स्तुतियाँ लगभग नदारद हो चुकी थीं। उन्होंने 'कबीर' नामक पुस्तक लिखकर आलोचना के मापदण्डों में वृद्धि की। उनके बाद फिर लम्बे समय तक हिन्दी आलोचना में मौलिकता सन्दर्भित रिक्तता ही बनी रही। साहित्यिक मूल्यांकन के शास्त्रीय टूल ही उपयोग में लाये जाते रहे और आलोचना के नाम पर कृतियों के मूल्यांकन की भरपाई की जाती रही। जो बहुत बाद में मुक्तिबोध के प्रयासों से मौलिकता की ओर अग्रसर हुई।

नि:सन्देह रामचन्द्र शुक्ल मौलिक चिन्तन को विकसित करने वाले पहले आधुनिक आचार्य हैं, किन्तु वे इस बात पर आकर कटघरे में खड़े हो जाते हैं कि उन्होंने 'कर्म', 'ज्ञान' व 'भाव' का सिद्धान्त खड़ा तो किया, किन्तु उसे अपनी मौलिकता में नहीं ला सके। मसलन, वहाँ भाव का कोई व्यवस्थित सिद्धान्त विवेचित नहीं हो सका, जिसके चलते स्थिति वापस रस-दर्शन की प्रशस्ति ही बनकर रह गयी। इसके विपरीत उन्होंने वहाँ से उसके विखण्डन का रास्ता निकालना चाहिए था, जो नहीं निकल सका। दूसरी ओर, उनके बाद आये आचार्य नन्ददुलारे वाजपेयी और नगेन्द्र आदि भी इसी रस-दर्शन के मोह को ही और अधिक बढ़ा देते हैं। वे उसे 'गांधीवाद' की भूमिका तक ले आते हैं। यहाँ भी रस-दर्शन के विखण्डन की बात फिर से ज्यों-की-त्यों ही रह जाती है। बाद में यही मोह प्रयोगवाद में 'बौद्धिक रस' और प्रगतिवाद में 'संघर्ष रस' में परिणत होता है। वर्तमान के नये विमर्शों (स्त्री-दलित आदि) में भी यही 'क्रोध रस', 'प्रतिशोध रस' और 'अस्मिता रस' की भाँति विवेचित होता देखा जा सकता है। बाद में मैनेजर पाण्डेय ने समाजशास्त्रीय व्याख्या जैसी पश्चिमी आलोचना पद्धति व नामवर सिंह ने प्रगतिशील साहित्यिक मापदण्डों का विकास करके हिन्दी आलोचना में कुछ मौलिक जोड़ने का प्रयास किया। नामवर सिंह का हिन्दी आलोचना में यह हस्तक्षेप सिद्धान्त के आतंक को न केवल दरकिनार करता है, बल्कि टेक्स्ट के वास्तविक पठन-पाठन की बहुत-सी योजनाओं का क्रियान्वयन भी करता है।

मोटे तौर पर यदि हम हिन्दी आलोचना के अब तक के सम्पूर्ण इतिहास को देखें, तो हमें उसके सीधे-सीधे तीन स्कूल्ज (पद्धतियाँ) दिखाई देते हैं। पहले स्कूल की आलोचना कृतियों के सामाजिक पाठ पर केन्द्रित नज़र आती है, जिसमें कृतियों को इस निगाह से देखने पर ज़ोर रहता है कि वे क्या कोई सामाजिक व्यवस्थापन

जैसा भाषावादी पाठ उपलब्ध करा सकती हैं? मुख्यत: यह आलोचना कर्म रचनाओं की 'जनवादी उपयोगिता' पर केन्द्रित होता है। रचना का प्रगतिवादी पाठ इसी स्कूल की आलोचना पद्धति के सरोकारों से जुड़ा है। यह स्कूल आलोच्य रचना का अनेक अनुशासनों से सम्बन्ध स्थापित करने के साथ-साथ दुनिया के तमाम ज्ञान में उसका स्थान भी निर्धारित करता है। मूलत: यहाँ आलोचक का ध्यान रचना में सन्दर्भित यथार्थ के प्रकटीकरण पर अधिक रहता है। मार्क्स, फ्रायड, सार्त्र, फूको तथा दूसरे तमाम समाजशास्त्रियों से प्रभावित होकर विकसित की गयी आलोचना पद्धति इसी स्कूल के उदाहरण माने जा सकते हैं। हिन्दी में शिवदानसिंह चौहान, रामविलास शर्मा, नामवर सिंह, मैनेजर पाण्डेय आदि ने जो आलोचना पद्धति अपनायी वह इसी स्कूल के अन्तर्गत गिनी जानी चाहिए।

दूसरी आलोचना पद्धति रचना के भाषावादी पाठ (A Comprehensive Linguistic Approach to Reading) पर केन्द्रित है। इस आलोचना पद्धति में साहित्य के कलावादी स्वरूप की शिनाख़्त पर अत्यधिक ज़ोर रहता है। इसके अन्तर्गत इस तरह के सवाल प्रमुख हो जाते हैं कि क्या साहित्य बहुधा रूप से अपने कलात्मक व साहित्यिक रूप पर खरा उतरा है या नहीं? कहीं उसकी साहित्यिकता तो खण्डित नहीं हो रही है? यह आलोचना स्कूल रचना केन्द्रित होता है और रचना के भीतर रहकर ही उसके पाठों को विश्लेषित करने पर ज़ोर देता है। रचना के बहुस्तरीय पाठ विकसित करना ही इसका केन्द्रीय सरोकार रहता है। वैश्विक स्तर पर देरिदा आदि द्वारा विकसित की गयी आलोचना पद्धति इसी स्कूल का उदाहरण पेश करती है। नगेन्द्र व नन्ददुलारे वाजपेयी आदि द्वारा अपनायी गयी पद्धति इसी स्कूल के उदाहरणों में गिनी जा सकती है।

तीसरा स्कूल रचना से इतर अपनी रचनात्मक ऊर्जा पर केन्द्रित पाठ करने पर ज़ोर देता है। रचना के केन्द्रीय सरोकार को अपनी रचनात्मक भाषा में उतारने की तमाम कोशिशें इसी स्कूल की उपज हैं। इस तरह की आलोचना पद्धति में ख़तरा केवल इतना होता है कि इसमें रचना के दैवीकरण की कोशिश अधिकतर बढ़ती चली जाती है। आलोचक की रचनात्मक भाषा मूल टेक्स्ट को इतना पीछे छोड़ देती है कि पाठक के लिए उसकी केन्द्रीय मनोभूमि तक पहुँचना दुस्साध्य हो जाता है। हालाँकि, इसमें किसी भी सिद्धान्त या प्रतिमान के प्रति कोई आस्था नहीं रहती। इस पद्धति में विश्वास रखने वाले आलोचकों के पास कोई तयशुदा मापदण्ड नहीं होते, जिनके ज़ोर पर वे रचना की उपयोगिता-अनुपयोगिता सिद्ध करें। यहाँ आलोचक

का अपना विवेक ही सबसे बड़े सिद्धान्त का काम करता है। हिन्दी में पहले-पहल अज्ञेय आदि द्वारा विकसित की गयी पद्धति इसी का उदाहरण मानी जा सकती है। वर्तमान में इस स्कूल को समझने के लिए विनोद शाही, रोहिणी अग्रवाल, अशोक वाजपेयी आदि की आलोचना को देखा जा सकता है।

इन तीनों ही स्कूलों पर विचार करने के उपरान्त यह साफ़ दिखाई देता है कि कमोबेश सभी आलोचना स्कूलों में रचना एक निश्चित सीमा रेखा के भीतर दबकर रह जाती है। कहीं उसे शुद्ध ज्ञानात्मक पाठ में तब्दील करने पर ज़ोर रहता है और कहीं उसे मुलायम और सौम्य पाठ में बदलने की कुव्वत तेज़ रहती है। जहाँ इन दोनों खेमों से काम नहीं चलता वहाँ अपनी भाषाई क्षमता से हवाई क़िले बनाने की कोशिश की जाती हैं। हालाँकि, अब जब हम अपनी समझ को विकसित करते हुए आलोचना के इतिहास का लगभग एक दशक पार कर आये हैं, अब इस बात पर ज़ोर दें कि आलोचना को आत्मबोधन की श्रेणी तक विकसित करें। आलोचना को रचना में सन्दर्भित हुए मुद्दों की बहस पर केन्द्रित करें, ताकि उसकी उपयोगिता और उपलब्धि को मूर्त रूप में समझा/समझाया जा सके।

ख़ैर, अब आवश्यकता है कि हम अपनी दृष्टि को अन्तर्दृष्टि में बदलें और जितने अनुपात में प्रासंगिक होने की ओर बढ़ें, उसी अनुपात में गहरे भी होते जायें। अब हमें एक ओर जहाँ अपनी शास्त्रीय आलोचना के अन्तर्विकास की ओर बढ़ना है, वहीं दूसरी ओर अपने समाज की व्याख्या के अनुरूप, उसके जटिल व अन्तर्गुम्फित यथार्थ को बेपर्दा करने वाले मौलिक सिद्धान्तों के विकास की नींव भी रखनी है। ऐसा कहते हुए हमारे मन में पश्चिमी आलोचनाशास्त्र से उधार के रूप में लिए गये टूलों के प्रति भी किसी दुराग्रह की गुंजाइश नहीं रहनी चाहिए। वहाँ अरस्तू/देरिदा (यूरोप/अमेरिका की पूरी चिन्तन परम्परा के सन्दर्भ में) आदि द्वारा विकसित किये गये सिद्धान्तों के उपयोग की भी आवश्यकता हमारे लिए बची रहनी चाहिए, ताकि वैश्विक ज्ञानानुशासनों से हम लाभान्वित होते रहें। बहुत दूर तक हमें उनके भारतीय सन्दर्भों को अन्तर्विकसित करने से भी परहेज नहीं करना चाहिए।

दरअसल, अब तो 'बाज़ारवादी समय' ने ऐसे हालात पैदा कर दिये हैं कि अच्छे और बुरे साहित्य के बीच का फ़र्क़ करने का मामला ही सन्दिग्ध हो गया है। गोया, ऐसा होने से एक ऐसी दुनिया पैदा हुई है, जिसे 'प्रयोजनवादी जनतान्त्रिक व्यवस्था' और चेतना वाली दुनिया कहा जा सकता है। ऐसा होने से सबके अपने-अपने श्रेष्ठ साहित्य हो गये हैं। जितनी डफली उतने राग।

दूसरी ओर, हिन्दी आलोचना के लिए अब यह सोचना भी ज़रूरी हो गया है कि दुनिया भर में जहाँ समाज-विज्ञानों से लेकर संस्कृति और मानव-विज्ञान तक बेशुमार विमर्श हो रहे हैं, वहीं साहित्यालोचन से साहित्यिकता की व्याख्या करने वाले विमर्श क्यों नदारद हैं? इस चुनौतिपूर्ण भूमिका के साथ जब हम भारतीय और पाश्चात्य साहित्यालोचन की विरासत में उतरते हैं, तो इस उत्तर के साथ पुनः लौटने के लिए विवश होते हैं कि साहित्य की साहित्यिकता या रचनाशीलता की शिनाख़्त अब हमें 'सामाजिक यथार्थ', 'मनुष्य के इतिहासबोध' और 'प्रकृति के रूपान्तर' से प्रकट होने वाली विकास और प्रगति की सम्भावनाओं के सौन्दर्यबोध या आनन्दमय होने की ज़रूरत के साथ बनने वाले रिश्ते की मार्फत करनी होगी। कई बार ये इतने सीधे लगने वाले रिश्ते यथार्थ की जटिल परतों में गड्डमड्ड रहते हैं। इसके लिए हिन्दी आलोचना को अपनी बीज-भूमियों की तलाश करनी होगी। क्या ये बीज-भूमियाँ काव्यशास्त्रीय विरासत का सही ढंग से उत्खनन करने पर मिलेंगी या हमें हवाई पट्टी के सहारे खुलने वाले विमर्शों के लिए टिकाऊ और भव्य भवन निर्मित करने होंगे? शायद आज हमें आनन्दवर्द्धन (संस्कृत के सभी आचार्यों के सन्दर्भ में प्रयुक्त) के 'विकल्प' की नहीं बल्कि उनके 'विस्तार' की आवश्यकता है।

हालाँकि, एक समय हिन्दी में जो साहित्यिक-सिद्धान्त के तौर पर एक बड़ा मौलिक-विमर्श पैदा हुआ था, वह भी इस बात पर केन्द्रित था कि साहित्य की व्याख्या ज्ञान के अन्य सामान्य विमर्शों की तरह नहीं करनी चाहिए। अर्थात् साहित्य कोई सपाट यथार्थ नहीं है, बल्कि वह 'फ़िक्शनल यथार्थ' है। यह विमर्श साहित्य के भाषा-पाठ की ही भाँति है, जो विधिवत ढंग से भरतमुनि से लेकर रामचन्द्र शुक्ल और मुक्तिबोध तक चला आता है। यहीं क्या यह संशय पुष्ट नहीं हो जाता है कि शुक्लजी का 'आलम्बनत्व धर्म' ही मुक्तिबोध के 'ज्ञानात्मक संवेदना' का रूप ले लेता है? मुक्तिबोध की 'ज्ञानात्मक संवेदना' भाषा पाठ के विभिन्न अर्थों तक पहुँचने का एक टूल तो अवश्य है, किन्तु वह भी सिद्धान्त हो सकने की सम्भावना से अभी कोसों दूर दिखती है। हालाँकि, सिद्धान्त-निर्माण की वर्तमान चुनौती के स्तर पर भरतमुनि से लेकर मुक्तिबोध तक की हमारी साहित्य-सैद्धान्तिकी 'भाव-संवेदनामूलक' आधार पर खड़ी नज़र आती है, जिसे सामाजिक, लोकमंगलमूलक और जनधर्मी सभ्यतामूलक अन्तर्विकास तक ले आना, हमारे समय की चुनौती है, जिसे हमें सामान्य ज्ञान-विमर्श वाले बौद्धिक ढाँचों की तरह नहीं, अपितु कृतिमूलक या भाषापाठीय संरचनाओं की भीतरी दुनिया के उपादानों की मार्फत देखने-समझने लायक बनाना है। दरअसल,

अब चुनौती यह है कि हमें उन ज्ञानानुशासनों तक पहुँचना है, जिससे साहित्यालोचन का एक व्यवस्थित सिद्धान्त निर्मित हो सके।

मसलन, यहाँ हमारी जिज्ञासा केवल किसी पद्धति या पैमाने के निर्माण की हठधर्मिता से नहीं जुड़ी है, अपितु दिनोंदिन और अधिक जटिल होते जा रहे सामाजिक यथार्थ को सही से पकड़ने और व्याख्यायित करने के दायित्वबोध से जुड़ी है।

अब उत्तर-आधुनिकता के बाद उपजे इस मीडियाकृत 'पोस्ट-ट्रुथ' युग में रचना के भीतर मौजूद 'रियलिस्टिक सिचुएशंस' का 'फ़िक्शनल' रूप भी बड़ा संशयग्रस्त बना दिया गया है/बन गया है। ऐसे में तमाम दूसरे ज्ञानानुशासनों की समझ होना भी आलोचक व आलोचना की निष्पक्षता में आड़े आने लगता है। ऐसे में आलोचना की ज़रूरत तक पर सवाल खड़े किये जाने लगते हैं। गोया वह कोई दोयम दर्जे का काम हो।

क्या आलोचना केवल किसी कृति के उन 'आशयों' व 'इंटेंशंस' को पकड़ने भर की कार्यवाही है, जो ठीक से किसी रचना में रूपायित नहीं हो पाते? सम्भवत: नहीं। दरअसल, आलोचना किसी कृति का समझदारी भरा पाठ भर नहीं है, बल्कि वह उसका 'समग्रतामूलक नवविकास' है। अब यथार्थ के जटिलतर पहलुओं से जुड़ता रचनात्मक साहित्य आलोचना के लिए नयी चुनौतियाँ पेश कर रहा है। आलोचना इसी वजह से संक्रमण के दौर में है। उसके सामने बेहतर साहित्य की पहचान और मूल्यांकन का संकट ही नहीं है, उसे सीधे यथार्थ के भीतर से अभिव्यक्ति पाते सांस्कृतिक परिदृश्य से भी मुख़ातिब होने की ज़रूरत पड़ती है, ताकि वह विकास और मुक्ति के रास्ते के गतिरोधों को रेखांकित कर सके और उनसे उबरने की सम्भावनाओं की ओर इशारा करने लायक हो पाये। साहित्य जिस कार्य को अचेतन प्रक्रियाओं के भीतर उतरकर, सतह पर लाने के रूप में पूरा करता है; उसे आलोचना को सचेतन बोधगम्य व्याख्या प्रदान करने की ज़रूरत पड़ती है।

अपनी सचेतनता में आलोचना के पास 'फ़िक्शनल प्रस्तुतीकरण' होने की कोई गुंजाइश नहीं बचती है। आलोचना बहुत सपाट रूप में भाषा की कबूतरबाज़ी नहीं है। बहुत सधे अर्थों में वह 'सांकेतिक यथार्थ' के 'आधार की निर्मितियों' की निर्मम पड़ताल में इस्तेमाल हो सकने वाली लोकतान्त्रिक कार्यवाही है।

हिन्दी आलोचना के इतिहास पर दृष्टिपात करने के उपरान्त हमारे लिए उसके वर्तमान पर विचार करना आवश्यक हो जाता है। क्या हमारी आलोचना विभिन्न ज्ञानानुशासनों से मुख़ातिब होकर अपनी ज़मीन और साहित्यिक व्याख्या के प्रति

सचेत हो रही है? क्या आलोचना का वर्तमान रचना में मौजूद यथार्थ के पुनरुत्पादन से जुड़कर भाषावादी पाठ भर बनकर तो नहीं रह गया है? क्या आलोचना रचना का आत्मबोधात्मक पाठ करने की प्रक्रिया से जुड़ पायी है या नहीं? क्या रचना में मौजूद साहित्यिकता की व्याख्या भर करके ही हमारी आलोचना अपने दायित्वबोध से मुक्ति पा सकती है? अब ऐसे तमाम सवाल आलोचकों से लगातार पूछे जाने की आवश्यकता है।

दूसरी ओर, 'विचारधारा' बनाम 'विचारधारा-मुक्ति' के तमाम सवाल भी आलोचना की पसोपेश में रहे हैं। आलोचना के सामने हमेशा ही एक संकट यह भी रहा है कि वह यह तय करे कि एक आदर्श रचना–लेखन में किसी रचनाकार के पास कौन-सी मूल्य-दृष्टि होनी चाहिए? यह तय करना एक हल्के सूत्रीकरण जैसा होगा, किन्तु फिर भी उसमें मनुष्य की सामाजिक-सांस्कृतिक चित्तवृत्तियों की पहचान करने योग्य विवेक सम्पन्नता अवश्य होनी चाहिए। राजशेखर बहुत पहले 'कारयित्री' व 'भावयित्री' प्रतिभाओं का विश्लेषण करते हुए सभी का ध्यान लगभग इसी ओर दिलवा रहे थे। दूसरा, किसी रचना में वैश्विक एवं परिवेशगत राजनीतिक परिदृश्य पर पैनी दृष्टि भी इसी तरह की योग्यताओं में गिनी जा सकती है। तीसरा, जीवन मूल्यों में आस्था से जुड़ाव भी रचना और रचनाकार की प्रतिबद्धता में होने चाहिए।

बहुत पहले रामविलास शर्मा ने भी कहा था कि साहित्य केवल विचार नहीं है, बल्कि वह भावबोध भी है और इन्द्रियबोध भी। विचार पुराने भी पड़ जाते हैं और युग के अनुसार सीमित भी हो जाया करते हैं, लेकिन इन्द्रियबोध सबसे टिकाऊ होता है।

यदि ध्यान से देखें तो साहित्य में विचारधारा का सारा झगड़ा दृष्टिकोण से जुड़ा हुआ मालूम पड़ता है। कभी-कभी लेखक का दृष्टिकोण विचारधारा की प्रतिबद्धता से जुड़कर भावशून्य हो जाया करता है। किन्तु यह कहकर हम विचारविहीन साहित्य के प्रति सहमत नहीं हो सकते। साहित्य का विचारधारा से अनायास ही सम्बन्ध बन जाता है। हालाँकि, बहुतायत में विचारधारा की अतिश्यता भी कथा के प्रवाह में बाधक बनती है। इससे फ़िक्शन के वैचारिक लेख में बदलने का ख़तरा तो अवश्य रहता है, किन्तु फिर भी विचार से साहित्य की मुक्ति का मार्ग सदैव ही उसे शब्द-चमत्कार की ओर ले जाता है। साहित्य की बड़ी शक्ति, जो मनुष्य की चेतना को विकसित करने और उसे अधिक संवेदनशील बनाने की है, वह विचार-मुक्ति में नहीं है, बल्कि कला के विकास की समस्त प्रक्रिया विचार के अन्तर्गुम्फन पर ही

निर्भर करती है। जिस रचना में यह अन्तर्गुम्फन नहीं होगा, वह निःसन्देह स्कूल के होमवर्क जैसा ही होगा।

अब सवाल यह बनता है कि क्या आधुनिक हिन्दी आलोचना ऐसे सिद्धान्त निर्माण की ओर देख भी रही है या नहीं? नामवर सिंह की यह नयी कहानी-आलोचना पुस्तक 'कहानी का लोकतन्त्र और अप्रकाशित रचनाएँ' इस पूरे आलोचना-शास्त्र के इतिहास पर पुनः दृष्टिपात करने का अवसर उपलब्ध कराती है। नामवर स्वयं को तुलनावादी आलोचक नहीं मानते थे। दो के बीच परस्पर तुलना उनके लिए किसी तरह आलोचना का विकास नहीं रही। उन्होंने परम्परा और आधुनिकता के मूल्यांकन की प्रगतिशील परम्परा को ही आगे बढ़ाया है। इसमें जहाँ भी थियरी उन्होंने उपयोग में लायी है, वहाँ टेक्स्ट का मूल उत्स उभारने के लिए ही। इसमें थियरी पर अलग से फोकस करना उनकी आलोचना का दाय नहीं है। वे रचना के द्वारा सामाजिक बदलाव की ओर ही अधिक दृष्टि रखने वाले आलोचक रहे।

नामवर सिंह कहानियों पर विचार करते हुए 'साहित्य और विचारधारा', 'थियरी और टेक्स्ट', 'विचार और चिन्तन' तथा रचना के दूसरे केन्द्रीय सरोकारों को ही समझाते हैं। उनकी मानें तो, 'सबसे मूल्यवान कहानी वह है, जो सबसे अधिक सृजनात्मक है।' यह सृजनात्मकता जिस संघर्ष के लिए प्रतिबद्ध है, वह संघर्ष एक प्रकार की वैज्ञानिकता के लिए है। विज्ञान-विरोधी साहित्यकार अन्ततः धर्म की शरण लेते हैं।

दरअसल, किसी भी तरह की साहित्यिक रचना अपने से आँख मिलाने की ईमानदार कोशिश है। नामवर सिंह ने अपनी कहानी-आलोचना की पहली पुस्तक 'कहानी नयी कहानी' में भी कहानी को पढ़ने के अनेक सूत्र दिये थे, उन्हें देखना भी यहाँ अनावश्यक न होगा। वे दरअसल यहाँ इस किताब की पूर्वपीठिका की तरह भी पढ़े जा सकते हैं। यथा–

(क) नये कहानीकारों का ध्यान अब कथानक-शिल्प की ओर नहीं है। वैसे आज भी कुछ कहानीकार नाटकीय अन्तवाले कथानकों की सृष्टि करते दिखलाई पड़ते हैं, परन्तु ये वही लोग हैं, जिनके पास या तो कहने को कुछ नहीं है या फिर जीवन के प्रति जिनका अपना कोई विशेष दृष्टिकोण नहीं है। आज का जागरूक पाठक केवल कथानक की चरमसीमा से

चौंककर आह्लादित होने वाला भावुक मनुष्य नहीं रह गया है। इसलिए उसे ऐसे स्थूल उपकरणों में बहला लेना सम्भव नहीं है।

(ख) छोटे मुँह बड़ी बात कहने वाली कहानी के बारे में प्रायः बड़े मुँह छोटी बात कही जाती है। कहानी का यह दुर्भाग्य है कि वह मनोरंजन के रूप में पढ़ी जाती है और शिल्प के रूप में आलोचित होती है। मनोरंजन उसकी सफलता है तो शिल्प सार्थकता।

(ग) असल बात है कहानी का कहानीपन।...कविता में जो स्थान लय का है, कहानी में वही स्थान कहानीपन का है। कविता चाहे जिस हद तक छन्दमुक्त हो जाय, लेकिन वह लयमुक्त नहीं हो सकती। लयमुक्त रचना काव्य होते हुए भी कविता नहीं कहलायेगी। कहानीपन से रहित गद्य रचनाओं के बारे में भी यही बात लागू होती है।

(घ) कहानी हमारे जीवन की छोटी-से-छोटी घटना में भी अर्थ खोज लेती है या उसे अर्थ प्रदान कर देती है।...कहानी जीवन के टुकड़े में निहित अन्तर्विरोध, द्वन्द्ध, संक्रान्ति अथवा क्राइसिस को पकड़ने की कोशिश करती है और ठीक ढंग से पकड़ में आ जाने पर यह खण्डगत अन्तर्विरोध ही वृहद् अन्तर्विरोध के किसी-न-किसी पहलू का आभास दे जाता है।

(ङ) कहानी के लिए अब जीवन का एक कतरा काटते समय उसके हर जीवन्त रेशे को भी सुरक्षित रखने की कोशिश की जाती है। इसलिए सीधे-सीधे कहानी कहने अथवा एक विचार व्यक्त करने की अपेक्षा वास्तविकता के अधिक-से-अधिक स्तरों को उभारने की कोशिश हो रही है। इस कार्य को भली-भाँति सम्पन्न करने के लिए कहानीकारों ने परम्परागत कार्य-कारण-बद्ध कथानक को जगह-जगह तोड़ दिया है, ताकि उनके बीच से जीवन-खण्ड के अन्य अनुभूति तत्त्व उभर जायँ। फिर इन टूटे हुए टुकड़ों को नये-नये रूपाकारों में सजाकर कहानी की नवीन कला सृष्टियाँ की जाती हैं।

(च) कहानी पढ़ने की भी एक प्रक्रिया है, जैसे कहानी लिखने की। अपने यहाँ दोनों पर ही कम ध्यान दिया गया है।...कहानी पढ़ने का मतलब है एक ऐसी ही प्रतिमा का निर्माण। सिर्फ़ प्रभाव ग्रहण करना पढ़ना नहीं है। पढ़ना भी एक रचनात्मक कार्य है। और केवल प्रभाव के सोपान तक रह जाना

रचना नहीं है। रचना है उस प्रभाव के भाव को पुन: रूप प्रदान करना।... पढ़ना एक तरह का अनुवाद है।

(छ) ज्योतिषी और ज्योतिष-विश्वासी के लिए कहानी नहीं है। कहानी में कुतूहल होने का मतलब है परिवर्तन में दिलचस्पी, नये की सम्भावना में विश्वास। कहानी उसके लिए है जिनके लिए इतिहास है। अरस्तू ने कुछ सोचकर ही कथा-तत्त्व को इतिहास के अन्तर्गत रखा है। जिसे हम घटना कहते हैं।

(ज) घटना का अर्थ उद्घाटित करना ही कहानी का पहला कार्य है।...कहानी एक सार्थक घटना है। अब यह घटना छोटी हो या बड़ी, सपाट हो या पेंचदार, स्थूल हो या सूक्ष्म, बाह्य हो या आन्तरिक; यदि उसका कुछ अर्थ है तो वह कहानी है।

(झ) लोग कितनी मासूमियत से हर कहानी का संक्षेप पूछते हैं और वे लोग भी कितने समर्थ हैं जो उस कहानी के संक्षेप में सुना जाते हैं। ईर्ष्या होती है।...जिन कहानियों में ज़्यादा से ज़्यादा एक दाँवपेंच वाली कहानी कही गयी हो, उन्हें तो शायद किसी कदर थोड़े में कहा जा सकता है, किन्तु जो केवल कहानी से कुछ अधिक है उसे किस प्रकार संक्षिप्त किया जा सकता है।

(ञ) कहानी को व्यापकता तब मिलती है जब एक व्यक्ति की अनुभूति को समस्या के रूप में उपस्थित किया जाता है और समस्या को वस्तुगत सामाजिक कारण बताया जाता है–चाहे यह कारण नितान्त सांकेतिक ही क्यों न हो।

(ट) नया विषय लेने से ही कोई कहानी नयी कहानी नहीं हो जाती; महत्त्वपूर्ण है विषय के प्रति लेखक की दृष्टि और फिर तदनुरूप उसका कलात्मक निर्वाह।

(ठ) कोई लेखक किस व्यक्ति चरित्र को, किस स्थिति में और किस प्रकार की सहानुभूति देता है और फिर उस सहानुभूति का आधार क्या होता है–इससे कहानी का मूल्य निर्धारित होता है।

नामवर सिंह अपने समग्र आलोच्य क्रम की तरह ही कहानी-आलोचना को भी 'सहयोगी-प्रयास' की तरह ही देखते थे। उन्होंने आलोचना के लिए सैद्धान्तिक समीक्षा की अपेक्षा व्यावहारिक समीक्षा को अपनाया। उन्होंने अपनी आलोचना के द्वारा कहीं भी सिद्धान्त का आतंक जमाने का प्रयास नहीं किया। उनकी पुस्तक 'कहानी का लोकतन्त्र और अप्रकाशित रचनाएँ' में संकलित अधिकतर निबन्ध उसी समय के

लिखे हुए हैं, जब उनकी 'कहानी नयी कहानी' पुस्तक प्रकाशित हुई थी, ये उसमें संकलित होने से छूट गये थे। इनमें भी नामवर सिंह का संवादी स्वरूप ही प्रमुखतः उभरा है। यहाँ भी उनका नयी कहानी को लेकर चलाये जा रहे नास्तिवाद के प्रति कड़ा रुख देखा जा सकता है। उन्होंने नयी कहानियों में आये सम्पूर्ण व्यक्तित्व को तोड़ने वाले मुहावरे को कहानी के प्रचलित रूप में हो रहे टूटन की तरह इस्तेमाल करने पर सख़्त टिप्पणी की है। उनकी दृष्टि में, 'कथानक टूटकर दिनचर्या का अब निरा विवरण-मात्र रह गया है; परिस्थितियाँ टूट कर केवल 'स्थितियाँ' भर रह गयी हैं; चरित्र इतने टूट चले हैं कि उनके नाम तक नहीं सुनायी पड़ते–शेष जैसे हैं तो कुछ सर्वनाम जैसे मैं, वह अर्थात् पुरुष के नाम पर पुरुषवाचक सर्वनाम; विचार टूट कर 'मनःस्थितियाँ' बन गये हैं।' ऐसी आधुनिकता में ढलती कहानी, जो सामाजिकता से अलग होती जा रही है, बर्बर है। उनके लिए कहानी भी एक तरह का
खेल है जिसकी परिणति लोकोत्तर आनन्द में होती है। उनके लिए जिस कृति का जीवन-मूल्य जितना बड़ा होगा, उसका साहित्यिक मूल्य भी उतना ही बड़ा हो जायेगा।

इस पुस्तक में आये कुछ सूत्र वाक्य सिद्धान्त की तरह पढ़े जा सकते हैं। ये सिद्धान्त जितने किसी कहानी को पढ़ने के लिए उपयोगी हैं, उतने ही कविता-उपन्यास आदि में भी सहायक सिद्ध हो सकते हैं। यथा–

(क) सामाजिकता और आधुनिकता ने बहुत से लेखकों को असमय ही वयस्क बना दिया है जिसे बंगला में 'एंचड़ पाका' कहते हैं। तुतलाने से पहले ही ज़्यादातर लेखक भाषण देने की कोशिश कर रहे हैं; लिहाजा हकलाते हैं। अपनी समझ से तो वे बड़ी-बड़ी बातें कह रहे हैं, लेकिन तोता भी सीताराम कहता है। आकस्मिक नहीं जो आज की अधिकांश कहानियाँ सृजनशीलता में रंक हैं। 'सृष्टि' वहाँ नहीं है, इसीलिए जीवन भी नहीं है।

(ख) क्या महत्त्वपूर्ण कृति वही है जो सामाजिक और नैतिक समस्याओं से आक्रान्त हो और जो सामाजिक जीवन की जटिल स्थिति का चित्र उपस्थित करके पाठक के मन में नैतिक तनाव की दशा उत्पन्न कर दे। उस कृति को क्या कहा जायेगा जो किसी भी प्रकार की नैतिक चिन्ता को जान बूझकर शिथिल करते हुए सहज भाव से आह्लादित और आलोकित करती है– मन को हल्का करती है। जहाँ और कुछ नहीं बल्कि जीवन के प्याले से छलकी हुई और फ़ालतू-सी लगने वाली चीज़ों के इफ़रात में निरे-निपट सुख का भाव हो उसे घटिया और व्यर्थ कैसे कहा जा सकता है।

(ग) जीवन को निरे जीवन के रूप में स्वीकार करके जीने का महत्त्व दिन-पर-दिन बढ़ता जा रहा है और जो रचना इस अमानुषिक स्थिति में भी उन्मुक्त भाव से जीवन के सहज आदिम उल्लास की झलक दिखा देती है, वह मूल्यवान प्रमाणित होती है।

(घ) विश्व साहित्य में जब कथा कृतियों की महानता का निर्णय होता है तो कलापूरक उपकरण नीचे छूट जाते हैं। वहाँ तो केवल मानवीय संवेदना की व्यापकता ही टिक पाती है। सब कुछ हो और एक मानवीय संवेदना न हो तो सारी रचना अलोनी लगती है।

(ङ) कालजयी कृति हलुआ नहीं है कि गप से खा जायें और दूसरा महान काव्य आप लिख दें।

(च) शायद लोग यह भूल ही गये हैं कि कहानी यथार्थ का आभास देते हुए भी है अन्ततः गल्प ही। अंग्रेज़ी में इसलिए इसे फ़िक्शन कहते हैं जो गुणधर्म में मिथक का सगोतिया है। कहानी के माध्यम से हर लेखक किसी-न-किसी तरह का एक मिथक ही रचता है। इस मिथक को कल्प-सृष्टि भी कह सकते हैं। आकस्मिक नहीं है कि हर कालजयी रचना अन्ततः एक मिथक बनकर जातीय स्मृति में जीवित रहता है।

(छ) परमार्थ सत्य तो यही है कि आप जिस भाषा के इनसाइडर हैं उसी की समीक्षा आपको करनी चाहिए। दूसरी भाषा को जानते हुए भी उस जगह क़दम नहीं रखना चाहिए।

नामवर सिंह 'संवादी आलोचक' थे। आलोचना उनके लिए 'सहयोगी प्रयास' थी। उन्होंने परम्परा से चली आ रही शास्त्रीय आलोचना को व्यावहारिक आलोचना की ओर मोड़ा। सिद्धान्त की कठोरता और थियरी की महिमा की अपेक्षा टेक्स्ट के विश्लेषण पर अधिकतर ध्यान दिया। उन्होंने टेक्स्ट को उस खुंटी की तरह माना है, जिस पर विचार का बस्ता टाँगा जा सकता है। वे अपनी आलोचना से अक्सर संवाद करते देखे जा सकते हैं। उनकी आलोचना रचना और पाठक दोनों से एक साथ संवाद करती है। टेक्स्ट उनकी दृष्टि से कहीं भी छूटता नहीं है। उनकी कहानी-आलोचना भी इस तथ्य से कहीं अछूती नहीं है।

हालाँकि, नामवर सिंह केवल साहित्य के आलोचक भर नहीं हैं। उनकी आवाजाही ज्ञान के दूसरे अनुशासनों से होते हुए राजनीतिक हस्तक्षेप तक पहुँचती है। जहाँ वे अपने प्रारम्भिक दौर में पूँजीवाद के विरुद्ध उत्पन्न हुई प्रगतिशीलता के हिमायती नज़र आते हैं, वहीं दूसरे दौर में उनकी दृष्टि दूसरी परम्परा की खोज पर

केन्द्रित होती है, जिसके लिए वे आचार्य हजारीप्रसाद द्विवेदी को विशेषतः चुनते हैं। यहाँ उनकी चिन्ता का विषय लोकधर्मी साहित्य बनता है। अपने जीवन के अन्तिम दौर में कट्टरपन्थी साम्राज्यवादी फ़ासीवाद के प्रति उनका रुख़ बेहद तीव्र हो जाता है। इस प्रकार नामवर सिंह की आलोचना के कई चेहरे बनते हैं। इन सभी चेहरों के बीच उनकी वास्तविक चिन्ता धर्मनिरपेक्ष, लोकतान्त्रिक, प्रगतिशील और जनवादी विचारों को लेकर ही सर्वाधिक रही है। उनकी इस पुस्तक के लेखों की भी यही विशेषता है कि यहाँ कहानी-उपन्यास के विश्लेषण के साथ-साथ 'अपभ्रंश का राम साहित्य', 'जे.एन.यू.' व 'बनारस हिन्दू यूनिवर्सिटी' आदि की यादें भी बीच राह चली आती हैं। स्वतन्त्रता, विश्वविद्यालयों के भाषा विभाग आदि पर व्यक्त किये गये उनके विचार आज और भी अधिक प्रासंगिक नज़र आते हैं।

निःसन्देह उनकी यह नयी पुस्तक 'कहानी का लोकतन्त्र और अप्रकाशित रचनाएँ' एक तरह से उनकी 'कहानी नयी कहानी' पुस्तक के सुदीर्घ विस्तार की तरह पढ़ी जानी चाहिए। इसमें उनके कहानी-आलोचना के साथ-साथ भाषा, विचारधारा, उपन्यास और पाठ्यक्रम आदि से जुड़े महत्त्वपूर्ण विचार भी विवेचित हुए हैं। आज जब सर्वत्र 'राष्ट्रीय शिक्षा नीति' और 'नये पाठ्यक्रमों के निर्धारण' पर विचार हो रहा है, ऐसे में नामवर सिंह की यह पुस्तक अवश्य काम आ सकती है। पिछले वर्षों में तुलनात्मक साहित्य के अध्ययन पर दिया गया अत्यधिक ज़ोर भी इस पुस्तक के लेखों को पढ़कर समझा जा सकता है। निःसन्देह यह पुस्तक हिन्दी आलोचना की सुदीर्घ विरासत में अपनाये गये मुखौटों के लिए एक चुनौती पेश करती महसूस की जा सकती है।

**–अंकित नरवाल**

# अनुक्रम



**पहला खण्ड :**

## कहानी, उपन्यास पर लेख/व्याख्यान

## दूसरा खण्ड
# विविध विषयों पर लेख/व्याख्यान

# पहला खण्ड

# कहानी, उपन्यास पर लेख/व्याख्यान

# कहानी, साहित्य और सृजनशीलता

कहानी भी आख़िर एक 'सृष्टि' है जिसके मूल में 'सृजन' की प्रवृत्ति प्रमुख है। इसलिए कहानी का मूल्यांकन प्रथमतः 'सृष्टि' के रूप में होना चाहिए। इसके लिए यह स्वीकार करना आवश्यक है कि सृजनशीलता बुनियादी मूल्य है। इस दृष्टि से सबसे मूल्यवान कहानी वह है, जो सबसे अधिक सृजनात्मक है। सृजनशीलता ही किसी कहानी को नयी कहानी बनाती है। इसलिए आज नयी कहानी की माँग का अर्थ है कहानी में नये सृजन की माँग है।

यदि यह भी एक 'प्लैटीट्यूड' है तो इसलिए इस पर आज ज़ोर देने की और भी ज़रूरत है। कथनी और करनी में अन्तर आने पर ही कोई कथन 'प्लैटीट्यूड' प्रतीत होता है। इससे स्पष्ट हो जाता है कि आज साहित्य में सृजनशीलता का अभाव है। जहाँ रचनात्मक साहित्य ही इतना सृजनहीन हो वहाँ भी सृजनात्मक आलोचना की क्या आशा की जा सकती है? कहानी के क्षेत्र में घिसे-पिटे आलोचनात्मक मूल्यों का व्यवहार वस्तुतः रचनात्मक साहित्य की सृजनहीनता का विकृत आईना है।

अपने को सन्तोष देने के लिए कोई चाहे तो सृजनशीलता को शाश्वत या सनातन मूल्य कहकर सन्तुष्ट हो सकता है, किन्तु आज के नये सन्दर्भ ने इसे नया मूल्य प्रदान कर दिया है। नये-नये यन्त्रों के विकास ने जहाँ सृजन के नये अवसर प्रदान किये हैं, वहाँ दूसरी ओर उनके कारण एक प्रकार की सृजन-विरोधी एकरूपता का भी प्रचलन हुआ है। सम्भवतः इसीलिए कुछ संवेदनशील लोग यान्त्रिकता के वर्तमान वातावरण को नितान्त सृजन-घातक समझते हैं और इस घातक वातावरण से लड़ने के लिए 'सृजनशीलता' पर ज़ोर देते हैं। दूसरी ओर आज की व्यापक व्यावसायिकता ने भी मिथ्या मूल्यों के प्रचलन द्वारा सृजनात्मक मूल्य को धक्का पहुँचाया है। साहित्य के क्षेत्र में यह व्यावसायिकता अनेक रूपों में सहज ही दिखायी पड़ती है–जैसे लोकप्रियता के नाम पर सराही जाने वाली सस्ती कहानियाँ और नयी अनुभूतियों के नाम पर पेश की जाने वाली सनसनीखेज कथाकृतियाँ। इसी तरह

यान्त्रिकता का एक प्रभाव एक रूप भाषा में ही देखा जा सकता है। जिन देशों में यन्त्रों का चरम विकास है, वहाँ प्रतिष्ठित यन्त्रों ने तो भाषा को ठोंक-पीट कर एक रूप बना ही दिया है, वहाँ प्रतिष्ठित प्रकाशक भी भरसक तमाम कृतियों की भाषा को एकरूपता में ढालने के लिए सचेष्ट दिखायी पड़ते हैं जिसके विरुद्ध कभी-कभी वहाँ के सृजनशील लेखकों का प्रतिरोध सुनायी पड़ जाता है। हमारे यहाँ यदि भाषा में सृजनात्मकता का अभाव है तो यान्त्रिकता के कारण नहीं बल्कि उसकी पूर्ववर्ती अवस्था के कारण। वैसे, यहाँ भी एकरूपता कम नहीं है। ऐसी स्थिति में कहने की आवश्यकता नहीं कि सृजनशीलता वस्तुतः एक नया मूल्य है।

नृतत्त्व शास्त्रियों के प्रमाण पर कहा जा सकता है कि आदिम युग की कला में सृजनशीलता की अपेक्षा 'अनुकरण' और 'पुनरावृत्ति' का विशेष महत्त्व था। 'पुनरावृत्ति' ही उस समय आह्लादकारी प्रतीत होती थी। वैसे आवृत्ति के क्रम में मूल रचना क्वचित् कदाचित् भले ही परिवर्तित हो जाय, किन्तु उस समय का सबसे बड़ा सुख था एक कहानी को बार-बार कहना, एक गीत को बार-बार गाना और एक नृत्य को बार-बार दुहराना। यह क्रिया उस युग के मानव समूह को उबाने की जगह हर बार एक नये आह्लाद से आह्लादित कर देती थी। जीवन की जिस स्थिर उपस्थिति में उस समय के लोग जीते थे, प्रथा ही नवीनता थी और ताज़गी परम्परा से अलग नहीं हुई थी, क्योंकि तब तक मानव-व्यक्ति का भी विकास नहीं हुआ था और न कला ही अभिव्यंजना के विशिष्ट 'रूप' में विकसित हुई थी। श्रम-विभाजन के अभाव में आदिम युग की कला जीवन से सर्वथा अन्य क्रियाओं की तरह ही एक क्रिया थी। उस समय सृजनशीलता का सवाल मुख्य नहीं था अथवा कम से कम आज जिस अर्थ में हम 'सृजनशीलता' को समझते हैं, उस अर्थ में वह आदिम युग में सर्वथा अज्ञात थी। यह तो हम आज के अपने अनुभव से भी कह सकते हैं कि जहाँ व्यक्ति-वैशिष्ट्य-विहीन सामूहिकता है, वहाँ अन्ध परम्परा-पालन तथा निर्विकल्प प्रथा-निर्वाह है। ऐसे वातावरण में आँख मूँद कर प्रथा-पालन ही सुरक्षित दिखायी पड़ता है। जान बचानी है तो वही क्यों न करें जो दूसरे करते हैं। कोई नया काम करके जोख़िम क्यों उठाया जाय?

यह आकस्मिक नहीं है कि कला-सम्बन्धी जितने भी प्राचीन सिद्धान्त मिलते हैं सबमें किसी न किसी तरह 'अनुकरण' पर ही ज़ोर है चाहे वह प्लेटो का 'रिपब्लिक' हो, चाहे भरत का 'नाट्यशास्त्र'। सभ्यता के उषःकाल में प्रचलित अथवा निर्मित यह कला-सिद्धान्त अनायास ही आदिम युग से चली आती हुई एक प्रथा की ओर संकेत करते हैं और ऐसा लगता है कि अनुकरण मूलक इन तमाम सिद्धान्तों में एक तरह से आदिम युगीन स्मृति सुरक्षित है। बाद के व्याख्याकार जिस प्रकार 'अनुकरण'

के मूल अर्थ को लेकर परेशान दिखायी पड़ते हैं उस खींचतान से दो भिन्न युगों का अन्तर स्पष्ट हो जाता है और यह भी पता चल जाता है कि अपने युग के विकसित कला बोध के अनुसार किस प्रकार एक प्राचीन शब्द में नया अर्थ भरा जाता है।

वैसे भरत के भारत में व्यक्ति की विशिष्टता को लेकर भले ही कुछ विवाद हो किन्तु प्लेटो के 'रिपब्लिक' के बारे में किसी को सन्देह नहीं है कि उसमें व्यक्ति की विशिष्टता के लिए कोई जगह नहीं थी–यहाँ तक कि स्वयं सुकरात को अपने रिपब्लिक के मूल रूप की वेदी पर बलि होना पड़ा। 'अनुकरण' और 'रिपब्लिक' का सम्बन्ध आज की समूह-सभ्यता के आलोक में अच्छी तरह स्पष्ट हो जाता है जिसमें कहीं 'नव्य अरस्तूवाद' के नाम पर पुराने 'अनुकरण' सिद्धान्त को पुनर्जीवित करने की यान्त्रिक कोशिश की गयी तो कहीं 'समाजवादी यथार्थवाद' के नाम पर यान्त्रिक यथार्थवाद को लेखकों के सिर मढ़ दिया गया! सृजनशीलता इस अनुकरण के मूल में निहित यथार्थ के यान्त्रिक चित्रण के विरुद्ध विद्रोह है, साथ ही एकरूपता के विरुद्ध व्यक्ति की स्वकीयता का अन्तर्विस्फोट भी।

स्पष्ट है कि सृजनशीलता मनुष्य की स्वतन्त्रता की अभिव्यक्ति है। इस प्रकार सृजनशीलता स्वाधीनता के लिए किये जाने वाले लम्बे संघर्ष में मनुष्य का सबसे शक्तिशाली अस्त्र ही नहीं बल्कि उस स्वाधीनता की कलात्मक उपलब्धि भी है। यदि स्वतन्त्रता और सृजनशीलता का अभिन्न सम्बन्ध सिद्ध है तो इसे प्रमाणित करने की आवश्यकता नहीं है कि स्वतन्त्रता के विकास के साथ सृजनशीलता का भी विकास हुआ है और आधुनिक युग की सृजनशीलता आधुनिक स्वतन्त्रता से स्वतः प्रमाणित है। आधुनिक युग के मूल्य के रूप में सृजनशीलता के लिए इससे अधिक स्पष्ट प्रमाण की आवश्यकता और क्या होगी?

किन्तु यहीं यह जोड़ना आवश्यक है कि आज के शीत युद्ध के वातावरण में स्वतन्त्रता के लिए संकट भी सबसे अधिक है। इतिहास में मानव-विनाश की इतनी गहरी छाया शायद ही कभी रही हो! संहारक परमाणु अस्त्रों ने इस शीत युद्ध को और भी भयंकर बना दिया है जिसके कारण मनुष्य की आज की सृजन शक्ति ही नहीं बल्कि अब तक की सम्पूर्ण कला-सृष्टि और उपलब्धि के साथ ही कल्पनातीत भविष्य की समस्त सृजनात्मक सम्भावनाएँ भी संकटापन्न स्थिति में पड़ गयी हैं। ऐसी भयावह स्थिति में व्यापक सृजनात्मक दृष्टि ही मनुष्य को अकूत विध्वंस से बचा सकती है। आवश्यकता तो है आज सृजनात्मक को चरम रूप में सक्रिय करने की किन्तु उससे पहले सृजन-शक्ति की रक्षा ही आज बहुत बड़ी समस्या बन गयी है। ऐसी स्थिति में यदि एक लेखक यह कहता है कि उन्माद से बचने के लिए सृजन

आवश्यक है तो विस्मय नहीं होना चाहिए। स्थिति तो यहाँ तक कहने की है कि विनाश से बचने के लिए सृजन आवश्यक है।

सृजनशीलता इसलिए भी आधुनिक मूल्य है कि उसका घनिष्ठ सम्बन्ध वैज्ञानिकता से है। आधुनिक युग में सृजनशीलता को मूल्य के रूप में प्रतिष्ठित करने का श्रेय साहित्य और कला से कहीं अधिक विज्ञान को है। साहित्य और कला में जिस 'नये प्रयोग' और 'नये अन्वेषण' को लेकर आज तक बहस हो रही है वह विज्ञान में एक अरसे से सर्व-स्वीकृत है। यदि साहित्य और कला में अभी तक प्रयोग और अन्वेषण का मूल्य विवादास्पद है तो इससे यही प्रमाणित होता है कि इन क्षेत्रों में परम्परा और रूढ़ि का असर अधिक है और यह तथ्य आँख खोलने के लिए काफ़ी है कि इस रूढ़िवादिता के कारण ही ज्ञान के क्षेत्र में साहित्य और कला का स्थान अब गौण हो गया है। यदि अपनी सतत अन्वेषण-प्रवृत्ति के कारण विज्ञान इतना आगे बढ़ गया और साहित्य पिछड़ गया तो इसका दोष साहित्य के असर रखने वाली रूढ़ियों को है। विडम्बना यह है कि अपने पिछड़ेपन को ढकने के लिए साहित्य प्रेमी रह-रह नयी-नयी युक्तियाँ गढ़ने में ही समय बरबाद कर रहे हैं। कभी वे विज्ञान का एकदम विरोध करते हैं तो कभी विज्ञान को एकांगी कहकर आत्म सन्तोष प्राप्त कर लेते हैं और कभी अपनी हीनता ग्रन्थि में उलट कर साहित्य को विज्ञान से श्रेष्ठ भी साबित कर डालते हैं सच्चाई यह है कि ये सारे हेतुवाद निष्क्रिय आत्म-तुष्टि के सूचक हैं और इनसे साहित्य में प्रतिष्ठित रूढ़ियों को ही बल मिलता है विचित्र बात है कि सृजनशीलता के समर्थक साहित्यकार भी कभी-कभी विज्ञान को सृजनशीलता का शत्रु कहते पाये जाते हैं। यह अन्ध विज्ञान-विरोध उन्हें कहाँ ले जाता है, यह देखें तो सारा भरम यकायक खुल जाता है। विज्ञान-विरोधी साहित्यकार अन्ततः धर्म की शरण लेते हैं और इस तरह अपनी समझ से वे अपनी सृजनशीलता की रक्षा करते हैं लेकिन रक्षा होती है उनके द्वारा वस्तुतः 'धर्म' की–उस धर्म की जो एक अरसे से रूढ़ियों का पोषक है। अजीब तमाशा है कि जिस धर्म की प्रकृति ही रूढ़ि-रक्षा है, वह तो मान लिया गया सृजनशीलता का रक्षक और जिस विज्ञान की प्रकृति रूढ़ि-विरोध और सतत अन्वेषण है वह हो गया सृजनशीलता का भक्षक! ऐसे 'सृजन प्रेमियों' से आज साहित्य में सृजनशीलता को और भी ख़तरा बढ़ गया है। पुराने रूढ़िवादी ही क्या कम थे जो धर्म की नयी ध्वजा लेकर ये नये पण्डित भी आ पड़े! स्पष्ट है कि साहित्य में आज सृजनशीलता के लिए संघर्ष करने का अर्थ है वैज्ञानिकता के लिए संघर्ष। इस प्रकार आज सृजनशीलता ने एक और नया अर्थ-नया सन्दर्भ ग्रहण कर लिया है।

वैसे, नयी वास्तविकता की खोज और नयी वास्तविकता को व्यक्त करने के लिए नये माध्यम-नयी भाषा के निर्माण की बात आज किस लेखक की ज़बान पर नहीं है? कहना न होगा कि इस हद तक आज सभी लेखक अनजाने ही वैज्ञानिक बोध से युक्त हैं लेकिन क्या यह हद काफ़ी है? क्या इस वैज्ञानिक प्रक्रिया में निहित समस्त परिणतियों से अवगत होना आवश्यक नहीं है? नयी वास्तविकता की जटिलताओं के नाम पर उलझी हुई भाषा की वकालत करने वाले भूल जाते हैं कि उच्च गणित और भौतिक विज्ञान ने कहीं अधिक जटिल वास्तविकताओं में प्रवेश करते हुए क्रमश: सरलता प्रतीक-संकेतों का निर्माण किया है! विज्ञान की भाषा में विकासवाद की दिशा यह है और विज्ञान के नाम पर साहित्य की भाषा में इसके सर्वथा विपरीत यहाँ सृजनशीलता पर विचार करते हुए स्पष्ट करना होगा कि कहाँ वास्तविकता के ज टिलतर क्षेत्रों में सचमुच प्रवेश किया जा रहा है और कहाँ वास्तविकता को अपनी दिमाग़ी जटिलताओं से आच्छन्न किया जा रहा है। सृजनशीलता के नाम पर आज इतनी अधिक आत्मनिष्ठ सृष्टियाँ हो रही हैं कि भौं जाल को काटकर वस्तुनिष्ठ सृजनशीलता को स्फुट करना युगधर्म हो गया है।

इस प्रसंग में प्रोफ़ेसर जे.बी.एस. हाल्डेन का एक कथन अत्यन्त प्रासंगिक है। भारत में विज्ञान के विकास के लिए विदेश से बड़े-बड़े यन्त्रों को मँगाते और लाखों के ख़र्च से बड़ी-बड़ी प्रयोगशालाओं को बनाते देख प्रोफ़ेसर हाल्डेन ने कहा कि हमने तो बहुत से शोधकार्य बहुत साधारण यन्त्रों से किये हैं। उनके विचार से शोध की सच्ची लगन होगी तो जो सुलभ यन्त्र हैं वही कारगर हो जायेंगे और ज़रूरत के मुताबिक वैज्ञानिक ही अपने यन्त्र को स्वयं ही थोड़ा-बहुत हेर-फेर करके नया बना लेगा। सच्चे सृजनशील साहित्यकार के सम्मुख इस कथन पर किसी अतिरिक्त टिप्पणी की आवश्यकता नहीं है। सृजनशीलता में सुलभ माध्यम की क्षमता पर इससे अर्थपूर्ण संकेत और क्या होगा। साहित्य में माध्यम की असमर्थता का रोना रोने वाले दरअसल उन भारतीय वैज्ञानिक़ों की तरह हैं जिनकी शिकायत है कि बड़ी प्रयोगशालाएँ और आधुनिकतम यन्त्र जब तक न हो तब तक नया शोध कैसे हो ज़ाहिर है कि इनमें से अधिकांश सच्चे अनुसन्धाता नहीं बल्कि साधारण विज्ञान-कर्मी हैं। जाँच करके देखने की ज़रूरत है कि माध्यम से हर दम इतनी शिकायत करने वाले नये सृजनवादी कहीं भीतर से सर्वथा-सृजनशीलता से रिक्त तो नहीं हैं? यहाँ भी सृजनशीलता के माध्यम को वैज्ञानिक आधार प्रदान करने की आवश्यकता है।

(यह लेख 'कहानी नयी कहानी' पुस्तक के लेखों के साथ 1956-1965 के बीच लिखा गया था लेकिन इसे उस पुस्तक में शामिल नहीं किया था।)

# नयी कहानी और 'नयी कहानी'

हिन्दी कहानी से श्रीकान्त वर्मा को यह शिकायत नहीं है कि वह नयी क्यों है बल्कि यह है कि वह नयी क्यों नहीं है अर्थात हिन्दी में सार्त्र, काफ़्का, नथालिया सरॉत, नबोकोव आदि की सी कहानियाँ क्यों नहीं लिखी जा रही हैं? नाम गिनाने में बड़ा सुभीता है और सुभीते के लिए श्रीकान्त जी ने नाम गिना दिये लेकिन कैसे स्पष्ट हो कि वे हिन्दी में ठीक-ठीक कैसी नयी कहानी देखना चाहते हैं। संयोग से उन्होंने एक कहानी का भी हवाला दिया है : सार्त्र की 'इंटीमेसी', जिसका हिन्दी अनुवाद अब पटना की 'ज्योत्स्ना' पत्रिका के माध्यम से सुलभ है, इसलिए सम्भव है हिन्दी पाठक इस प्रस्तावित नयी कहानी का कुछ आभास पा सकें। इस 'नयी कहानी' को कोई सेक्स-विकृति की कहानी समझने की ग़लतफ़हमी न कर बैठे, इसलिए उन्होंने सार्त्र की 'इंटीमेसी' कहानी के द्वारा अपना गम्भीर अभिप्राय भी स्पष्ट कर दिया है। वह अभिप्राय है: 'अस्तित्ववादी अर्थगाम्भीर्य' जिसमें "एक पुस्त्वहीन पुरुष के पल्ले पड़ी बेबस स्त्री के माध्यम से समूची सभ्यता का चित्र उपस्थित किया गया है जो लुंज अतीत के रस में पगी लेटी हुई थी और अपनी स्वाधीनता को पहचानकर भी मुक्त होने में असमर्थ थी।" श्रीकान्त जी का ख़याल है कि ऐसी रचनाओं से 'जितनी क्षति पिटी हुई जीवन-दृष्टि और परम्परागत नैतिक मूल्यों की पहुँची' उतनी ही 'क्षति' हिन्दी को भी पहुँचाने की ज़रूरत है। गरज कि ऐसी 'नयी कहानियों' के अभाव में हिन्दी की जो क्षति हुई है, उससे कहीं अधिक क्षति ऐसी 'नयी कहानियों' के द्वारा पहुँचाने की योजना है। सम्भवत: इसी विचार से श्रीकान्त ने इधर कहानियाँ लिखना शुरू कर दिया हैं। वैसे कुछ दूसरे नये लेखक कुछ पहले से ही काफ़्का नथालिया सरॉत और नबोकोव न सही, सार्त्र की 'इंटी मेसी' को ही आदर्श मानकर यथाशक्ति कहानी में नये साहस कर रहे हैं और उन्हें शायद श्री कान्त जी को इस शिकायत से ही शिकायत हो कि हिन्दी कहानी नयी क्यों नहीं है। फिर भी उम्मीद की जाती है कि यदि श्रीकान्त जी आज कोई लेख लिखें तो उनके स्वर में इतनी हताशा भरी

शिकायत न होगी क्योंकि इस बीच उनकी अभीष्ट 'नयी कहानी' के काफ़ी नमूने सामने आ चुके हैं। निस्सन्देह स्वयं उनकी भी एक कहानी संग्रह भर की कहानियाँ तो हैं ही-कम से कम इंटिमेसी' जैसे संग्रह भर की!

इस उम्मीद का आधार है 'नयी कहानियाँ' के सितम्बर, 63 के अंक में स्वयं श्रीकान्त जी द्वारा लिखित एक परिचय-नोट जो एक नये कहानीकार रमेश गोस्वामी की 'सम्बन्ध' शीर्षक कहानी को प्रस्तुत करते हुए, लिखा गया है। जिस उत्साह से उन्होंने इस नये लेखक के लिए परिचय-पत्र लिखा है, उससे स्पष्ट है कि अब उन्हें हिन्दी में मनपसन्द 'नयी कहानी' के न होने की शिकायत न होगी। प्रसंगात् अपने इस कार्य में भी वे कुछ-कुछ सार्त्र के चरण चिह्नो पर ही हैं क्योंकि सार्त्र ने भी ज्यां जेनेत जैसे नये लेखक को फ्रेंच पाठकों में सम्मानित स्थान दिलाने के लिए उसकी एक पुस्तक की भूमिका ही नहीं लिखी बल्कि 'सन्त जेनेत' नाम से पूरी एक पुस्तक ही लिख दी। हो सकता है, इन दोनों कार्यों में कुछ फ़र्क़ हो, लेकिन यह फ़र्क़ इसलिए है कि न तो रमेश गोस्वामी ज्यां जेनेत हैं और न श्रीकान्त वर्मा ज्यां पाल सार्त्र!

यह भी हो सकता है कि श्रीकान्त वर्मा ने इस कहानी की जो व्याख्या अथवा व्याख्या के बहाने अपनी समस्या प्रस्तुत की हो उसे बहुत से लोग स्वयं कहानी से जोड़ने में बेहद कठिनाई का अनुभव करें, लेकिन इस स्थिति में उन्हें यह सोचकर सन्तोष करना पड़ेगा। इस 'नयी कहानी' की यह नयी आलोचना भी तदनुरूप आत्मनिष्ठ होने के लिए विवश है। वरना सार्त्र की इंटीमेसी कहानी की ही जो व्याख्या श्रीकान्त जी ने कर डाली है, वह हिन्दी के पाठकों के लिए तो क्या स्वयं ज्यां पाल सार्त्र के लिए भी पर्याप्त विस्मयादिबोधक होगी!

फिर भी यह आकस्मिक नहीं है कि श्रीकान्त जी ने ज्यां पाल सार्त्र की तमाम कहानियों में से 'इंटीमेसी' को ही हिन्दी के लिए आदर्श के रूप में चुना! तथ्य यह है कि सार्त्र की पाँचों-मात्र पाँच-कहानियों में से सबसे कमज़ोर इंटीमेसी ही मानी जाती है। स्वयं फ्रेंच में सार्त्र ने अपने कहानी-संग्रह का नाम, अपनी समझ से, सबसे अच्छी कहानी 'दीवार' के नाम पर रखा। यह तो अमेरिकी प्रेस है जिसने सस्ती बाज़ार रुचि के कारण बेचने की गरज़ से सेक्सी तस्वीर के साथ उस कहानी संग्रह को 'इंटीमेसी' नाम से चालू कर दिया और अब यह हिन्दी का नया लेखक है जो उस सस्ती बाज़ारू रुचि की गिरफ़्त में आकर एक सस्ती बाज़ारू चीज़ को ही विस्मयादिबोधक भाव से 'नयी कहानी' 'नयी कहानी' चिल्ला रहा है। कहते हैं कि फरिश्ते भी पाँव रखते जहाँ हिचकते हैं, वहाँ मूर्ख बेखटके डग बढ़ा देते हैं। जिस कहानी को इंग्लैंड का 'पंच' 'लेडी चैटर्ली' को भी मात देने वाला कहता है,

उसमें हिन्दी का लेखक बहुत बड़े दर्शन के दर्शन कर रहा है। पिण्ड में भी ब्रह्माण्ड देखने की पुरानी भारतीय परम्परा का इससे अच्छा निर्वाह और क्या होगा? इससे स्पष्ट हो जाता है कि यह नया 'कामाध्यात्म' ही श्रीकान्त जी की 'नयी कहानी' की बुनियाद है। हो सकता है कि उर्वशी के कवि दिनकर के पुराने 'कामाध्यात्म' से यह भिन्न हो लेकिन बुनियादी तौर पर यहाँ भी 'सेक्स' के माध्यम से किसी विराट दर्शन की ओर संकेत करने का ऊँचा हौसला है। स्वयं श्रीकान्त जी को 'लॉ बोहीय' जैसी कहानियाँ इस दर्शन को उदाहृत करने की दिशा में नवीन प्रयास हैं और उनकी कहानी चर्चा में बार-बार जो स्त्री-पुरुष के सम्बन्धों का ज़िक्र आ पड़ता है उसे इस 'नयी कहानी' का लक्षण समझना चाहिए।

इस प्रकार सेक्स के माध्यम से विराट जीवन-सत्य को व्यक्त करने का हौसला आकस्मिक नहीं है। यहाँ कुछ समझदारी ही ऐसी है कि नयी वास्तविकता सबसे पहले और सम्भवत: अपने शुद्धतम रूप में सेक्स और सेक्स-सम्बन्ध में ही प्रतिफलित होती है। इसलिए इस समझ के लेखक तमाम सामाजिक सम्बन्धों को छोड़कर सेक्स-सम्बन्ध में ही दृष्टि गड़ाते हैं और सेक्स की नवीनतम विकृतियों से अपनी समझ से सम्पूर्ण सभ्यता एवं संस्कृति की विकृतियों का उद्घाटन करते हैं। कभी सेक्स की शारीरिक विकृतियों से तो कभी केवल मानसिक विकृतियों से इस तथ्य को स्पष्ट करने के लिए स्वयं श्रीकान्त जी द्वारा संस्तुत एक 'नयी कहानी' की ये विशेषताएँ उल्लेखनीय हैं।" कहानी का नायक (जो एक स्त्री का नायक हो सकने में असमर्थ है) एक कुण्ठित और अपने आप से पराजित व्यक्ति है। वह अपने प्रेम-निवेदन को अपने आत्म-विश्लेषण की शक्ल में पेश करने के लिए बाध्य है। स्त्री की ओर क़दम उठा सकने में असमर्थ अपनी सफ़रिंग को एक घाव की तरह पोसने का सुख उसे प्राप्त है सफरिंग का यह सुख प्राप्त न कर सकने के दु:ख से बड़ा है, और पीड़ा से तटस्थ होकर उसकी व्याख्या कर देने की कोशिश अनजाने ही अपने को प्रेम से बड़े किसी पद पर प्रतिष्ठित करने की कोशिश है।"

किसी प्रकार सेक्स-विकृति धीरे-धीरे एक विराट दर्शन में परिणत हो जाती है, यह ध्यान देने योग्य है जिसमें ज़्यादातर यही होता है कि विराट दर्शन तो पल्ले नहीं पड़ता लेकिन सेक्स-विकार दृष्टि को अवश्य पकड़ लेता है। हो सकता है, कुछ लोगों की दृष्टि में 'नयी कहानी' का यह नायक ही 'आधुनिक मानव' हो किन्तु ऐसा लगता है कि यदि 'आधुनिक मानव' यही होता तो संसार की तमाम स्त्रियों ने इस न्याय से आत्महत्या कर ली होती। निश्चय ही यह कोई अद्भुत मानव है जो एक स्त्री के लिए पुरुष नहीं है और न एक पुरुष के लिए स्त्री! पुंस्त्वहीन नायक-नायिकाएँ तो

अब काफ़ी पुरानी पड़ गयी हैं इसलिए निश्चय ही यह 'आधुनिक मानव' स्त्री पुरुष में से कुछ भी हुए बिना कोई अमूर्त तत्त्व होगा। ऐसे अमूर्त मानव को असामाजिक कहना निश्चय ही एक दूसरे मानदण्ड का प्रयोग करना कहलायेगा, लेकिन यदि इसके मूल्यांकन के लिए सामाजिक-असामाजिक से भिन्न आध्यात्मिक मानदण्ड की माँग हो तो यही कहना पड़ेगा कि यह तथा कथित 'आधुनिक मानव' कहानी का विषय नहीं हो सकता!

इस 'नयी कहानी' का यह नायक जितना नया है उससे कम नया उसका अनुभव नहीं है। घुमा-फिराकर अनेक शब्दों में इस अनुभव का जो विवरण दिया गया है उसे ठीक-ठीक समझ लेना आसान नहीं है लेकिन मालूम होता है कि वह एक प्रकार की 'सफरिंग' हैं। सम्भवत: लाचार होकर ही लेखक ने इतने जटिल अनुभव को अति सरलीकरण के लिए एक शब्द में रखा है। भाषा जो न करा दे। जटिल से जटिल अनुभव को भी अति सरलीकरण का दण्ड भोगना पड़ता है। लेकिन अति सरलीकरण की भी एक सीमा होती है जिसके आगे लेखक एक क़दम भी नहीं रखता वरना वह 'सफरिंग' जैसे अंग्रेज़ी शब्द तक ही न रूक जाता! निश्चय ही इस 'सफरिंग' को हिन्दी नाम देना अति सरलीकरण होगा। अब हिन्दी का पाठक न समझे तो न समझे लेकिन लेखक के साथ पूरी सहानुभूति रखते हुए इतना वह ज़रूर कहना चाहेगा कि यदि एक इस 'सफरिंग' को हिन्दी नाम देने में इतनी सफरिंग हो रही है, तो और अधिक सफरिंग से बचने के लिए बेहतर है कि ये लेखक अपने अनुभवों से हिन्दी को वंचित ही रखें। आख़िर उस भाषा में लिखने से फ़ायदा जिसमें ऐसे नये अनुभवों के लिए उपयुक्त शब्द ही नहीं-यहाँ तक कि कोशिश करने पर उपयुक्त शब्द बन भी न सकें। यदि हिन्दी में हम नयी कहानी 'सफरिंग' जैसे एक दम बुनियादी अनुभव को न उतारा जा सके तो फिर पूरी की पूरी यह 'नयी कहानी' कैसे आयेगी। यदि अनुभव से भाषा का कुछ भी सम्बन्ध है तो हो न हो उन्हें यह अनुभव भी अंग्रेज़ी में ही होता होगा और ज़ाहिर है कि जो अंग्रेज़ी नहीं जानते उन्हें यह 'सफरिंग' भी न होती होगी। इस प्रकार इस 'नयी कहानी' को एकदम हिन्दी में ले आने का मसला लगभग अन्तरराष्ट्रीय वाणिज्य के आयात-निर्यात संबंधी-जटिल नियमों के अधीन है शायद इस वजह से अभी तक यह नयी कहानी हिन्दी में पूरी तरह नहीं आ सकी है, वरना शिकायत के लिए मौक़ा और मिलता।

इस पर भी विडम्बना यह कि श्रीकान्त जी बेचारे उस नये लेखक को राय देते हैं कि अगर कहानी की भाषा पर अंग्रेज़ी की छाप और कुछ जगहों सस्ता विदेशी प्रभाव न होता तो शायद इस कहानी से कुछ शिकायत न होती। क्या विडम्बना है?

स्वयं श्रीकान्त जी 'सफरिंग' से न बच पायें और दूसरा 'डेट' और 'विश' करे तो शिकायत करें। क्यों 'डेट' और 'विश' सस्ता विदेशी प्रभाव है और 'सफ़रिंग' सस्ती नहीं? क्या 'सफरिंग' इसीलिए सस्ता नहीं है कि वह अस्तित्ववादी दर्शन की महँगी किताबों में आया है? अब कौन बताये कि पश्चिम में अस्तित्ववादी दर्शन भी अब उतना ही सस्ता हो गया है और इसीलिए वह भारत में आज इतना सुलभ है-पिछली लड़ाई के जंग लगे निकम्मे कल-पुर्जों की तरह! किसी की नज़र में अगर यही ज़र हो तो कुछ कहने का क्या असर।

फिर एक लेखक हो तो मना भी करें–यहाँ इस तरह के एक दर्जन से कुछ ज़्यादा ही नये कहानीकार होंगे जिनकी कोई कहानी बिना 'सफ़रिंग' के मुकम्मल ही नहीं होती। आख़िर ये लेखक किसी के कहने में आकर इस 'सफरिंग' को क्यों छोड़ दें। वही तो जान है और कहते हैं कि जान है तो जहान है। अपनी कहानी में से यदि वे 'सफरिंग' शब्द निकाल दें तो भला कोई उसे 'नयी कहानी' कहेगा–इस एक शब्द के अभाव में पूरी कहानी एक सस्ती-सपाट साधारण कहानी न हो जायेगी? यही तो वह शब्द जो हिन्दी की किसी कहानी को अस्तित्ववादी प्रभामण्डल प्रदान करता है और पाठक के मन में सार्त्र, कामू आदि के साहित्य की संस्मृति और प्रतिध्वनि जगाता है और इस तरह अनजाने ही हिन्दी के एक नये कथाकार की पहली कहानी को भी सार्त्र-कामू की रचनाओं के निकट पहुँचा देता है।

पाठक के अनजाने ही वह दाद भले ही मूल विदेशी लेखकों को जाती है, प्रत्यक्ष रूप में तो वह हिन्दी के इस नये लेखक को ही मिलती है। जिस शब्द में इतने गुन हों उसे भला कोई लेखक क्यों छोड़ दे।? अलादीन का ऐसा चिराग़ दूसरा कहाँ मिलता है। फिर यह कोई गुनाह है। अगले ज़माने में अपने यहाँ भी कबीर के बाद ऐसी ही स्थिति आयी थी जब "ब्रह्म ज्ञान बिन नारी नर करहि न दूसर बात।" तुलसीदास जैसे लोग उस पर कुढ़ें तो कुढ़ा करें।

कहने वाले कहा करें कि नाम में क्या रखा है। 'सफ़रिंग' शब्द एक अनुभूति का नाम है तो इसके साथ 'आधुनिकता' के समस्त अर्थ जुड़े हुए हैं और 'आधुनिक' होना है तो इस शब्द की पूँछ ज़ोर से पकड़नी है। यही वजह है कि 'आधुनिकता' के साधक भाषा पर इतना ज़ोर देते हैं। एकहि साधे सब सधे। एक शब्द के साधने में समूची 'आधुनिकता' की सिद्धि है। क्या पुराने लोग बीज मन्त्र ओइम् का जाप नहीं करते थे? 'सफरिंग' में तो उससे एक अक्षर कम ही है। भाषा अथवा शब्द पर इतना अटूट विश्वास होने के कारण इन नये कहानीकारों ने कहानी के यन्त्र तत्त्वों से स्वभावतः ही मुँह फेर लिया! इस 'नयी कहानी' की बुनियादी समझ के देखते

हुए इस रवैये को ग़लत भी नहीं कहा जा सकता। जब भाषा-बोध से आधुनिकता बोध की सिद्धि हो सकती है तो फिर चरित्र-कथानक-रूपगठन आदि के झमेले में पड़ने की क्या ज़रूरत? सूरदास प्रभु कामधेनु तजि छेरी कौन दुहावे।" अब रहा नयी कहानी किसी को नितान्त स्वगत-संलाप या गद्य-काव्य प्रतीत हो तो हुआ करे, कहानी न होने से ही यह गद्य कृति निरर्थक तो नहीं हो जाती। आश्चार्य की बात नहीं कि इस नयी कहानी के लेखक अपनी 'कहानी' को कहानी कहने या कहलाने का आग्रह भी नहीं करते। ख़ुशी की बात है कि इस मामले में भी वे पश्चिम के अनेक कथाकारों के क़दमों पर ही चल रहे हैं। सम्भवत: श्रीकान्त जी को भी इस तथ्य का पता होगा कि उनकी प्रिय लेखिका नथालिया सरॉत 'उपन्यास-विरोधी उपन्यास' (एंटी-नॉवेल नॉवेल) सिद्धान्त की घोषणा करती है। पता नहीं उसने कितनी कहानियाँ लिखी हैं लेकिन जो 'उपन्यास-विरोधी उपन्यास' सिद्धान्त विश्वास करती हो उसे क़ायदे से 'कहानी-विरोधी कहानी' का भी प्रचारक माना जा सकता है जिसे इस विषय में सन्देह वह नथालिया सरॉत के पाँच आलोचनात्मक निबन्धों के संग्रह का सद्यः प्रकाशित अंग्रेज़ी अनुवाद 'दि एज ऑफ़ सस्पिशन' देख सकता है। शायद इससे बहुत से 'नये कहानीकारों' की अस्फुट आकांक्षा को बल मिले—बल के साथ ही एक सैद्धान्तिक आधार भी।

इस तर्क पथ पर चलने में ख़तरा है तो सिर्फ़ यह कि फिर 'नयी कहानी' नाम का मोह छोड़ देना पड़ेगा। जब 'कहानी' नाम की ही कोई सार्थकता नहीं रही फिर 'नयी कहानी' क्या? इस तरह हिन्दी कहानी से श्रीकान्त जी की यह शिकायत भी दूर हो जायेगी कि वह नयी क्यों नहीं है? अब तो क़ायदे से उन्हें यह कहना चाहिए कि हिन्दी कहानी अभी तक कहानी क्यों है? देखा जाय तो साहित्य-विधा के रूप में कहानी भी एक 'समय' या 'कन्वेंशन' ही है और यदि रूढ़ियों का नितान्त निषेध ही करना है तो 'कहानी' नाम से प्रतिष्ठित साहित्य विधा की रूढ़ि का भी निर्वाह क्यों? तर्क का तकाज़ा भी यही है। कहा भी है कि तर्क जहाँ तक ले जाय वहाँ तक जाइए। इसलिए जो लेखक अपने को परम क्रान्तिकारी समझते हैं उन्हें एकबारगी कहानी-मात्र को छोड़ देने के लिए तैयार हो जाना चाहिए। यह नहीं हो सकता कि आप केक को खाना भी चाहें और रखना भी। तुलसीदास के शब्दों में कहें तो "दुइ कि होहिं एक संग भुआलू। हँसब ठठाई फुलाउब गालू।" सम्भवत: श्रीकान्त जी के मुँह से अनजाने ही यह वाक्य निकल गया है कि "असल में किसी चीज़ को छोड़कर नहीं, अपने सम्पूर्ण व्यक्तित्व को तोड़कर कोई चीज़ नयी होती है।" देखना है कि

हिन्दी में यह नयी कहानी अपने 'सम्पूर्ण व्यक्तित्व' को तोड़कर किस प्रकार नयी होती है! व्यक्तित्व को एक-एक कर तोड़ तो वह रही है–कथानक टूटकर दिनचर्या का अब मरा विवरण-मात्र रह गया है; परिस्थितियाँ टूट कर केवल 'स्थितियाँ' भर रह गयी है; चरित्र इतने टूट चले हैं कि उनके नाम तक नहीं सुनायी पड़ते–शेष जैसे हैं तो कुछ सर्वनाम जैसे मैं, वह अर्थात् पुरुष के स्थान पर पुरुषवाचक सर्वनाम; विचार टूटकर 'मन:स्थितियाँ' बन गये हैं और अब वह 'मन:स्थितियाँ' भी क्रमश: टूटती-टूटती मन को रिक्त छोड़ चली हैं–शेष रह गया है तो यन्त्र की तरह अवश अंग-चालन; विवेक एकदम बेबाक हो चला है और उसके स्थान पर रह गये है विवेकहीन परस्पर असम्बद्ध क्रिया-व्यापार जिन पर कहीं कोई नियन्त्रण नहीं है; भाषा की इकाई वाक्य खण्ड-खण्ड हो चुका है–एवज़ में मिलेंगे नितान्त साधारण वाक्य या फिर विन्दकियों के बीच में छिट-पुट शब्द, यहाँ तक कि कहानी के शीर्षक तक अनावश्यक हो उठे हैं, निहायत अनमने ढंग से कोई एक छोटा-सा शीर्षक दे दिया जाता है–'रिक्ति' 'शाम' या ऐसा ही कुछ! कौन कह सकता है कि यह चरम क्रान्ति नहीं है? निस्सन्देह हिन्दी की यह 'नयी कहानी' अपना 'सम्पूर्ण' तोड़ रही है और इस तरह अपने आप को तोड़ते हुए ही समस्त रूढ़ियों को तोड़ रही है जैसे कभी-कभी कोई सनकी आत्महत्या करके ही सारे मानव-समाज के अन्त का ख़्वाब देखता है। आत्मघात की इस प्रक्रिया से कोई नया रूप खड़ा होगा या नहीं, इसका सही निर्णय तो भविष्य ही कर सकता है; फ़िलहाल हम यही कह सकते हैं कि इतिहास में यह व्यापक आत्मघाती प्रक्रिया अवश्य नयी चीज़ है। वस्तुत: यह आज के संक्रामक 'निहिलिज़्म' या 'नास्तिवाद' का परिणाम है। विनाशवाद इसी का दूसरा नाम है। विचित्र बात यह है कि परमाणु युद्ध का संकट तो टलता जा रहा है लेकिन साहित्य के कुछ क्षेत्रों में उसकी छाया लम्बी होती जा रही है।

कहने की आवश्यकता नहीं कि जीवन के बारे में ऐसे विनाशवादी निष्कर्षों पर पहुँचने के लिए ज़्यादा बुद्धि ख़र्च करने की जरूरत नहीं है। स्थिति अपने इन नये कहानीकारों को देखने से ही स्पष्ट हो जाती है। करने को तो ये 'सफ़रिंग',' 'संवेदना', 'अस्तित्व' आदि की जाने कितनी गूढ़ गम्भीर बातें करेंगे गोया सबसे बड़े 'इंटेलेक्चुअल' यही हों किन्तु पाँच मिनट की बातचीत में ही पता चल जाता है कि इन शब्दों को अर्जित करने के लिए कितनी बुद्धि ख़र्च की गयी है–शायद वह बाज़ार में सर्व सुलभ किसी नितान्त सस्ती सी परिचयात्मक पुस्तक के दुहेजू-तिहेजू उद्धरण पर दृष्टिपात भर करके प्राप्त किया गया शब्द-ज्ञान है–जिसे एक

तरह से 'प्रेम का ढाई आखर' ही कहना चाहिए। और 'अनुभव' जिसका नाम-जाप ये लेखक पुनरुक्ति-भय से सर्वथा मुक्त मुहुर्मुहुः किया करते हैं? वही कोठरी में अहर्निश बन्द अकेले व्यक्ति का सतत अपने आपसे व्यस्त रहना! फिर ऐसे में कोई कवि बन जाय सहज सम्भाव्य है।

ख़ुशी की बात यह है कि नयी कहानी के क्षेत्र में इधर जो पीढ़ी आयी है, उसके सबसे मुखर लेखकों ने 'नयी कहानी' नाम का सर्वथा तिरस्कार करके 'समकालीन कहानी' संज्ञा को वरण कर लिया है। इससे और कुछ नहीं तो कम से कम ग़लतफ़हमी तो न होगी। 'समकालीन कहानी' उन्हें मुबारक। शायद कुछ दिनों बाद उन्हें पता चले कि उन्होंने अबोधता में एक ग़लत शब्द चुन लिया–शायद अंग्रेज़ी कम जानने का ही यह परिणाम हो। क्योंकि अंग्रेज़ी में स्टीफेन स्पेंडर की साखी से यही पता चलता है कि 'कंटेंपोरेरी' वह है जो आज वाल्तेयर, जॉर्ज बर्नार्ड शा, एच.जी. वेल्स, आर्नल्ड बेनेट आदि ठेठ यथार्थवादी सामाजिक, राजनीतिक, प्रतिश्रुत तथा समकालीन ज्वलन्त समस्याओं को लेकर लिखने वाले लेखकों की परम्परा में आता है। शक है कि इन नामों को देखते हुए हिन्दी के 'समकालीनतावादी' कहानीकार अपने को उस परम्परा में रखना पसन्द करेंगे। निश्चय ही इनकी सूक्ष्म रुचि इस तथ्य के सम्मुख अपने को 'समकालीन' कहने में घबराहट का अनुभव करेगी। लेकिन ऐसी अबोधता का क्या इलाज है! अच्छा हुआ जो अपनी भिन्न सत्ता प्रमाणित करने के लिए इन्होंने अपने-आप 'नयी कहानी' से अपने को अलग कर लिया।

अब इसके बाद भी यदि कोई यह कहे कि हिन्दी में नयी कहानी का आन्दोलन प्रतिक्रियावादी और दक्षिणपन्थी है तो लाचार होकर यही कहना पड़ेगा कि वे इतिहास की उस सुदूर सीमा पर खड़े हैं, जहाँ से स्वाधीनता-प्राप्ति के बाद का सारा नया साहित्य एक ही दिखायी पड़ रहा है। ऐसी धुँधली दृष्टि के सामने साहित्य का मानचित्र खोलकर बारीक़ रेखाओं का परिचय कराना सम्भवतः समय का अपव्यय है।

(यह लेख 1956-1965 के बीच 'कहानी नयी कहानी' पुस्तक के लेखों के साथ लिखा गया था लेकिन उस पुस्तक में शामिल नहीं है।)

# रघुवीर सहाय की कहानी 'खेल' की समीक्षा

नये सृजन की शुरुआत भी खेल से होती है और यदि रघुवीर सहाय की 'खेल' कहानी पर यक़ीन करें तो कहानी भी एक तरह का खेल ही है जिसकी परिणति लोकोत्तर आनन्द में होती है। सृजनशील कहानीकार एक बच्चे की तरह पहले तो बढ़ई की कारीगरी को देखता है–निकलते हुए ख़ुशबूदार लच्छे, चिकने तख्ते पर लकड़ी के रेशे, गोल-मोल भँवरदार छल्ले, लम्बी लहरियोंदार लच्छे, बीच में जैसे छुपी हुई सी गाँठ; और फिर वह ख़ुद भी कुछ कर डालने के लिए अधीर हो उठता है। फलत: वह एक फ़ालतू पड़े हुए टुकड़े को उठाता है और उसी से एक नया खेल रच लेता है क्योंकि "उसके पास एक बच्चे की कल्पना है जो किसी भी वस्तु में किसी भी वस्तु की प्रतिष्ठा कर सकती है।" देखते-देखते एक 'फ़ालतू' सी वस्तु अर्थपूर्ण मानवीय क्रिया में रूपान्तरित हो जाती है और अन्त में उसकी परिणति एक ऐसी आनन्दपूर्ण दृष्टि में होती है जिसके आगे लकड़ी का वह टुकड़ा और सीधा-सादा खेल भूल जाता है। रह जाती है हल्की-हल्की हवा, प्यारी धूप, चमकती हुई, हर चीज़ और हरियाली ख़ास तौर से!

आज के वातावरण में सम्भवत: इसे निरा कलावाद कहा जायेगा। सामाजिकता और आधुनिकता ने बहुत से लेखकों को असमय ही वयस्क बना दिया है जिसे बंगला में 'ऐंचड़ पाका' कहते हैं। तुतलाने से पहले ही ज़्यादातर लेखक भाषण देने की कोशिश कर रहे हैं लिहाज़ा हकलाते हैं। अपनी समझ से तो वे बड़ी-बड़ी बातें कह रहे हैं, लेकिन तोता भी सीताराम कहता है। आकस्मिक नहीं जो आज की अधिकांश कहानियाँ सृजनशीलता में रंक हैं। 'सृष्टि' वहाँ नहीं है, इसीलिए जीवन भी नहीं है।

यदि हिन्दी कहानी एक अरसे तक पुरानी परिपाटियों का निर्वाह मात्र करती रही है तो इसीलिए कि यहाँ इस क्षेत्र में कलावाद की आशंका से सृजनात्मक सम्भावनाओं की भी खोज नहीं हुई। इस प्रकार हिन्दी कहानी 'प्रयोगवाद' से भले ही बच गयी

किन्तु रूढ़िवाद से मुक्त नहीं हो सकी। कलावाद से बचकर कहानी अपनी समझ से 'सामाजिकता' की रक्षा ही क्यों न करती रही हो किन्तु हक़ीक़त में वह सामाजिकता भी कहीं-न-कहीं रूढ़िग्रस्त रही। नयी वास्तविकता के सम्मुख पुराने रूपों का यह निर्वाह कलावाद से भी कहीं गर्ह्य रीतिवाद है।

'खेल' इसी रीतिवादी वार्धक्य के विरुद्ध एक बच्चे की कुतूहलपूर्ण प्रतिक्रिया है और हर प्रतिक्रिया की तरह यह भी एकांगी हो तो इसमें आश्चर्य की कोई बात नहीं। इस प्रकार नये सृजन का शौक़ तो ज़ाहिर किया जा सकता है किन्तु वह स्वयं नया सृजन नहीं है। वैसे इधर इस प्रकार के कुछ नये कुतूहलपूर्ण प्रयास हुए हैं जिनमें रमेश बक्षी की गद्य कृतियाँ उल्लेखनीय हैं। नयेपन से चौंधियाकर कुछ लोग इन्हें नयी कहानी भी समझ लेते हैं, जब कि इनमें प्राय: एक प्रकार का कौतुक ही होता है।

स्पष्ट है कि कौशल को सिर्फ़ कौशल के लिए प्यार करना उतना ही एकांगी है जितना जीवन को जीवन के लिए प्यार करना। यदि एक की परिणति कलावादी कौतुक और कोरे शिल्प-प्रदर्शन में होती है तो दूसरे की परिणति कभी नितान्त भावुकता में, कभी एकान्त ऐन्द्रियता में और कभी कोरे सेक्स में। कठिनाई यह है कि कोरा शिल्प-प्रदर्शन तो तुरन्त खुल जाता है, किन्तु यह जीवन-प्यार बहुतों की दृष्टि में भ्रम पैदा कर देता है। जीवनोपालक इसे 'जीवन्तता' और स्वस्थ सामाजिकता समझ बैठते हैं। अमेरिकी कहानियाँ से जिनका समीपी परिचय है, वे जानते हैं कि उन्मुक्त जीवन को उपासना के नाम पर वहाँ एकबारगी 'खुली त्वचा' और 'बालों भरे सीने' वाली कहानियों का फ़ैशन ही चल पड़ा था। अपने यहाँ भी एक-आध लेखक पौरुष प्रदर्शन के लिए प्राय: 'बालों भरा सीना' उभारे चलते हैं और इस तरह समझते हैं कि जीवन का एक नया जीवन्त चित्र सामने आ रहा है। ग़नीमत है, यहाँ उस तरह का वाल्ट-ह्विटमैनी सम्प्रदाय नहीं चला। स्पष्ट है कि यह जीवन नहीं बल्कि जीवन के नाम पर किसी और चीज़ का प्रचार है। सामाजिक जीवन से अलग जीवन का अर्थ बर्बरता है। प्रतिक्रिया का यह दूसरा छोर है।

वस्तुत: 'खेल' में प्रतिक्रिया के ये दोनों छोर किसी-न-किसी तरह बीज रूप में इकट्ठे मौजूद हैं। निस्सन्देह खेल का मज़ा इसी में है कि खेल को बिल्कुल खेल के रूप में लिया जाय यानी उसे किसी प्रयोजन या लाभ का साधन न समझा जाय। लेकिन खेल का असली मज़ा इसमें है कि उसे खेल भी न समझा जाय। आत्म-सजगता खेल का सारा मज़ा किरकिरा कर देती है—यहाँ तक कि उसे निरा क्रीड़ा कौतुक बना

देती है। कोरे कला-कौशल और शिल्प को यही प्रवृत्ति जन्म देती है। यदि रघुवीर सहाय की कहानियों में सहज मानवीयता और जीते-जागते आदमी के चित्रण में एक प्रकार का सायास शिल्पगत घुमाव मिलता है, तो उसे इस आत्म-सजगता का ही अभिशाप समझना चाहिए।

विडम्बना यह है कि आत्मसजग लेखक को इस शिल्पगत घुमाव का भी पूरा बोध है। स्वयं लेखक के ही शब्दों में "मैं अपनी एक अनुभूति को सहज भाव से व्यक्त करना चाह रहा हूँ और आलोचकों ने सहजानुभूति और सहजाभिव्यक्ति को इतना सहज बनाया है फिर भी नहीं कर पा रहा हूँ, और फ़िर "मान लिया कि मैं बिना वजह एक सहज अनुभूति को व्यक्त नहीं होने दे रहा हूँ और अपने सामाजिक अहं के कारण जीवन का सहज आनन्द नहीं ले पा रहा हूँ।" यह है 'मेरे और नंगी औरत के बीच' का आत्मसजग घुमावदार शिल्प!

बीच की इतनी थोड़ी-सी जगह में इतना बड़ा चक्कर इसलिए कि लेखक दो मनुष्यों के बीच की रही-सही छोटी-सी 'दुनिया' को भी निकाल देना चाहता है क्योंकि वह "अपने सम्बन्ध को एक प्रचलित सम्बन्ध के स्तर पर उतारे जाते नहीं देख सकता।" प्रचलित सम्बन्ध जैसे भाई-बहन, बुआ-चाची, भतीजा-दोस्त वग़ैरह। इन सम्बन्धों से इतनी घृणा इसलिए कि ये सामाजिक सम्बन्ध हैं और लेखक मनुष्य को एकदम मनुष्य के रूप में देखना चाहता है–समस्त सामाजिक सम्बन्धों से मुक्त निरा मनुष्य। एक प्रकार से यह जीवन को खालिस जीवन के रूप में देखने की कोशिश जैसा है। यह प्रयत्न कितना कठिन है इसका पता इसी से चल जाता है बाहरी रूप में सामाजिकता का निषेध करने के बावजूद लेखक अपनी मानसिक सामाजिकता से सर्वथ-मुक्त नहीं हो पाता। सामाजिक संस्कार लेखक के मन पर इस हद तक छाये रहते हैं कि नंगी औरत के नंगेपन को भी सहज रूप में स्वीकार नहीं कर पाता। इससे स्पष्ट हो जाता है कि नंगे जीवन की ही तरह नंगे शिल्प को भी ग्रहण करना कितना कठिन है।

विलियम कार्लोस विलियम्स ने भी अपनी छोटी-छोटी कहानियों में इसी तरह जीवन की नम्रता को सम्पूर्ण उष्णता और सजीवता के साथ उतार देने की कोशिश की है और आलोचकों की राय में उसे आश्चर्यनजक सफलता मिली है क्योंकि एक तो उसमें नग्नता का बिल्कुल बोध ही नहीं है दूसरे उसे जीवन के समान ही भाषा से भी अत्यधिक प्यार है। सम्भवतः इसीलिए नग्नता का चित्रण करते हुए भी कहीं उसके हाथ मैले नहीं हुए और शिल्प-कौशल के प्रयोग में भी कहीं बनावट नहीं आयी।

सचमुच इन दोनों छोरों के बीच सन्तुलन क़ायम रखते हुए चलना कितना कठिन है। कहना न होगा कि जीवन और भाषा के द्वन्द्वात्मक प्यार में ही कहानी की सहज गति है और उस सहज गति में ही कहानी का सम्पूर्ण आकर्षण है। कहते हैं कि चलने की कला भी उसे ही आती है जिसे नाचने की कला का ज्ञान होता है। क्या कहानी के बारे में भी यह सही नहीं है?

(यह लेख 'कहानी नयी कहानी' पुस्तक के साथ लिखा गया था। किसी कारणवश शायद प्रकाशित नहीं हुआ था।)

# कृष्ण बलदेव वैद की कहानी 'उड़ान' की समीक्षा

फिर एक कहानी है : उड़ान' कृष्ण बलदेव वैद की ज़िन्दगी और ज़िन्दादिली से छलकती हुई। उड़ते हुए क़ह क़हे, उड़ता हुआ ताँगा। स्वयं उल्लास को जैसे पर लग गये हो। सर का दुपट्टा भी जाने कब पैरों पर गिर जाता है। दिमाग़ के सारे तनाव हवा हो जाते हैं। ज़िन्दगी की हर जकड़ ढीली पड़ जाती है। बन्धन तार-तार उड़ जाते हैं। कहानी अपने साथ उड़ा ले जाती है और फिर छोड़ देती है उन गलियारों में निष्प्रयोजन, निरुद्देश्य चक्कर लगाते हुए हर चीज़ को एक-एक कर चखने के लिए : गोलगप्पे, आलू की टिकिया, चाट के पत्ते, चना ज़ोर गरम यानी कि अलम ग़लम जो कुछ मिले वह सब जैसे ज़िन्दगी का एक क़तरा हो और उसका स्वाद पहली बार लिया जा रहा है। एकदम उन्मुक्त ज़िन्दगी का उन्मुक्त सुख। भवानी भाई के शब्दों में "इस दिशा से उस दिशा तक छूटने का सुख-टूटने का सुख।"

लेकिन भय है, बहुत से लोग केवल इतने से सन्तुष्ट न होंगे और निश्चय ही इसे एक निहायत हलकी-फुलकी मामूली-सी कहानी कहकर टाल जायेंगे। शायद वैद भी अपनी इस कहानी को हलकी-फुलकी कहकर टाल जायेंगे। दोष किसे दिया जाय? आज का माहौल ही कुछ ऐसा है। लेखक से लेकर पाठक तक सभी सहसा गम्भीर हो उठे हैं : जीवन की जटिलताओं और गम्भीर समस्याओं में सिर तक डूबे हुए; और इसी को अब प्रौढ़ता समझा जाता है। ज़ाहिर है कि उड़ान में उन जटिलताओं और समस्याओं में से कुछ भी नहीं है–कम से कम ज़ाहिरा तौर पर। लेकिन क्या इसी से यह कहानी हलकी-फुलकी और मामूली हो जाती है? सवाल सिर्फ़ एक कहानी का नहीं बल्कि आलोचना के प्रतिमान का है–मूल्यांकन के मूल्यों का है।

क्या महत्त्वपूर्ण कृति वही है जो सामाजिक और नैतिक समस्याओं से आक्रान्त हो और जो सामाजिक जीवन की जटिल स्थिति का चित्र उपस्थित करके पाठक के मन में नैतिक तनाव की दशा उत्पन्न कर दे! उस कृति को क्या कहा जायेगा जो

किसी भी प्रकार की नैतिक चिन्ता को जान बूझकर शिथिल करते हुए सहज भाव से आह्लादित और आलोकित करती है–मन को हलका करती है! जहाँ और कुछ नहीं बल्कि जीवन के प्याले से छलकी हुई और फ़ालतू-सी लगने वाली चीज़ों के इफ़रात में निरे-निपट सुख का भाव हो उसे घटिया और व्यर्थ कैसे कहा जा सकता है? यह विनोद और क्रीड़ा की वृत्ति मूल्यवान कलाकृति के दायरे से बाहर क्यों मान ली जाय? भरतमुनि के साक्षी पर हम जानते हैं कि सृष्टि के आरम्भ में देवताओं ने जगत-पिता से कहा था कि 'क्रीडनीयकमिच्छमो' अर्थात हमें क्रीडनीयक चाहिए और फलस्वरूप नाट्यवेद की सृष्टि हुई इसे स्पष्ट करते हुए अनिभवगुप्त कहते हैं कि क्रीडनीयक वह है जिसके द्वारा चित्र को बहलाने के साथ ही एकाग्र किया जा सके। क्रीडयते चित्त विक्षिप्यते विहियते येना' क्रीडनीयक इसलिए आवश्यक है कि लोग सुखी-दुःखी दोनों हैं, अवश्य ही दुःखी अधिक। जो एकान्त सुखी हैं उनके लिए क्रीडनीयक की कोई आवश्यकता नहीं और जो एकान्त दुःखी हैं उनके लिए इससे कोई लाभ नहीं। कहने की आवश्यकता नहीं कि क्रीडनीयक का यह सिद्धान्त जीवन का ही नहीं बल्कि साहित्य का भी एक गम्भीर दर्शन है और इसे साहित्य के मूल्यांकन में आज भी एक बुनियादी मूल्य के रूप में स्वीकार किया जा सकता है। यह क्रीडा-वृत्ति अनेक चिन्तन-वृत्तियों से कहीं अधिक गम्भीर है और किसी रचना के मूल में यदि यह उत्फुल्ल क्रीडा-वृत्ति नहीं तो उसमें जीवन भी नहीं। इसके बिना साहित्य ही नहीं, जीवन भी निर्जीव है।

यह आकस्मिक नहीं है कि जर्मनी में जिस समय अधिकांश नये लेखक शिलर के प्रभाव में समस्या-बोझिल बौद्धिक कृतियों की रचना करने में अन्धाधुन्ध लगे हुए थे, मार्क्स ने लासाल का ध्यान शेक्सपियर की ज़िन्दादिली की ओर आकृष्ट किया था। एंगेल्स ने तो उसी रौ में मार्क्स को यहाँ तक लिख डाला कि शेक्सपियर की 'वेरी वाइव्ज़' के प्रथम अंक में ही सारे जर्मन साहित्य से कहीं ज़्यादा ज़िन्दगी और वास्तविकता है। यहाँ तक कि तमाम जर्मन 'कॉमेडीज़' को मिला दिया जाय तो भी अपने कुत्ते 'क्रैब' के साथ एक लाउंस ही कहीं भारी पड़ता है। ये सब एक शिथिल मन:स्थिति की बहक या तरंग नहीं है। इस मूल्यांकन के पीछे मार्क्स एंगेल्स की समूची मूल्य-प्रणाली है जिसमें एक महत्त्वपूर्ण स्थान इस 'मूल्य' का भी है।

साहित्य में जीवन के इस सहज आह्लाद को मूल्यवान मानने के मूल में मार्क्स का वह ऐतिहासिक बोध है जिसके अनुसार पूँजीवादी समाज व्यवस्था मनुष्य को निरन्तर अमानुषिक बनाती जा रही है और व्यक्तिगत सम्पत्ति संचित करने के लोभ

में पूँजीपति से लेकर सर्वहारा तक अपने आपसे, अपनी मनुष्यता से, यहाँ तक कि अपनी कर्मेन्द्रियों और ज्ञानेन्द्रियों की क्षमता से भी अलग कटता जा रहा है। इसीलिए जीवन को निरे जीवन के रूप में स्वीकार करके जीने का महत्त्व दिन-पर-दिन बढ़ता जा रहा है और जो रचना इस अमानुषिक स्थिति में भी उन्मुक्त भाव से जीवन के सहज आदिम उल्लास की झलक दिखा देती है, वह मूल्यवान प्रमाणित होती है।

वैसे इस जिजीविषा पर भी आपत्ति करने वाले लोग हैं और किसी रचना में सीधे जीने के बोध की अपेक्षा सार्थक ढंग से जीने के बोध की माँग करते हैं। आपातत: इस माँग में कोई आपत्तिजनक बात नहीं है। लेकिन यदि सचमुच कोई जीने के लिए तर्क माँगे तो उसे सन्तुष्ट करना कठिन ही है। जो जीने के लिए भी तर्क की माँग करते हैं वे भूल जाते हैं कि जीवन शुरू होने के बाद तर्क का जन्म हुआ है। जीने के लिए तर्क या कारण खोजने के पहले ही मनुष्य ने जीवन शुरू कर दिया था न कि पहले उसने एक तर्क ढूँढ़ा और उसके बाद जीवन शुरू किया। शायद इसीलिए कुछ लोग जिजीविषा को 'अकारण' मानते हैं। जिसके मन को यह प्रश्न लगातार कुतर रहा हो कि 'हम किसलिए जियें' उनको आत्महत्या से बचा लेना कुछ कठिन ही है और आत्महत्या से बचने के लिए चाहे तो कोई तोषदायक तर्क भी ढूँढ़ ले लेकिन उसके मूल में भी निरी जिजीविषा ही मिलेगी। वरना कौन नहीं जानता कि आत्महत्या करने वाले के सामने सारे तर्क व्यर्थ साबित होते हैं।

वैद की यह कहानी 'उड़ान' जैसे जीवन की इसी 'अकारणता' की ओर संकेत करती है : निश्चय ही निहायत हलके-फुलके ढंग से। दरअसल, शुरू ही वह इस प्रकार होती है : "और एक दिन वह सब काम-धन्धे छोड़कर घर से निकल पड़ीं। कोई निश्चित प्रोग्राम नहीं था, कोई सम्बन्धी बीमार नहीं था, किसी का लड़का पास नहीं हुआ था, किसी परिचित का देहान्त नहीं हुआ था, किसी की लड़की की सगाई नहीं हुई थी, कहीं कोई सन्त-महात्मा नहीं आया था, कोई त्योहार नहीं था- कोई बहाना नहीं था।" कहना न होगा कि इसीलिए उस 'उड़ान' का अपना ही रस था–अपना और इतना! प्रयोजन उस आनन्द को 'शुद्ध' न रहने देता।

इस शुद्ध जीवनोल्लास को बिना किसी ननु-नच के भोगने की क्षमता सब में नहीं होती–न जीवन में और न साहित्य में। कहानी में लगे हाथों जैसे इन आशंकाओं को भी निरस्त्र कर दिया गया है। उन औरतों के उन्मत्त आह्लाद पर आहाते की मालकिन दाँत पीसती है और उन्हें 'नीच घराने' की कहती है। उसकी नज़र में वह उमंग 'गँवारपन' है। फर्राटे भरते हुए ताँगे पर शोर करती इन औरतों को देखकर

सड़क पर आने 'जाने वाले लोग टीका-टिप्पणी करते हैं और समझते हैं कि वेश्याएँ बैठी है। ये हैं समाज के समझदार, ज़िम्मेदार और गम्भीर लोग। साहित्य में निश्चय ही इनसे कुछ अधिक उदार लोग होंगे लेकिन इस उदारता का विस्तार भी कहाँ तक है? ऐसी कहानी को हलकी-फुलकी कहकर टालने वाले लोग आहाते की मालकिन और सड़क पर चलने वाले लोगों से कितने भिन्न हैं? जो इस थीम पर लिखी हुई कहानी को आधुनिक या नयी मानने से इनकार करते हैं उनके मूल्य-बोध का दायरा कितना बड़ा है? आधुनिक मूल्य-बोध के दायरे को ये आधुनिक विचारक 'धार्मिक भावना' तक तो बढ़ाकर ले जा सकते हैं लेकिन जीवन के सहज उल्लास के लिए उस दायरे में जगह नहीं है। ऐसे 'प्यूरिटन' लोगों के लिए 'उड़ान' में ख़ासतौर से एक प्रसंग है:

"बात बदलने के लिए एक औरत कहती है कि यहीं कहीं हनुमान जी का मन्दिर है कहो तो..."

"राख डालो हुनमान जी के मन्दिर पर। सैर पर निकली हो कि पूजा को? वहाँ भी कोई मोटा-ताज़ा पुजारी बैठा घूर रहा होगा।"

यह जवाब है और ध्यान देने की बात है कि मन्दिर की बात जिस बात को बदलने के लिए आयी वह थी पेशाबखाने की। क्या बात बदली गयी है? पेशाबखाने की जगह मन्दिर! यह है वह हलकी-फुलकी कहानी जो उल्लास के नशे में बड़ी से बड़ी गम्भीर जड़ताओं को अनायास ही ठोकर मारती निकल जाती है।

आकस्मिक नहीं जो इससे कुछ आधुनिकतावादी भी अपने को उपेक्षित महसूस करें। उन्हें यह देखकर सचमुच ही ठेस लगेगी कि 'आधुनिक' जीवन की किसी जटिलता का चित्रण किये बिना ही यह कहानी आधुनिक हो गयी है। 'Where is life we have lost in living' यह कथन आख़िर एक 'आधुनिक' साहित्यकार का ही है–टी.एस. इलियट का। कहाँ है वह जीवन जिसे हम जीने की दैनिक क्रिया में खो बैठे हैं? इस कहानी में, उड़ान में इसके सिवा और क्या है? 'आधुनिक जीवन' को पकड़ने की दौड़ में जिनकी दृष्टि आधुनिक पर लगी हुई है और इस तरह जो 'जीवन' को पीछे छोड़ते जा रहे हैं उनके लिए यह कहानी एक ठोकर है–ठोकर के रूप में जवाब! यह भी आधुनिकता का एक अभिशाप ही है कि बहुत से लोग निरे आधुनिक होकर रह गये हैं–आधुनिक मानव नहीं केवल आधुनिक समस्याओं का निरन्तर चिन्तन भी प्रायः वास्तविकता से अलगाता चलता है, शायद विचार की क्रिया में ही यह अलगाऊ वृत्ति निहित है।

इसी तरह यह कहानी 'सामाजिक उपयोगितावादी' दृष्टि वाले लोगों के लिए भी चुनौती है। उन्हें इसमें सामाजिक दृष्टि से कोई उपयोगी जीवन-सत्य दिखायी पड़ेगा। इसके बारे में मुझे भारी सन्देह है। और स्वस्थ सामाजिकता : 'स्वास्थ्य' सम्भवतः, किन्तु 'सामाजिक' सन्दिग्ध। परन्तु वह क्या है जो इस सैलानीपन को 'स्वस्थ' बनाता है? क्या यही बात खाते-पीते भद्रजनों की पिकनिक में भी होती? जिसे आहाते की मालकिन ने 'गँवारपन' कहा था, उसके पीछे क्या इन औरतों की ग़रीबी नहीं है? इन औरतों की वह नितान्त साधारणता ही है जो उनके साधारण से सुख को इतना असाधारण बना देती है। वरना कभी-कभी तफ़रीह के लिए तो बड़े लोग भी गोल-गप्पे और चाट के स्तर तक आ जाते हैं। यह तथ्य भुलाया नहीं जा सकता कि इस अबाध उल्लास के आरम्भ में हाथों में बर्तन मांजने की कालिख है तो अन्त में आँखों में शाम की रसोई का धुआँ। धूप का यह गुच्छा बादलों की फाँक से गिरा है। यहाँ तक कि पाँव थके हैं, सामने हरी घास का मैदान है, बैठने को मन होता है, लेकिन घर की चेतना उस पर क्षण भर भी बैठने नहीं देती। कटु यथार्थ चाबुक मार कर जैसे अन्त में जगा देता है। कहाँ शुरू की उड़ान और कहाँ अन्त की थकान। घर से निकलने और घर को लौटने में कितना अन्तर है। शुरू में जहाँ ट्राम थी, ताँगा था, अन्त में वहीं अपने पाँव हैं, ख़ाली हाथ हैं और लम्बा रास्ता है। पृष्ठभूमि की यही सामाजिकता है जो उस सैलानीपन को स्वाधीनता का अर्थ-गौरव प्रदान करती है और मस्ती को स्वास्थ्य। यथार्थ का सन्दर्भ ज़िन्दादिली को ज़िन्दगी में बदल देता है। एक काला चौकोर किनारा सादे चित्रपट को भी रंग में उभार देता है–स्वस्थ सामाजिकता स्वतः स्फुट हो जाती है।

क्या यह आश्चर्यजनक है कि 'उड़ान' उसी कहानीकार की कृति है जिसने 'शैडोज़' जैसी निहायत मनहूस कहानी लिखी है? इन दोनों मनःस्थितियों में क्या सचमुच कोई अन्तर्विरोध है? क्या यह सत्य नहीं है कि जीवन का उल्लसित बोध प्रायः गहरे पीड़ा बोध से उत्पन्न होता है? 'मिड समर नाइट्स ड्रीम, का रचयिता वही शेक्सपियर है जिसने 'हैमलेट' लिखा था। 'ट्रेजडी' और 'कॉमेडी' एक ही सृजन शीलता के दो पहलू हैं और परस्पर सम्बद्ध हैं। 'कफ़न' लिखने वाले प्रेमचन्द ने ही 'गुल्ली डंडा' कहानी भी लिखी है। कभी-कभी एक ही कहानी में हर्ष-विषाद का यह धूपछाँही रंग एकत्र हो जाता है और तब 'पूस की रात' जैसी कहानी बनती है। जितना बड़ा है यह जीवन-मूल्य उतना ही बड़ा है साहित्य-मूल्य।

यदि जीवन को जीवन के रूप में स्वीकार करने की क्षमता न हो तो एक पल के लिए भी जीना मुश्किल हो जाय। प्रेमचन्द का जो 'सूरदास' निरन्तर जीवन से संघर्ष करता रहा उसी ने यह भी कहा था कि "हम हारे तो क्या, मैदान से भागे तो नहीं, रोये तो नहीं, धाँधली तो नहीं की। फिर खेलेंगे हमारी जीत होगी, अवश्य होगी।"

जीवन-संघर्ष को खेल के रूप में लेने की आज तो कहीं अधिक आवश्यकता है। यदि किसी आधुनिकतावादी को इस पर आपत्ति हो तो वह अपने प्रिय कथाकार अल्बेयर कामू को याद कर सकता है। व्यापक निरर्थकता के बीच भी उसने धूप को और शरीर की सार्थकता को नहीं छोड़ा क्योंकि उसके लिए भी यह आख़िरी तिनका था। भूमध्यसागरी उष्णता और भौतिक पदार्थता को छोड़कर तो जीना भी असम्भव था! और इसी जीवन-दर्शन से उत्पन्न था उसका साहित्य-दर्शन जिसके अनुसार आत्महत्या से बचने के लिए सृजन अनिवार्य है। आकस्मिक नहीं कि सृजन के मूल में यह क्रीड़ा-वृत्ति अनिवार्य है। क्रीड़ा बोध के बिना जीवऩ ही नहीं सृजन भी असम्भव है। जगत् के दुःख से संघर्ष करने के लिए ही मध्ययुग के गायकों ने 'लीला' की कल्पना की थी। हमारे साहित्य की परम्परा का यह कैसा जीवन्त सूत्र है कि 'लीला' के गायक महाकवि सूरदास प्रेमचन्द की रंगभूमि में पुनः 'सूरदास' के रूप में अवतरित होते हैं जो जीवन-संघर्ष को भी खेल की तरह खेलता है।

आज हिन्दी कहानी में यह क्रीड़ा-वृत्ति कितनी है? प्रश्न केवल थोड़े से ह्रास या थोड़े से विनोद का नहीं बल्कि पूरे जीवन और सृजन के प्रति एक क्रीड़ा भाव का है। इस भाव के अभाव का नतीजा हमारे सामने है। हर नये लेखक में एक अजीब सी कड़वाहट भरी है। न ठीक से वे जी सकते हैं और न ठीक से लिख सकते हैं। कड़वाहट ने जीवन ही नहीं सृजन को भी कुण्ठित कर दिया है। व्यापक निरर्थकता और व्यर्थता के बोध ने बहुत से लेखकों को इतना विरक्त कर दिया है कि किसी चीज़ को भर आँख देखने में भी आयास मालूम होता है फिर किसी कहानी में उसे जीते-जागते रूप में उतारने की बात तो और भी व्यर्थ हो गयी है। एक अंग्रेज़ लेखक ने इसे 'फैलेसी ऑफ़ इनसिग्निफिकेंस' कहा है। इस भ्रान्त धारणा के चलते आज की अनेक नयी कहानियाँ जीवन से रिक्त दिखाई पड़ती हैं। यह एकान्त स्थिति आज सृजन की समस्या को और भी ज्वलन्त बना देती है।

इस पर भी यदि 'उड़ान' जैसी कहानियाँ हिन्दी में कम मिलें तो क्या आश्चर्य? माहौल ही कुछ ऐसा है कि आश्चर्य इस अभाव पर नहीं बल्कि इस तरह की एक कहानी को देखकर होता है। वरना, 'उड़ान' पर इतना अधिक लिखने की क्या आवश्यकता थी! ऐसी ही असाधारण स्थितियाँ मूल्यांकन को भी कभी-कभी

असन्तुलित कर देती हैं, इसका पूरा बोध मुझे है किन्तु मूल्यांकन को सन्तुलित करने के लिए कभी-कभी यह असन्तुलन भी आवश्यक हो जाता है। क्या इससे कहानियों के मूल्यांकन की दिशा में किसी नये मूल्य-उपेक्षित मूल्य की ओर ध्यान आकृष्ट नहीं होगा?

'उड़ान' के बाद थकान का प्रसंग फ़िलहाल स्थगित।

(यह लेख 1956-1965 के बीच में लिखा गया था। यह 'कहानी नयी कहानी' पुस्तक में शामिल नहीं है।)

# कहानी में कविता

**अभिषेक कश्यप :** बीते 31 जुलाई को प्रेमचन्द जयन्ती पर हर साल आयोजित होने वाली 'हंस' की गोष्ठी में 'युवा रचनाशीलता और नैतिक मूल्य' विषय पर चर्चा हुई तो आपने इसके औचित्य पर सवाल उठाया। युवा रचनाशीलता की दशा-दिशा पर आपकी राय?

**नामवर सिंह :** 'हंस' की वार्षिक संगोष्ठी में कहीं यह नहीं बताया गया कि युवा रचनाशीलता की क्या दशा-दिशा होगी। क्या दृष्टि होगी, 'हंस' कभी हिन्दी कहानी की सर्वाधिक महत्त्वपूर्ण पत्रिका हुआ करती थी, मगर अब 'हंस' का स्तर निरन्तर गिर रहा है और गिरती हुई साख बचाने के लिए राजेन्द्र यादव जुमलेबाज़ी और सस्ती लोकप्रियता का सहारा ले रहे हैं। यह कोई नयी बात नहीं। हर बड़े लेखक ने अपना सर्वश्रेष्ठ शुरू में ही दिया है। जैनेन्द्र कुमार ने जब 'त्यागपत्र' लिखा, उनकी उम्र 25 के आसपास थी। पन्त, निराला, प्रसाद से लेकर अज्ञेय तक, सबने युवावस्था में ही अपना सर्वश्रेष्ठ दिया।

**अभिषेक कश्यप :** जाति-व्यवस्था को लेकर आपकी चिन्ता बीते दिनों सुर्खियों में रही। जाति-व्यवस्था पर आप क्या सोचते हैं?

**नामवर सिंह :** जाति हमारे समाज के लिए हमेशा से चुनौती रही है। दुर्भाग्य से आज आरक्षण के दौर में जाति-व्यवस्था लगातार मज़बूत होती जा रही है। आरक्षण जाति-व्यवस्था को स्थायी बनाने की कोशिश में लगा है। यह दुर्भाग्यपूर्ण है। यह ज़रूरी है कि इसके कारणों का पता लगाया जाय। मेरे पास फ़िलहाल इसका कोई जवाब नहीं, मगर मेरे मन में यह सवाल है और बुद्धिजीवियों-समाजशास्त्रियों को इस मसले पर गहराई से चिन्तन-मनन करना चाहिए।

**अभिषेक कश्यप :** सुधीश पचौरी ने आपको 'अन्तिम आलोचक' कहा है। इसे किस रूप में लेते हैं आप?

**नामवर सिंह :** ईश्वर करे ऐसा कहने वाले वे अन्तिम आदमी हों, इसके बाद और कोई ऐसी टिप्पणी करने वाला न मिले। इस दौर में बहुत से लोग, जो देर से आये हैं, उनके न आरम्भ का पता है न अन्त का। हर चीज़ उनके लिए अन्तिम हो गयी है। अन्तिम शताब्दी है, इतिहास अन्तिम है, विचारधारा का अन्त है। बहुत जल्दी इन लोगों को अन्तिम दिखाई पड़ने लगा है। मुझे तो अन्त दूर तक दिखाई नहीं दे रहा। मैं सोच भी नहीं सकता। ऐसा विश्वास घोर अहंकार का सूचक है और जो कोई आदमी अपनी नाक के आगे नहीं देख सकता, वही ऐसी बातें करता है।

**अभिषेक कश्यप :** आलोचना के ज़रिये हम रचना का 'अनुपूरक संसार' रचते हैं या 'सम्पूरक संसार?'

**नामवर सिंह :** यह इस बात पर निर्भर करता है कि कब कैसी आलोचना आप लिख रहे हैं। एक आलोचना केवल सम्मति होती है और सम्मति, कोई संसार नहीं रचती। पढ़ने वाले को एक क्षण विशेष में कोई कृति कैसी लगी, यह इसी बात को बताती है। ऐसी आलोचना कम हो रही है। लोग साफ़-साफ़ नहीं बताते कि यह किताब उन्हें अच्छी लगी कि नहीं लगी। तीन पन्ने पढ़ने के बाद भी यह पता नहीं लगता कि आलोचक को यह किताब अच्छी लगी या नहीं। लोग बड़े चालाक हो गये हैं। ऐसे में आलोचना का पाठक छला हुआ महसूस करता है। आलोचना में मूल्य-निर्धारण होना चाहिए, मूल्यांकन होना चाहिए।

कुछ आलोचना ऐसी होती हैं, जिनमें आप रचना के साथ तादात्म्य अनुभव करते हैं, तदाकार होते हैं और उसको पढ़ते हुए उसी के समानान्तर रचना का एक प्रति संसार रचते हैं। उदाहरण के लिए 'अँधेरे में' पढ़ते हुए मैंने मुक्तिबोध के समानान्तर उस कविता को पढ़ते हुए मेरे मन में जो संसार पैदा हुआ, उसे अभिव्यक्त किया।

**अभिषेक कश्यप :** क्या आप 'अँधेरे में' कविता को सप्लीमेंट कहते हैं?

**नामवर सिंह :** मैं कह नहीं सकता। मैं यह कह सकता हूँ कि मुक्तिबोध की कविता के आधार पर वह मेरी रचना है और जिस हद तक पाठक उस रचना से स्वयं का तादात्म्य स्थापित करता है, इस पर उसकी सफलता और उसका सही होना निर्भर है। कोई पाठक कह सकता है कि साहब, आपने जो प्रतिसंसार रचा वह मुझे कायल नहीं करता। फिर वह दूसरा संसार रच सकता है। हर बड़ी रचना में इतनी सम्भावनाएँ होती हैं एक से अधिक प्रति संसार रचे जाने की। यह इस पर निर्भर करता है कि दोनों उस रचना की अर्थवत्ता को कितनी दूर तक उद्घाटित करते हैं और इसमें रचनात्मक प्रतिस्पर्धा हो सकती है, होनी भी चाहिए।

**अभिषेक कश्यप :** क्या अलग-अलग साहित्यिक विधाओं के लिए समीक्षा के अलग-अलग उपकरण होने चाहिए।

**नामवर सिंह :** महत्त्वपूर्ण रचनाएँ अपनी व्याख्या के लिए, मूल्यांकन के लिए, नये मानदण्ड की चुनौती पेश करती हैं। सामान्य रचनाएँ या पारम्परिक रचनाएँ पारम्परिक मानदण्डों से ही निबटाई जा सकती हैं।

**अभिषेक कश्यप :** क्या कविता के जाँचने-परखने के उपकरणों से कहानी को भी जाँचा-परखा जा सकता है?

**नामवर सिंह :** कुछ आलोचक होते हैं जो कविता के टूल्स कहानी पर इस्तेमाल करते हैं और कुछ कहानीकारों ने भी मुझ पर यह आरोप लगाया है। लोगों ने कहा है कि मैं कहानी की आलोचना कविता के रूप में करता हूँ। यह सही नहीं है। यह बात वे साबित करके बताएँ। चूँकि मैंने एक लेख में लिख दिया कि मैं कविता का आलोचक रहा हूँ, कहानी की ओर आया हूँ, तो इसको लोगों ने अक्षरशः मान लिया कि कविता की आलोचना करते हुए मैं कहानी की ओर भटक गया।

कई कथाकार हैं जिनकी यह तमन्ना रही है कि हम ऐसी कहानी लिखें, ऐसे उपन्यास लिखें जो काव्य का सा प्रभाव उत्पन्न करें और ऐसे बड़े लोग रहे हैं। जैसे जेम्स जॉयस की 'यूलिसिस' में सिर्फ़ कहानी कहने में दिलचस्पी नहीं है। इसी अर्थ में कुछ कहानियाँ ऐसे अनुभवों को व्यक्त करती हैं, जो बड़े ही काव्यात्मक अनुभव होते हैं। चाहे वे प्रेम के हों, करुणा के हों, मृत्यु के हों। कई लोगों ने ऐसी कहानियाँ लिखी हैं। निर्मल वर्मा ने लिखीं। इधर के कहानीकारों में उदय प्रकाश ने लिखीं। जैसे 'और अन्त में प्रार्थना' और 'छप्पन तोले का करधन'। यह नहीं कि ये कहानियाँ काव्यात्मक भाषा में लिखी गयी हैं। जिन कहानियों में कुछ मार्मिक प्रसंग होते हैं, जिनको और किसी भाषा के अभाव में हम 'काव्यात्मक' कहते हैं। प्रेमचन्द की 'कफ़न' कहानी में आख़िर में वे शराबख़ाने में जाकर 'नैना क्यों झमकावे ठगिनी' गाते हैं, वह कविता नहीं तो क्या है? जबकि यह कहानी घनघोर यथार्थवादी है। चेखव की एक मशहूर कहानी है–'दुःख', जिसमें एक कोचवान, जिसका जवान बेटा मर गया था दिन भर अपने दुःख को बाँटने की कोशिश करता है। लेकिन सवारियों को जाने की जल्दी होती है। वे उसकी बात नहीं सुनते। अन्त में वह ख़ाली होकर अपने घर लौटा है। अपनी घोड़ी के गले में बाँह डालकर कहता है, 'सुनती हो जी, मेरा बेटा मर गया है।'

...यह 'कवित्व बोध' है। मैंने किसी की कहानी को उसकी काव्यात्मक, रोमांटिक, उपमा बहुलभाषा के लिए काव्यात्मक नहीं कहा। निर्मल वर्मा की कहानी को भी नहीं कहा। अभिधा का वाक्य भी संगीत की सरहद को छू सकता है। मगर उन कहानीकारों को कौन समझाये जो यथार्थवाद के नाम पर बकवास लिखते हैं। अगर कोई आदमी काव्यात्मक ऊँचाई तक पहुँचता है और तुम नहीं पहुँचते, तो रेंगो ज़मीन पर। किसी कविता से ज़्यादा कवित्वपूर्ण सर्जनशीलता होती है कहानी में कविता का होना। मूर्ख हैं वे जो इसे नहीं समझते। उन्हें समझाया भी नहीं जा सकता।

**अभिषेक कश्यप :** एक सफल रचना आप किसे मानते हैं?

**नामवर सिंह :** इसका जवाब इस बात पर निर्भर करता है कि लेखक की नज़र में सफलता क्या है? ज़्यादा-से-ज़्यादा पाठकों तक पहुँचना या अपनी बात जो कहना चाहता है वो ठीक-ठीक उसी रूप में व्यक्त कर पाया है या नहीं? तो ये दो मानदण्ड हुए। एक लेखक अपनी बात ज़्यादा-से-ज़्यादा लोगों तक पहुँचाकर अपनी रचना को सफल मानता है, जबकि दूसरी तरफ़ का लेखक यह चाहेगा कि उसकी बात ठीक-ठीक उसी रूप में अभिव्यक्त हो, जिस रूप में वह चाहता है, तो इसी में वह अपनी रचना की सफलता खोजता है। अब चाहे उसकी रचना का एक पाठक हो या हज़ार हों, उसे फ़र्क़ नहीं पढ़ता। तो ये दो आदर्श हैं। अब कोई लेखक इनमे से किसे अपनाता है यह उस पर निर्भर करता है।

(साभार राजस्थान पत्रिका। यह साक्षात्कार राजस्थान पत्रिका के रविवारीय में प्रकाशित हुआ था)

# मेरी ज़िन्दगी में प्रेमचन्द : पहले पहल

सन् 1943 के अगस्त या सितम्बर की घटना होगी। मैं उस समय एच.के. हाईस्कूल जो क्षत्रिय स्कूल, उदय प्रताप कॉलेज कहलाता था, में था।

हमारे स्कूल में एक अध्यापक थे उर्दू के। नाम था अजहर अली फ़ारुक़ी। इलाहाबाद के रहने वाले थे। उस समय अंग्रेज़ी परम्परा के अनुसार एक उर्दू का अध्यापक होता था। उस समय मैं आठवीं में था। सातवीं-आठवीं में उस समय उर्दू पढ़ाई जाती थी। फ़ारुक़ी साहब थे तो उर्दू के अध्यापक, पर उनकी दिलचस्पी नाटकों में थी। वह नाटक भी कराया करते थे।

इसी क्रम में एक नाटक उन्होंने चुना प्रेमचन्द की कहानी 'वज्रपात' पर। वह कहानी हमारे पाठ्यक्रम में भी थी। कहानी पढ़ चुके थे हम लोग। इत्तफ़ाक़ से फ़ारुक़ी साहब ने मुझे भी एक भूमिका दी थी। भूमिका नादिरशाह की थी।

प्रेमचन्द बहुत पहले हमारे इस स्कूल में आ चुके थे। काफ़ी पहले। मैं जिस समय की घटना बता रहा हूँ, उससे काफ़ी पहले उनकी मृत्यु हो चुकी थी। बनारस के होने के नाते भी प्रेमचन्द हमारे स्कूल में काफ़ी प्रसिद्ध थे। चूँकि प्रेमचन्द हिन्दी-उर्दू दोनों ज़बानों में लिखते थे, इसलिए 'वज्रपात' कहानी फ़ारुक़ी साहब ने उर्दू में ही पढ़ी होगी।

'वज्रपात' कहानी बड़ी दिलचस्प है। दिल्ली पर हमला किया नादिरशाह ने। कहानी में फ़ारसी का एक शेर है, जिसका मतलब फ़ारुक़ी साहब ने हमें समझाया था। शेर यूँ है:

*कसे न माँद कि दीगर-ब-तेगे नाज़ कुशी।*
*मगर कि ज़िन्दी-कुनी खल्करा व बाज़ कुशी।।*

अर्थ यह है कि तुम्हारी निगाहों की तलवार से कोई बचा नहीं। अब यही उपाय है कि मुर्दों को जिलाकर फिर से क़त्ल कर। शेर इश्क़ियां है, लेकिन कहानी में इसका इस्तेमाल सन्दर्भ के अनुसार नादिरशाही क़त्लेआम के लिए किया गया है।

नादिरशाह ने दिल्ली फ़तह कर लिया था। उसने दिल्ली का ख़ज़ाना लूटा। दिल्ली में क़त्लेआम हुआ। अन्त में बादशाह ने समझौता कर लिया। समझौते की सारी रस्म पूरी हो गयी। नादिरशाह ने कहा आख़िरी रस्म बाक़ी है। अमाम (पगड़ी) का बदलाव हो। पगड़ी का बदलाव इसलिए कि नादिरशाह ने हमला किया था। कोहेनूर हीरे के लिए। पगड़ी बदलने की रस्म से ही वह कोहेनूर हीरा पा सकता था। दिल्ली के बादशाह ने बड़े बुझे मन से अपनी पगड़ी दी। नादिरशाह हीरा पाकर ख़ुश हुआ।

नादिरशाह जब अपने देश लौटा तो पगड़ी उसने अपने बेटे शहज़ादे को पहना दी और उसको गद्दी पर बैठाया। उसी समय वहाँ के एक विद्रोही ने उसके बेटे को गोली मार दी। इस तरह जीत की ख़ुशी के साथ ही उसे बेटे की मौत का ग़म भी हुआ। उसने सोचा जिस कोहेनूर के लिए हमने हिन्दुस्तान पर हमला किया था, वही कोहेनूर हमारे बेटे के सिर जाकर अशुभ साबित हुआ। उसने कहा, अब इस हीरे की जगह क़ब्र होगी। बेटे के साथ उसने हीरा भी दफ़ना दिया। फिर उसने यह शेर कहा। इस शेर को पढ़ते हुए उसने बेटे की क़ब्र पर अपना सिर पटक दिया। संक्षेप में यह है 'वज्रपात' कहानी।

नादिरशाह की पोशाक (इस नाटक के लिए) फ़ारुक़ी साहब ने ख़ुद तैयार की थी। यही रोल मुझको करना था। अपनी ज़िन्दगी का पहला नाटक वह मैंने किया था। आख़िरी नाटक भी वही था। दूसरा नाटक करने का मौक़ा ही नहीं मिला कभी। मुश्किल रोल था। एक तरफ़ नादिरशाह का रोब-दाब वाला रोल और फिर रोता-बिलखता नादिर। दोनों दो छोर थे।

नाटक के सारे के सारे संवाद प्रेमचन्द की कहानी से ही लिये गये थे। वैसे इस कहानी की चर्चा कम हुई है।

प्रेमचन्द का सन्दर्भ मेरे जीवन में यूँ है कि वह बनारस के थे। प्रगतिशील लेखक संघ का उद्घाटन भाषण उन्होंने ही दिया था। मैं भी बहुत पहले प्रगतिशील लेखक संघ का सदस्य हो गया था। जब आठवीं में यह नाटक किया था, तब प्रगतिशील लेखक संघ की एक शाखा थी बनारस में। 'इप्टा' के लोग भी थे, जो काम करते थे। हमारे कोर्स में प्रेमचन्द की कोई कहानी ही नहीं थी। इंटरमीडिएट में भी 'गोदान' था। हालत यह थी कि लमही हमारे कॉलेज से एक मील से भी कम दूरी पर था। सारनाथ के रास्ते में। सारनाथ आते हुए एक बार प्रेमचन्द के गाँव भी गया था। उनका घर भी देखा था।

उनके बेटे अमृत राय और 'सरस्वती प्रेस' से हमारा लगाव रहा। शिवदान सिंह चौहान सरस्वती प्रेस से ही 'हंस' का सम्पादन करते थे। अमृत राय भी कम्युनिस्ट

पार्टी से जुड़े हुए थे। ये सब कुछ मिलाकर प्रेमचन्द से लगाव तो स्कूल के ज़माने से ही था। प्रेमचन्द के साथ प्रसाद से भी बनारस के नाते लगाव रहा। प्रगतिशील लेखक संघ के नाते प्रेमचन्द से लगाव ज़्यादा रहा।

('जब मैंने प्रेमचन्द को पहली बार पढ़ा' विषय पर नामवर जी से बातचीत के आधार पर। फ़रवरी, 2011)

**प्रस्तुति :** योगेश तिवारी

# पूस की रात का हल्कू

'पूस की रात' का हल्कू किसान जीवन के जिस यथार्थ को जीता हुआ दिखाई पड़ता है, उसे गहराई से समझने की ज़रूरत है। प्रेमचन्द के कथ्य को गहराई की दृष्टि से सन्देहास्पद मानने वालों के मुग़ालतों की तरफ़ मैं बहुत पहले से इशारे करता रहा हूँ। 'विस्तार बनाम गहराई' पर बहुत पहले लिखा था। जब 'गोदान' जैसे उपन्यास के पात्रों के चित्रण में लोग विस्तार को तो क़बूल कर लेते हैं लेकिन गहराई को नहीं, तो 'पूस की रात' को सिर्फ़ एक रात की कहानी मानकर हो सकता है उसमें गहराई को ही नहीं, विस्तार को भी नदारद मान बैठा जाय। हल्कू के जीवन की पूस की रात ठण्ड सिर्फ़ एक रात की ठण्ड नहीं है; न ही यह पूस की रात की रात का प्रकृति चित्रण है। वस्तुत: यह एक ठण्डी व्यवस्था–उग्र और क्रूर व्यवस्था का खुलासा है। व्यवस्था की ठण्ड की पराकाष्ठा है वह पूस की रात! हल्कू किस तरह पूरी निष्ठा और श्रम के साथ खेत में रहता है। जानवरों से फ़सल बचाने को वह उस ठण्डी रात में खेत में जाग रहा है। जाड़े से बचने को अलाव जलाता है। साथ और सहारे के लिए उसका कुत्ता है, जिससे वह बतियाता और खेलता भी है। इसी सबके बीच वह अपनी जीवन-स्थितियों पर भी सोचता चल रहा है। कहानी की ख़ूबी यह है कि प्रेमचन्द ने इसमें कहीं भी किसी ज़मींदार का कोई मूर्त चित्रण नहीं किया है यानी ग़ौरतलब है कि प्रेमचन्द किस तरह ज़मींदार को अमूर्त रखकर एक ठण्डी व्यवस्था का 'सांकेतिक खुलासा' करते हैं। जानबूझकर मैं 'सांकेतिक खुलासा' कह रहा हूँ। प्रेमचन्द की वर्णनपरकता की सादगी पर फ़िदा होने से ज़्यादा मैं उनके सांकेतिक खुलासे की सादगी पर ज़ोर देना चाहता हूँ। इस कहानी में यदि ज़मींदार का चरित्र भी दिया गया होता तो यह एक लचर कहानी भर बनकर रह जाती। इस कहानी में तमाम दमनकारी शक्तियों को इसीलिए अमूर्त रखा गया है ताकि कहानी का प्रभाव ज़्यादा सघन, सटीक और गहरा हो सके।

अगर किसी 'एक्टिविस्ट' या एक सजग संगठनकर्त्ता की तरह आप हलकू से यह सवाल करें कि उसे अपने संकटों के हल का कोई सांगठनिक रास्ता निकालने की बात क्यों नहीं सूझती, या आप यह कहें कि हल्कू की पीड़ा और उसका विद्रोह महज़ एक व्यक्ति की व्यथा-कथा का अंग है, तो मैं कहूँगा कि यह कहानी अपनी सीमा में ही ख़ुद इस सवाल का उत्तर देती है। प्रेमचन्द किसी राजनीतिक मतवाद का या किसी क्रान्ति का घोषणापत्र नहीं लिख रहे थे। 'दुनिया के मज़दूरो एक हो'–यह कामना भले ही प्रेमचन्द की हो लेकिन उनकी दृष्टि में कहानी का माध्यम यह कहने का माध्यम नहीं हो सकता था। भले ही इसे उनकी रचना-दृष्टि की सीमा मान लिया जाय और कोई ज़रूरी नहीं है कि व्यक्तिगत रूप से मुझे स्वयं इसका क़ायल होना पड़े। लेकिन निश्चयात्मक रूप से इतना मैं कह सकता हूँ कि हल्कू के चरित्र में विद्रोह की प्रेरणा का एक रूप है। हल्कू अपने जीवन के तमाम श्रम और संघर्ष के बावजूद जब थक-हार जाता है और जीवन में अभावों का भयानक अँधेरा देखता हुँ तो अन्ततः वह ज़मींदार के एक खेत से 'बँधी हुई मज़दूरी' के बजाय 'खुले श्रम' (दिहाड़ी मज़दूर) की ओर बढ़ जाने का फ़ैसला लेता है। इस फ़ैसले के पीछे हल्कू के यानी प्रेमचन्द समय के और हमारे आज के समय के भी, एक किसान-परिवार के सुख-दुःख झाँक रहे हैं। पत्नी के साथ उसकी बातचीत में यह सब व्यक्त है। पत्नी कहती है–'ऐसी खेती से क्या फ़ायदा कि हाड़-तोड़ मेहनत के बावजूद हम लगातार क़र्ज़ में डूबते जा रहे हैं। दो जून की रोटी तक मुश्किल हो रही है तो क्यों न हम यह बँधी हुई खेती की मज़दूरी छोड़कर दिहाड़ी मज़दूरी पर काम चलाएँ। और सचमुच कहानी में यह होता है कि हल्कू खेत को चरा जाने के लिए छोड़ देता है और अलाव तापते हुए निर्णय लेता है कि उसकी राख के पास गर्म ज़मीन पर चादर ओढ़ कर सोने का जो थोड़ा-सा सुख उस ठण्ड में मिला है, उसे गँवाना नहीं है।

एक तरह से आप देखिये तो 'पूस की रात' कहानी का अन्त वैसा ही है जैसा 'कफ़न' का। यह अन्त पाठक पर क्या प्रभाव डालता है? हम देखते हैं, दोनों कहानियों को पढ़कर पाठक के मन में विद्रूप स्थितियों के विरुद्ध स्वयं एक विद्रोह की भावना पैदा हो जाती है। तो, यह कथाकार की ख़ूबी है कि वह पाठक को कैसे चेतनावान बनाता है। आप किसी पात्र को ही चेतनावान दिखा दें अपनी कहानी में, मगर उस कहानी को पढ़कर पाठक चेतनावान न बन पाये तो यह कहानी की शक्ति हुई या कमज़ोरी? असल बात है, पाठक को चेतनावान बनाना। यह काम प्रेमचन्द करते हैं। हल्कू में सब कुछ अभिधा में व्यक्त होने की माँग क्यों की जाय हल्कू के

जीवन की एक रात के अनुभव और उस अनुभव से व्यंजित होते तत्त्व को पहचानिए। विद्रोह यहाँ व्यंजना में है।

लेखक का कर्मयोग लिखना है। सांगठनिक तैयारी करके संघर्ष करना अलग बात है। उसके लिए अलग रास्ता है। सीधे-सीधे उस रास्ते पर चलने की माँग लेखक से करेंगे तो वह न रचनाकार रह जायेगा, न संगठनकर्ता। रचनाकार से आप रोशनी की उम्मीद कीजिए। हल्कू आपको एक रोशनी देता है। पूस की रात की ठण्ड और अँधेरे को किसान-जीवन यथार्थ के सन्दर्भ में आप देख सकते हैं, उस रोशनी में। प्रेमचन्द ने ख़ुद भी कहा कि साहित्य अपने आप में राजनीति नहीं है, राजनीति के आगे-आगे चलने वाली मशाल है। तो, प्रेमचन्द अगर अपने हल्कू को किसी किसान आन्दोलन का नेता बनते दिखा देते तो क्या आप समझते हैं कि प्रेमचन्द ज़्यादा कारगर हो जाते? हरगिज़ ऐसा नहीं है। 'पूस की रात' कहानी में हल्कू जैसा है, जीवन्त पात्र है। कुछ और जैसा होता तो वह निहायत 'गढ़ा हुआ' पात्र होता–सर्वथा निर्जीव। प्रेमचन्द का कोई भी पात्र उनकी रचनाओं में चाहे जितना भी खटता-मरता हो, लेकिन वह होता है नितान्त सजीव पात्र। पात्र की सजीवता की क़ीमत पर प्रेमचन्द कुछ भी और नहीं पाना चाहे–न क्रान्तिकारी लेखक होने का ख़िताब, न किसी विचारधारा का झण्डाबरदार होने का तमगा।

अपने जीवन में प्रेमचन्द ख़ुद भी सीधे किसी आन्दोलन का सक्रिय भागीदार नहीं बने। 1935-36 में वे प्रगतिशील लेखक संघ से ज़रूर जुड़ते हैं, लेकिन जब असहयोग आन्दोलन वग़ैरह चल रहे थे तो प्रेमचन्द उसमें सीधे कहाँ शामिल थे। जेल भी नहीं गये वे। गांधी के सत्याग्रह या किसी आन्दोलन में सीधी शिरकत के बजाय प्रेमचन्द ने अधिक से अधिक यही किया कि नौकरी से इस्तीफ़ा दे दिया। तो 'पूस की रात' में हल्कू के चरित्र में जो घटित होता है, कह सकते हैं वह उसी के अनुसार है जो प्रेमचन्द के स्वयं के जीवन में घटित हुआ। मेरा आशय यहाँ कदापि यह नहीं है कि हल्कू को प्रेमचन्द की ख़ुद की प्रतिछवि के रूप में देखा जाय। मैं कहना सिर्फ़ इतना चाहता हूँ कि जिस तरह 'प्रेमचन्द होने' की सार्थकता इस बात से नहीं आँकी जा सकती कि प्रेमचन्द किसी आन्दोलन में सीधी शिरकत क्यों नहीं करते, उसी तरह हल्कू जैसे चरित्र की सार्थकता भी इस आधार पर नहीं कि वह किसी किसान-आन्दोलन में अपनी भूमिका क्यों नहीं तलाशना चाह सका।

('बहुवचन पत्रिका' के सम्पादक रहे, जून-जुलाई 2009 में राजेन्द्र कुमार जी द्वारा नामवर सिंह से बातचीत के आधार पर यह लेख है।)

# गोदान ग्रामीण जीवन का दर्पण

यद्यपि प्रेमचन्द ने अपने पूर्वरचित 'प्रेमाश्रम' और 'रंगभूमि' नामक दो बृहद् उपन्यासों में भी ग्रामजीवन का ही चित्रण किया है किन्तु ग्रामजीवन का जैसा यथार्थ, जीवन्त और समग्र चित्रण 'गोदान' में हुआ है वह अभूतपूर्व और अप्रतिम है।

1. **प्राकृतिक परिवेश :** विभिन्न ऋतुओं के अनुरूप गाँव के पेड़-पौधों के वर्णन द्वारा वातावरण की सृष्टि।
   "फागुन अपनी झोली में नवजीवन की विभूति लेकर आ पहुँचा था। आम के पेड़ दोनों हाथों से बौर की सुगन्ध बाँट रहे थे और कोयल आम की डालियों में छिपे हुए संगीत का गुप्त दान कर रही थी।"
2. **किसान के घर-द्वार, खेत-खलिहान आदि का यथार्थ चित्रण :** "द्वार पर बड़ी सी चरनी थी। ओसारे में एक बड़ा सा तख़्त पड़ा था। किसी खूँटी पर ढोलक लटक रही थी, किसी पर मजीरा। एक ताख पर कोई पुस्तक बस्ते में बँधी हुई थी, जो शायद रामायण हो।"
   "एक कोने में तुलसी का चबूतरा है। दूसरी ओर जुआर के ठेठ बीच में पुवालों के गट्ठे। समीप ही ऊखल। खपरैल पर लौकी की बेल। और ओसारी में एक गाय बँधी हुई है।"
3. **किसान की वेश-भूषा :** बाहर निकलते समय होरी की बानक है : लाठी, मिरजई, जूते, पगड़ी और तमाखू का बटुआ। उधर, धनिया के हाथ गोबर से सने हैं।
4. **कृषि-संस्कृति**
   (क) **किसान का भूमि-प्रेम :** होरी का कथन : "खेतों को छोड़ा नहीं जाता। खेती में जो मरजाद है, वह नौकरी में तो नहीं है।"
   (ख) **गऊ-प्रेम :** "गऊ से ही तो द्वार की शोभा है। सबेरे-सबेरे गऊ के दर्शन हो जायें तो क्या कहना।"

(ग) **बिरादरी में बने रहने का मोह :** होरी गर्भवती झुनिया को शरण देने के बाद पंचायत द्वारा लगाया हुआ दण्ड चुकाता है क्योंकि "बिरादरी से पृथक् जीवन की वह कल्पना ही नहीं कर सकता था। शादी-ब्याह, मुण्डन-छेदन, जन्म-मरण सब कुछ बिरादरी के हाथ में है।"

(घ) **किसान की धर्म भीरुता और ब्राह्मण भय :** धर्म का भय दिखा कर भोला होरी के बैल खोलकर ले जाता है। होरी पं. दातादीन का क़र्ज़ पचाने की कल्पना से भी डरता है।

(ड.) **परम्परावादिता और 'मरजाद' की चिन्ता :** क़र्ज़ लेकर भी होरी-धनिया बेटी के ब्याह में मरजाद की रक्षा करते हैं।

(च) **त्योहार और उत्सव :** गोदन में होली का सजीव वर्णन।

5. **गाँवों की विपन्नता और शोषण का वर्णन :** गोदान का मुख्य विषय यही है। पूरा बेलारी गाँव विपन्न है। होरी कहता है : "सन्तोष था तो यही है कि यह स्थिति अकेले उसी के सिर न थी। प्राय: सभी किसानों का यही हाल था। अधिकांश की दशा तो इससे भी बदतर थी।"
शहर से दूसरी बार लौटकर गोबर देखता है : "सारे गाँव पर यह विपत्ति थी। ऐसा एक आदमी भी नहीं जिसकी रोनी सूरत न हो। जीवन में न कोई आशा है न कोई उमंग।"

6. **विपन्नता का कारण :** प्रेमचन्द की विशेषता यह है कि इन्होंने किसानों की विपन्नता का केवल वर्णन ही नहीं किया है, बल्कि उसके कारणों का भी विश्लेषण किया है। किसानों की विपन्नता का कारण यह है कि वे ज़मींदार, महाजन, पटवारी, पुलिस और पुरोहित सबके शोषण के शिकार हैं। ज़मींदार तो एक है पर महाजन तीन हैं दुलारी सहुआइन अलग, मँगरू साहु अलग और दातादीन पण्डित अलग। इनके अलावा पटवारी और पुलिस जैसे सरकारी कर्मचारी भी हैं। इसी तरह गाँव की पंचायत भी किसान के शोषण में भाग लेती है।

7. **गाँव में रहने वाले :** धनी-ग़रीब सभी वर्गों के किसानों का चित्रण।

निष्कर्ष : कुल मिलाकर ग्रामजीवन का यथार्थ और समग्र चित्रण।

(यह गोदान पर हस्तलिखित नोट उनकी नोट बुक में मिला हैं)

# प्रेमचन्द की देन

समरसेट माम ने कहीं लिखा है कि मेरे उपन्यास इसलिए महान नहीं बन पाये कि मैं जनता को मन से प्यार न कर सका। माम की यह आत्मस्वीकृति प्रेमचन्द की महानता के रहस्य की कुंजी हो सकती है। "प्रेमचन्द किसानों के कथाकार हैं, जनता के साहित्यकार हैं" जैसे वाक्य दुहराये तो बहुत जाते हैं, परन्तु स्वयं कहने वाले भी ठीक से महसूस नहीं करते कि आख़िर वह क्या कह रहे हैं। बार-बार दुहराये जाने से प्रतीक ही नहीं घिसते, आलोचना के विचार भी घिस जाते हैं और इस तरह धीरे-धीरे वे अपना अर्थ खो बैठते हैं। प्रेमचन्द जनता के साहित्यकार हैं, इसलिए नहीं कि उन्होंने मुख्य रूप से किसानों के बारे में लिखा है, बल्कि इसलिए कि उन्होंने किसानों की ओर से अथवा किसानों के लिए लिखा है। और इस एक बात ने उनके सम्पूर्ण साहित्य को उस ओजस्वी मानवतावाद से आलोकित कर दिया है, जिससे अनेक कलापूर्ण उपन्यास और कहानियाँ भी वंचित दिखाई पड़ती हैं। प्रेमचन्द की यही विशाल मानव संवेदना तमाम मामूली (मिडिआकर) कथाकारों से उन्हें ऊपर उठा देती है।

चरित्र चित्रण, कथानक गठन, वातावरण आदि तो किसी उपन्यास की सफलता को परखने के लिए केवल सामान्य कसौटियाँ हैं, किन्तु विश्व साहित्य में जब कथा कृतियों की महानता का निर्णय होता है तो कलापूरक उपकरण नीचे छूट जाते हैं। वहाँ तो केवल मानवीय संवेदना की व्यापकता ही टिक पाती है। सब कुछ हो और एक मानवीय संवेदना न हो तो सारी रचना अलोनी लगती है। चरित्र चाहे जिस सामाजिक स्तर के हों और समस्या जितनी वैयक्तिक हो, किन्तु जनता को प्यार करने वाले कथाकार की कथाकृति में किसी-न-किसी प्रकार मानवीयता का वह आलोक झलक जाता है। उदाहरण के लिए तोल्स्तोय अपने 'युद्ध और शान्ति' उपन्यास में मुख्यत: रूस के तत्कालीन उच्च वर्ग का जीवन चित्रित कर रहे थे, फिर भी उसमें रूस की सामान्य जनता की अदम्य शक्ति झलक ही गयी, यदि शिकार के सुप्रसिद्ध दृश्य में

रूसी धरती के उद्दाम प्रकृति-जीवन का अविस्मरणीय चित्र है तो पियरे के 'क़ैद के साथी' 'प्लातेन' में तोल्सतोय का निर्भीक किसान सामने आता है और उसी तरह के दर्जनों छोटे-छोटे चरित्र तथा मामूली-मामूली घटनाएं उस विराट उपन्यास को मानव प्रेम और मानव शक्ति के समवेत संगीत में बदल देती हैं।

जिस साहित्यकार के हृदय में जनता के लिए सच्चा प्यार नहीं है, उसकी रचना से न तो मानवता की विजय का विश्वास हो सकता है और न तो इस जीवन और जगत में आस्था ही दृढ़ हो सकती है। प्रेमचन्द की कृतियों को पढ़ने के बाद जो एक प्रकार का विश्वास, एक निश्चित प्रकार की आस्था तथा जीवन के प्रति स्वीकारात्मक दृष्टिकोण मिलता है, यह सब जनता को प्यार करने का ही परिणाम है। इसी बात को कुछ व्यक्तिवादी कथाकारों ने 'रचनात्मक सम्भावना' नाम दिया है।

यह 'रचनात्मक सम्भावना' केवल भावनाओं के क्षेत्र की चीज़ नहीं है, बल्कि इसने उपन्यास जैसे नवीन साहित्य रूप को विघटित होने से भी बचाया है। यूरोपीय आलोचकों ने स्वीकार किया है कि व्यापक मानवीय संवेदना के अभाव से उन्नीसवीं सदी के उत्तरार्द्ध में जिस समय उपन्यास कला की सम्भावनाओं का दीवाला पिट रहा था, तोल्सतोय ने नवीन जीवनी शक्ति देकर उसे पुनर्जीवित कर दिया। विश्व के कथा-साहित्य के परवर्ती विकास पर दृष्टिपात करते हुए हम कह सकते हैं कि बीसवीं सदी में पश्चिम यूरोप के कथाकार एक बार फिर जब उपन्यास के भविष्य को लेकर सन्देह में पड़ गये तो पूर्व में उभरते हुए नये राष्ट्र भारत के प्रतिनिधि कथाकार प्रेमचन्द ने उपन्यास में नवजीवन का संचार किया। प्रेमचन्द के माध्यम से यह भारतीय जनता की नवीन शक्ति ही थी जिसने एक बार फिर कथा-साहित्य की यथार्थवादी परम्परा को डूबने से बचा लिया। इस प्रकार प्रेमचन्द की किसान गाथा कोई अनायास और आकस्मिक घटना नहीं, बल्कि विश्व कथा-साहित्य की एक ऐतिहासिक आवश्यकता है। आधुनिक उपन्यास का अपना साहित्य रूप है और इसका निर्माण साधारण जनता की आकांक्षाओं से हुआ है, निस्सन्देह बीच-बीच में ऐसे युग आये हैं, जब इस लोकतान्त्रिक साहित्य रूप का उपयोग नितान्त सीमित समुदाय के लिए हुआ है, परन्तु जनता के सच्चे साहित्यकारों ने तुरन्त आगे आकर उसके विशाल लोकव्यापी रूप का पुनरुद्धार किया है, विश्व उपन्यास के इतिहास में प्रेमचन्द का नाम ऐसे ही पुनरुद्धारकों में आदर के साथ लिया जायेगा। प्रेमचन्द ने एक जगह नहीं बल्कि अनेक जगह इस आशय की बात लिखी है कि कहानी उपन्यास जनसाधारण के लिए बने हैं और अपनी इस धारणा को उन्होंने जान-बूझकर

इस रूप में रूपान्वित किया। चाहे वह 'दो बैलों की कहानी' हो, चाहे बच्चों की कहानी 'ईदगाह', चाहे 'पूस की रात' में अपने कुत्ते के साथ काँपता, आग तापता और क्रीड़ा करता हल्कू किसान हो, चाहे 'कफ़न' के पैसे पर शराब पीकर नाचते हुए बाप-बेटों का करुणामिश्रित गान, चाहे धैर्यवान, संघर्षरत 'होरी का निरुपाय दान' ही, चाहे आत्मग्लानि की अग्नि में मन्द-मन्द जलती हुई 'निर्मला'–सर्वत्र एक ऐसी गहरी मानवीय दया की अनुभूति होती है, जो समूचे हिन्दी साहित्य में केवल प्रेमचन्द में मिलती है। परन्तु गहरी मानवीय दया का एक दूसरा पहलू **भी है, जो कभी** अन्याय, अत्याचार और शोषण के विरुद्ध तलवार के रूप में चमकता **है तो कभी** पीड़ा से बुझे तीक्ष्ण व्यंग्य के रूप में दंशित कर जाता है। यही गहरी संवेदना कहीं बच्चों की सी अबोधता के रूप में प्रकट होती है तो कहीं विचारकों की सी चिन्तापूर्ण गम्भीरता के रूप में। दर्जनों अविस्मरणीय चरित्र इस संवेदना की साकार प्रतिमा हैं तो सैकड़ों मर्मस्पर्शी भावनाएँ तरल प्रसार।

लगातार तीस वर्षों के परिश्रमपूर्ण रचनाकाल में प्रेमचन्द ने कहानी-उपन्यास कुल मिलाकर हज़ारों पृष्ठों का साहित्य लिखा है, जिसे निस्संकोच आधुनिक भारत का महाभारत कहा जा सकता है। प्रेमचन्द का साहित्य हिन्दी की 'कॉमेडी ह्यूमेन' है। और जैसा कि कहा जाता है, यह सारा साहित्य तत्कालीन भारत का केवल दर्पण नहीं हैं, बल्कि प्रेमचन्द के ही शब्दों में कहें तो उनका साहित्य हमारे समाज का 'दीपक' है और वह स्वयं हमारे दीपस्तम्भ हैं।

(साभार सूचना और प्रसारण मन्त्रालय द्वारा प्रकाशित पुस्तक 'उपन्यास सम्राट प्रेमचन्द्र', 1969)

# हिन्दी कथा-साहित्य की कालजयी परम्परा

संगोष्ठी के अध्यक्ष बन्धुवर गोविन्द मिश्र जी, बीज वक्ता प्रियवर विश्वनाथ प्रसाद तिवारी जी, वृंत वक्ता श्री कपिल तिवारी जी, प्राचार्या डॉ. पुष्पा त्यागी जी, विभागाध्यक्ष प्रो. तिवारी, संयोजिका सुश्री उर्मिला शिरीष, सभागार में उपस्थित सभी वरिष्ठ साहित्यकार, साथियो, विशिष्ट साहित्य प्रेमी अतिथि बन्धुओं, महाविद्यालय की विदुषी प्राध्यापिका महिलाओ तथा जिज्ञासु छात्राओं!

भोपाल तो चर्चा की दृष्टि से कविता का केन्द्र रहा है। कविता की चर्चा आम तौर से बड़े ताल के किनारे होती थी और कविता ही भोपाल का बड़ा ताल है, लेकिन ताल और भी हैं और मेरा ख़याल है कि इस महिला महाविद्यालय ने कम से कम कथा पर गम्भीर चर्चा आयोजित करने की दिशा में साहस का ही परिचय दिया है और उसके लिए मैं अपनी ओर से बधाई देना चाहता हूँ। शायद कथानेत्री उर्मिला शिरीष नहीं होतीं तो यहाँ भी फिर कविता की ही चर्चा होती। यह संयोग है, सुखद संयोग है।

और इस चर्चा में अभी गम्भीर बातें कही गयी हैं, आरम्भ में ही कहा गया। उर्मिला शिरीष ने ज़िक्र किया कि 'क्लासिक्स' के लिए उन्होंने 'कालजयी' शब्द जो गढ़ा है, बहुत ही सार्थक है। इस अर्थ में इसकी व्याख्या यहाँ की गयी है। तो शमशेर जी ने बहुत पहले जो कहा था, 'काल तुझसे होड़ है मेरी' हर कथाकार की या रचनाकार की कहिए या सर्जक की होड़ काल से होती है और इसकी व्याख्या यदि करें तो अपनी ही परम्परा से एक दूसरी पंक्ति भी याद की जानी चाहिए और वह यह है, कबीर के बारे में है–'कहे कबीर सुई सन्त जन सूरमा, काल निचौर के अमृत पीये'–यह जय-विजय का सवाल नहीं है। मरणधर्मा मनुष्य काल को क्या जीतेगा? काल को निचोड़ सकता है, काल निचोड़ कर और अमृत पीता है और पिलाता है। यह हमारी परिकल्पना रही है।

विज्ञान में काल पर कई लोगों ने बहुत विस्तार से कहा है, लेकिन मैंने कहा है कि कालजयी साहित्य की परम्परा की चर्चा? मुझे याद नहीं है कि हिन्दी में कभी इस

पर गम्भीरता से पिछले दशकों में विचार हुआ हो पचास के दशक में मुझे याद है कि हिन्दी में अकेले एक चिन्तक थे, जो जब भी कोई गोष्ठी होती थी तो वे क्लासिक्स की चर्चा करते थे। उन्हें लोग भूल गये हैं। डॉ. देवराज। 'साहित्य चिन्ता' की पुस्तक में अक्सर क्लासिक्स की चर्चा करते थे। एक अरसे से हम लोग अब जो तात्कालिक साहित्य है, नवीनतम साहित्य है, उसी की चर्चा करते हैं। कालजयी की चर्चा हिन्दी में सुनाई नहीं पड़ती है। इसीलिए इस बात के लिए भी मैं बधाई दूँगा, महाविद्यालय को।

आमतौर से युगान्त के बाद क्लासिक्स की चर्चा होती है। क्लासिक्स की चर्चा अंग्रेज़ी साहित्य में, जब रोमेंटिक उत्थान हुआ तो उसके बरअक्स तुरन्त क्लासिक्स की चर्चा की गयी। डॉ. जॉनसन ने की, फिर मैथ्यू ऑरनाल्ड ने बड़े विस्तार से इस पर चर्चा की और आगे चलकर जब मॉडर्निज़्म शुरू हुआ और आधुनिक कविता शुरू हुई तो टी.एस. इलियट ने 1945 में 'व्हॉट इज़ ए क्लासिक्स' नाम का लेख लिखा। हमारे यहाँ यद्यपि उस रूप में ज़िक्र नहीं किया गया है, लेकिन हमारे आचार्य रामचन्द्र शुक्ल जब इतिहास लिख रहे थे तब ठेठ छायावाद शुरू हो चुका था और उस दौर में उन्होंने बिना कहे हुए तुलसी पर, सूर पर, जायसी पर, जो लिखा, तो लिखकर के छायावादियों को यह बताना चाहते थे कि इस समय जो छायावाद पर लोग काम कर रहे हैं, मध्यकाल में घनानन्द यह काम कर चुके हैं।

इसलिए युगान्त के बाद कालजयी की चर्चा शुरू होती है। युगान्त का बोध पहली बार संस्कृत साहित्य में आनन्दवर्धन, जो 900 के आसपास हुए हैं और 900 के बाद आनन्दवर्धन ने पहली बार नाम लिया किसी कवि का, उन्होंने कालिदास का नाम लेकर कहा कि महाकवि तो दो-तीन या पाँच हैं, वे भी बहुत निश्चित नहीं थे और 'कालिदास प्रभृतियों'–यह छठी कारिका पर जो वार्तिक लिखा है, उन्होंने वह शब्द, मैं पढ़ देता हूँ–येन अस्मिन् अति विचित्र कवि परम्परा वाहिनी संसारे कालिदास प्रभृतियोः द्वि, त्रय, पंचमः व महाकवे इति गण्यन्ते–आप लोगों को लगेगा कि इसमें वाल्मीकि और व्यास का ज़िक्र तो है नहीं। वाल्मीकि और व्यास महाकवि नहीं हैं, वे ऋषि और मुनि हैं। इसीलिए वहाँ भी कवियों की चर्चा में उनका नाम नहीं है, वाल्मीकि को आदिकवि कह देते हैं, लेकिन महाकवि कालिदास ही कहे जाते हैं। इसलिए क्लासिक्स की चर्चा करते समय अंग्रेज़ी परम्परा में तो होमर का नाम लिया जायेगा, लेकिन हमारे व्यास की कृति 'महाभारत' को तो काव्य कहते भी नहीं हैं। उसको तो इतिहास कहते हैं, काव्य तो वाल्मीकि की 'रामायण' है और 'आदिकवि' हम कहते हैं। लेकिन आमतौर से उनको हम मुनि या ऋषि कह करके याद करते हैं। कवि की कोटि में हम नहीं रखते। इसलिए आनन्दवर्धन ने जब कहा कि 'कालिदास प्रभृतियोः'–नाम आगे लिया नहीं था, दो-तीन या पाँच। 900 ईसवी तक

वे कौन से कवि रहे होंगे? यह संस्कृत के आचार्यों को विचार करना चाहिए कि कालिदास के बाद दूसरा कौन है, तीसरा कौन है और पाँचवें तक जाते हुए चौथा और पाँचवाँ कौन है? मेरा ख़याल है यह पण्डितों के कौतूहल और कौतुक का विषय है। मैं अपनी ओर से इस पर कोई टिप्पणी न करके कहना चाहता हूँ, कि यह सही है कि 900 ईसवी के बाद जितने बड़े कवि थे, समाप्त हो चुके थे। भवभूति हो चुके थे, भास, भारवी हो चुके थे, अश्वघोष हो चुके थे। बाणभट्ट हो चुके थे। इसके बाद एक ही कवि हुए, बड़े कवि जिनको कहते हैं? और वे 'नैषध चरित्र' के लेखक थे और संस्कृत के अन्तिम बड़े कवि थे, जो शाहजहाँ के ज़माने में हुए वे पं. राजकवि जगन्नाथ।

तो, यह एक चिन्तन के क्षेत्र में जब हम चर्चा कर रहे हैं कालजयी परम्परा की, तो कब से हम शुरू करना चाहते हैं? आचार्य शुक्ल ने और अंग्रेज़ी में जैसा मैंने कहा कि रोमेंटिक के बरअक्स क्लासिक्स की खोज की गयी और फिर आधुनिक कविता 'मॉडर्न पोयट्री' शुरू हुई। टी.एस. इलियट ने लिखा। और जैसा कि मैं कह रहा था डॉ. देवराज नयी कविता के दौर में क्लासिक्स की चर्चा कर रहे थे। अब नयी कविता की समाप्ति के बाद और आज की कविता और नयी कहानी के दौर में हम लोग उस परम्परा के यथार्थवाद पर ही ज़्यादा बहस करते रहे, लेकिन कथा-साहित्य में, चूँकि परम्परा कथा-साहित्य की बहुत छोटी है। इसलिए इस छोटी परम्परा के कथा-साहित्य में कालजयी परम्परा का निर्णय करते समय कक्षा-समालोचना अभी बहुत गम्भीर और प्रौढ़ नहीं हुई है। उसकी तुलना में काव्य-चर्चा और काव्य-समीक्षा हमारी अधिक समृद्ध है। उसके पीछे एक गहरी और लम्बी परम्परा है। इधर मैं इसका तो दोषी ठहराया जाता हूँ कि कथा की समीक्षा में भी कविता का हवाला देता हूँ, लेकिन साहित्य के ही ये दोनों अभिन्न अंग हैं, परस्पर एक ही चिन्ता धारा। यदि आप दर्शन की मदद ले सकते हैं, समाजशास्त्र की ले सकते हैं, तो साहित्य के परिवार की दो अलग-अलग विधाएँ भी एक-दूसरे से सीख सकती हैं, चिन्तन के धरातल पर, रचना के धरातल पर। सीखें न सीखें, ये रचनाकारों की ज़िम्मेदारी है, मैं इसमें दख़ल नहीं देता।

तो एक कालजयी कविता का निर्णय करने के लिए काव्य के क्षेत्र में जो कुछ लक्षण, कुछ प्रतिमान बनाये गये हैं, वे कथा-साहित्य की चर्चा करते समय भी आप उनका उपयोग कर सकते हैं। ज़रूरी नहीं है कि आप उन पर निर्भर हों। टी.एस. इलियट की 'ह्वाट इज़ ए क्लासिक्स' पुस्तक जब आयी 1944 में या 1945 में तो डी.एच. लॉरेंस जैसे कथाकार ने एक टिप्पणी की। उस टिप्पणी की ओर आपका ध्यान जाना चाहिए, उनके पत्रों में वह टिप्पणी आयी है और उसने कहा है–बहुत अद्भुत

शब्द दिया है क्लासियोसिटी। क्लासियोसिटी इज़ बंकम एंड स्टील मोर कवर्डिस। डी.एच. लॉरेंस ने इलियट पर यह टिप्पणी की थी कि यह क्लासियोसिटी जो है, माने क्लासिक, क्लासिकपना बहुत करना। यह बंकम है, यह कायरता है। कवर्डिस शब्द का प्रयोग किया है, टी.एस. इलियट ने जब 'व्हॉट इज़ ए क्लासिक्स' प्रयोग किया था तो उसके सन्दर्भ में वर्जिल था, होमर नहीं था। उसने वर्जिल पर पूरा लेख लिखा है। होमर नहीं, ओडिसी नहीं, वर्जिल। याद रखिए कि क्लासिक्स का गुणगान करने वाला टी.एस. इलियट क्रिश्चियनिटी और क्रिश्चियन समाज की परिकल्पना कर रहा था। राजनीति के सन्दर्भ में उसने कहा था कि वह डेमोक्रेसी से भी नफ़रत करता था लोकतन्त्र के विरुद्ध मोनार्की का समर्थन करने वाला था। धर्म के मामले में वह क्रिश्चियन सोसायटी को यूटोपिया समझता था और वही टी.एस. इलियट है, जिसके बारे में आगे चलकर लोग कहते हैं कि हिटलर और मुसोलिनी के साथ उसकी सहानुभूति थी, और वह फासिज़्म के साथ था। इसलिए डी.एच. लॉरेन्स जब कह रहा था कि 'दिस इज़ बंकम एंड कवर्डिस' तो क्लासिक्स का नाम लेने वाले लोग आमतौर से परम्परावादी या रूढ़िवादी या कंजरवेटिव विचारों के होते हैं, अनुदार हुआ करते हैं और डी.एच. लॉरेंस उन्हीं चीज़ों के ख़िलाफ़ अपना उपन्यास लिख रहा था, स्त्री-पुरुष सम्बन्धों के बारे में, नस्ल के सवाल पर, इसलिए उसने इलियट को बंकम कहा, जो 'व्हॉट इज़ ए क्लासिक्स' में वर्जिल की हिमायत कर रहा था, होमर की नहीं कर रहा था, ओडिसी की नहीं कर रहा था।

आज हम लोग जब कालजयी की चर्चा कर रहे हैं तो कालजयी रवीन्द्रनाथ की कविता संयोग से याद आ गयी। बाद की कविताओं में रवीन्द्रनाथ ने लिखा:

*कालेर धाये सोई तो मरे थाकते जी चाहे अचल होये*
*मानेर जारा चालेर धारा, नित्य थाके नूतन तारा।*

नयी प्रतिभाओं का स्वागत करते हुए कहा कि काल के घाव, आघात से तो वही मरता है, जो काल के आघात के सम्मुख अचल होना चाहता है। रहना चाहता है, वह मरता है। और जो काल के आघात के साथ, धारा के साथ नूतन तारा, जो धारा को चलता हुए प्रवाह मानता है, वह नित्य नया होता है, इसलिए काल-काल कहने से काम नहीं चलेगा। आप काल को गतिशील धारा मानते हैं या काल को आप चक्राकार मानते हैं, इससे कालजयी कृति का मूल्यांकन निर्धारित होता है।

और मुझे देखकर के आश्चर्य हुआ कि हिन्दी में चक्राकार काल होता है। हमारी पुरानी परम्परा में काल को चक्राकार माना गया है। एक युग था जब दिन, दिन के बाद रात, सुबह के बाद शाम, चक्र के रूप में चलता था। ऋतुओं का चक्र होता है। इस चक्र को देखने के कारण सम्भव है कि हमारे यहाँ लोगों ने काल को

चक्राकार काल माना हो, लेकिन क्या आर्यभट्ट भी यही मानते थे? हमारे वैज्ञानिक भास्कराचार्य भी मानते थे? लोक का उदाहरण देकर और ऋतु परिवर्तन और वर्ष परिवर्तन के आधार पर क्या काल को हम भी चक्राकार मानते हैं? मैं इसलिए कह रहा हूँ कि बहस हिन्दी में होनी चाहिए।

जब कालजयी रचना की बात करते हैं, दो ही आदमियों ने हमारे यहाँ काल के चक्राकार की परम्परा को इस युग में पुनः प्रतिष्ठित करने का प्रयास किया वात्स्यायन जी ने, अज्ञेय ने। दूसरे उनके साथ विद्यानिवास मिश्र ने और भूल गये कि आज का विज्ञान, काल को किस बड़े पैमाने पर एक वृत्ताकार के रूप में भी नहीं, बल्कि यूनिवर्स स्वयं वृत्ताकार नहीं है। वैसा चक्र नहीं है। इसलिए आइंस्टीन और बाक़ी लोगों को पढ़ने पर लगेगा कि ठीक-ठीक वही परिकल्पना नहीं है, जिसे प्राचीन भारत में एक समय हम लोगों ने चक्र के रूप में माना था और चक्राकार गति यदि आप मानते हैं तो नवीनता की, नवीन सृजन की परिकल्पना में हम लोग कालिदास को ही पुनरावृत्त कर रहे हैं। क्या हम तुलसीदास की नकल कर रहे हैं? एक ऐसा समय आता है, जब काल ठहरा हुआ सा-प्रतीत होता है, इसलिए रीतिकाल ने बहुत कुछ नया नहीं किया। भाषा के बारे में जो भक्तों ने और सन्तों ने उसे तोड़ के कर दिया था।

हमारी परम्परा में कथा-साहित्य की कालजयी कृतियों की चर्चा करें, तो हम न भूलें, वह जिसकी ओर भाई कपिल तिवारी याद दिला रहे थे कि लोक की परम्परा। सच पूछिए तो लोक परम्परा कथा की परम्परा है मुख्यतः और उस कथा-परम्परा में क़ायदे से पूछिए तो ब्राह्मण परम्परा से ज़्यादा गद्य में कथा लिखने की परम्परा 'श्रवण परम्परा' है। जातक, बौद्ध परम्परा में लिखे गये हैं और वे छोटी-छोटी कहानियाँ मिलकर एक कथा का क्रम पैदा करती हैं, वे उपन्यास हैं। आगे चलकर, जैनों ने तो कथाएँ ही लिखी हैं और उस परम्परा में आप देखें तो संस्कृत परम्परा में 'दशकुमार चरित' और इसका लेखक दण्डी अपने काव्य सिद्धान्त की मान्यताओं में भी सबसे अलग था। और फिर बाणभट्ट। मैं इसलिए कह रहा हूँ कि हिन्दी में काव्य परम्परा एक है और उसके समानान्तर जो कथा की परम्परा है, वो कथा परम्परा तब से लेकर के हिन्दी में भी चली आयी है। अधिकांश महत्त्वपूर्ण कथाकार ऐसे हैं, जो कवि नहीं थे, होना भी नहीं चाहते थे। कुछ ऐसे हुए जो कविता भी लिखते थे, उपन्यास भी लिखा और अच्छा उपन्यास लिखा और अच्छी कविता लिखी।

लेकिन चूँकि परम्परा का प्रयोग आपने एकवचन के रूप में किया है और एक अरसे से यह मेरी धारणा है कि हमारी यह विशाल परम्परा इकहरी नहीं है। जैसे यह

देश इकहरा नहीं है, उसी तरह से परम्परा इकहरी नहीं है, बल्कि अनेक परम्पराएँ हमारी हैं और यही हमारी समृद्धि का सूचक है, बहुलता का सूचक है। ये अन्धे के पीछे अन्धी-अन्धा ठेलिया वाला देश नहीं रहा है, बल्कि इतने स्वतन्त्र विचारों का था कि भिन्न-भिन्न परम्पराएं रही हैं और इसलिए आप हिन्दी साहित्य की एक परम्परा, कथा-साहित्य की भी एक परम्परा लेकर अगर चलेंगे तो मैं समझता हूँ कि बड़ी इकहरी, एकांगी और मेरा ख़याल है कि अपूर्ण होगी वह परम्परा।

आलोचना का काम है जोख़िम उठाना। तो कभी-कभी जोख़िम उठाना चाहिए। बग़ैर-जोख़िम उठाये यदि छह उपन्यासों का नाम लेना हो हिन्दी की अपनी परम्परा में, भारतीय परम्परा में तो वे, कितने टिकेंगे मैं नहीं कह सकता, क्योंकि विशाल भारतीय साहित्य की परम्परा इतनी समृद्ध है, कथा-साहित्य की, उपन्यासों की, उड़िया की, बंगला की, उर्दू की। 'उमरावजान अदा' जिस समय लिखा गया था 'फ़सान-ए-आज़ाद' हिन्दी में उस समय कोई वैसा उपन्यास नहीं लिखा गया था। उड़िया में फ़क़ीरमोहन सेनापति जैसा उपन्यास बंगला में भी नहीं लिखा गया था। मराठी है, गुजराती है, मलयालम में अद्भुत परम्परा है। इसलिए भारतीय साहित्य को आप छोड़ भी दें तो छह उपन्यास और परम्परा का निर्णय करते समय, मैं सूची बनाने से पहले कि परम्परा या कालजयी कृति कौन-सी है? लगभग जिसे इलियट ने भी पहले दोहराया है। डॉ. जॉनसन का एक मुहावरा है, जिसे, आगे चलकर एफ.आर. लेविस, टी.एस. इलियट ने ज़्यादा प्रचलित किया। मेरे मित्र विजयदेव नारायण साही ने जिसका हिन्दी अनुवाद किया था। मैंने भी उससे लिया अंग्रेज़ी में–'कॉमन परस्यूट ऑफ़ टू जजमेंट' अर्थात कॉन्सेसस, जब साहित्य समाज में, समुदाय में साहित्यकारों के बीच सच्चे निर्णय प्रयास में, सहयोगी प्रयास जब हो जैसे गोष्ठी संवाद है, मतभेदों के बीच भी कुछ तो हो, जहाँ हम लोग आम राय रख सकें जिसे कहते हैं, इसलिए 'कॉमन परस्यूट ऑफ़ टू जजमेंट' कहना चाहता हूँ। ये डॉ. जॉनसन का शब्द है, जो कॉमनसेंस के बड़े पर्याय एक तरह से हो गये हैं।

क्या कालजयी, क्या है?

ये किसी एक आदमी के और बहुत मौलिक बनने के उसके फ़ितूर नहीं हैं। दिमाग़ी, बल्कि पूरा सहृदय समाज सोचने-विचारने वाला, किसी जाति का भाषा-भाषी समुदाय के बीच वाद-विवाद, संवाद से होते-होते हम लोग एक निर्णय पर पहुँचते हैं और तब माना जाता है जैसे कि हम धड़ल्ले से संस्कृत किताबों का नाम ले लेते हैं।

और एक पूर्वनिर्मित राय को ही बार-बार दोहराते रहना कालजयी रचनाओं के लिए भी उचित नहीं है, वह केनन टूटता भी है। ज़रूरत पड़ती है तो तोड़ा भी जाता है। युग के अनुसार मिलकर जो बनाते हैं, उदाहरण के लिए हिन्दी के पाँच, निश्चित रूप से छठा प्रश्नचिह्न के साथ मैं लेना चाहूँगा कि कालजयी कृतियाँ। युगान्त के बाद, 'गोदान', 'त्यागपत्र', 'शेखर : एक जीवनी', 'बाणभट्ट की आत्मकथा' और 'मैला आँचल', ये निर्विवाद रूप से और शाह साहब बैठे हैं, सिर हिला रहे हैं। इसलिए लगता है कि कुछ सहमति है। ऐसे ही हम पूछते हैं कि हम ऐसा कह रहे हैं, क्या यह है? और उसका जवाब होगा हाँ! लेकिन, बट लगा सकते हैं, यस बट।

छठीं किताब, जिसका नाम मैंने कहा एक प्रश्नचिह्न के साथ, लेकिन लूँगा 'नौकर की कमीज़'। विनोद कुमार शुक्ल की 'नौकर की कमीज़'। चूँकि अभी उतना समय नहीं बीता है, इसलिए लेकिन पाँच पुस्तकें निश्चित रूप से, ये वे कालजयी कृतियाँ हैं, जो चिन्तन, मनन के दौरान बनी हैं और इन्हीं कृतियों में देखेंगे कि दो क्या तीन परम्पराएँ दिखाई पड़ती हैं। 'गोदान', 'मैला आँचल' जिस परम्परा के हैं 'त्यागपत्र' और 'शेखर : एक जीवनी' उसी परम्परा के नहीं हैं, रूपाकार की दृष्टि से, जीवनदृष्टि की दृष्टि से जिस जीवन को लिया है और जो ढाँचा है, जो सभी उपन्यास को एक नये रूप में प्रस्तुत करते हैं। 'गोदान', 'मैला आचल', एक परम्परा में होते हुए भी एक नहीं हैं, बहुत-सी बातों में। लेकिन जैसा कि और उसी तरह से 'त्यागपत्र' और 'शेखर : एक जीवनी' एक तरह के नहीं हैं और इन सबसे अलग है 'बाणभट्ट की आत्मकथा'। दोनों में से किसी कोटि में इसलिए नहीं कि दोनों अलग हैं। 'गोदान' और 'मैला आँचल', 'त्यागपत्र' और 'शेखर : एक जीवनी', एक ग्रामीण जीवन का है, दूसरा जो है ग्रामीण जीवन नहीं शहरी। ये बड़ी मोटी कसौटी होगी।

क्लासिक्स का निर्णय करते समय हम इन मोटी कसौटियों को छोड़कर और गहराइयों में जायें, अपनी नैतिक दृष्टि में मनुष्य को देखने की जो दृष्टि है और जिस तरह उसका गठन विन्यास रचते हैं, भाषा की दृष्टि से, कला की दृष्टि से हर तरह से कुल मिलाकर के देखेंगे, तब लगेगा कि पाँच उपन्यास हमारे अब भी एक आम राय जैसे हिन्दी जगत् में हैं और यह इनको अंग्रेज़ी में जब विचार करते हैं कि कालजयी कौन है? तो एक तरह से शब्द यहाँ प्रयोग किया गया था कि निकष का भी सवाल है, केनन का भी सवाल है और केनन कई तरह के बनाये जा सकते हैं।

अजीब बात यह है कि कुछ देर पहले अमेरिका में स्टेनफर्ड से शुरू हुई। और हेरल्ड ब्लूम ने शुरू की। लम्बी बहस। अमेरिका में लगभग दो दशक तक केनन

सम्बन्धी बहस हुई थी और हेरल्ड ब्लूम ने 'वेस्टर्न केनन' नाम की एक किताब भी लिखी है। लाइब्रेरी में यहाँ आ गयी है, मिलती है। केनन पर बहस इसलिए कि शिक्षा संस्थाओं में, चूँकि यह महाविद्यालय है, इसलिए यहाँ कहना इस बात को बहुत ज़रूरी है कि हम क्या पढ़ायें? अमेरिका में इससे केनन की बहस शुरू हुई और यह हुआ कि क्या हम केवल एंग्लो-अमेरिकन साहित्य ही पढ़ायें? लेकिन फिर बहस आयी कि क्या केवल हम वेस्टर्न लिटरेचर ही, पाश्चात्य ही पढ़ायें या अफ्रीका में, चीन में, जापान में, भारत में जो लिखा गया है, अगर श्रेष्ठ साहित्य हो तो पढ़ायें या न पढ़ायें? और अमेरिका में ब्लैक लोगों ने शुरू किया था और कुछ लोग जो एशिया के रहने वाले थे, उन लोगों ने शुरू किया, कहा कि केवल वेस्टर्न केनन ही केनन नहीं है, विश्व साहित्य का, बल्कि विश्व साहित्य का जब नाम लेते हैं तो बहुत-सी श्रेष्ठ रचनाएँ यूरोप से यानी पश्चिम से बाहर पूर्व में लिखी गयी हैं। दक्षिण में लिखी गयी हैं, उनको भी लेना पड़ेगा। और जब फैमिनिस्ट आन्दोलन चला तब उसने केनन में बिल्कुल ही पलीता लगा दिया और कहा कि तुम पुरुष प्रधान साहित्य का केनन बना रहे हो, जिसमें स्त्रियों को गौण समझ करके, इसलिए वह केनन हमारा हो नहीं सकता है। वेस्टर्न केनन भी दो टुकड़े में बँटा हुआ है एक स्त्रीवादी, दूसरा स्त्रीविरोधी और दूसरा स्त्रीविद्वेषी केनन है और दूसरा जहाँ स्त्रियाँ पहल करती हैं और मानती हैं। मैंने इसका ज़िक्र इसलिए छेड़ दिया कि कालजयी रचनाओं का निर्णय करना बहुत आसान नहीं है। आज के इस द्वन्द्व के और संघर्ष के और संक्रमणशील दौर में गुज़रते हुए हम नये सिरे से इस कालजयी साहित्य की रचना करें। यह प्रश्न इतना सरल फ़तवे वाला नहीं है, बल्कि अभी दलित लोग हमारे देश में शुरू होंगे तो कहेंगे कि दलित साहित्य को अपने केनन में शामिल करो, कहना शुरू कर दिया है लोगों ने। इलियट का 'व्हॉट इज़ ए क्लासिक' को ज़रूर ध्यान से पढ़िये। अंग्रेज़ी के बहुत से विद्वान पड़े हैं, उन लोगों ने निश्चित रूप से पढ़ा होगा। बोले–इट इज़ ए पॉलीटिकल क्वेश्चन। इलियट ख़ुद कहता है कि क्या, कौन क्लासिक है, कौन नहीं है, यह राजनीतिक सवाल है और यह ग़ैर-साहित्यिक आधारों पर निर्णय किया जाता है, यह ख़ुद इलियट ने कहा है। और इसलिए ऐसे आमतौर से जो प्रतिष्ठान के या सत्ताधारी लोग हैं, इस वर्ग की रचनाओं को क्लासिक मान लिया जाता है और जो प्रतिरोध का साहित्य हुआ करता है, प्रोटोस्ट का साहित्य हुआ करता है, उसको आमतौर से हम केनन से बाहर रखते हैं, यह इलियट कहता है। इसलिए मैंने कहा कि डी.एच. लारेंस ने कहा था, यह सारा का सारा बंकम है।

इलियट ने जो कसौटियाँ बनायी हैं, उनका गहरा सम्बन्ध नेशनलिटी से है। कोई कालजयी रचना किसी समूची भाषा-भाषी जाति का प्रतिनिधित्व करती है, जिस तरह भारत वाले महाभारत का नाम लेते हैं, यूरोप वाले ओडिसी का नाम लेते हैं। ओडिसी इसलिए नहीं कि एक महान लम्बा एपिक है, बल्कि वह समूची एक राष्ट्र की आत्मा, चेतना, उसकी जाति का निर्माण करता है। अब यह ग़ैर-साहित्यिक मानदण्ड हो गया। एक सिविलाइजेशन, एक सभ्यता का प्रवक्ता हुआ करता है, प्रतिनिधि होता है। आप कहेंगे! सभ्यता साहित्यिक शब्द तो नहीं है। यही नहीं, बल्कि उन्होंने जिन शब्दों का प्रयोग किया है 'मैच्योरिटी' परिपक्वता। कोई परिपक्व मस्तिष्क, परिपक्व जाति, विकास के क्रम में कोई जाति यदि एक निश्चित परिपक्व युग तक पहुँचती है तब जाकर के उसमें कोई रचना उसका प्रवक्ता होती है, तब लिखी जाती है। महाभारत वैदिक काल में नहीं लिखा गया था, न सम्भव हुआ था, क्योंकि सभ्यता की शुरुआत थी। उपनिषद विचारों में परिपक्व हुआ होगा काव्य में, सभ्यता में नहीं हुआ था धीरे-धीरे वर्णों के विभाजन के द्वारा खेतीबाड़ी शुरू हुई, उद्योग का विकास हुआ, विज्ञान का विकास हुआ धीरे-धीरे। महाभारत को पढ़ते समय लगता है, महाभारत में जिस गम्भीरता के साथ धर्म पर विचार किया गया है और धर्म के विविध रूपों को, बल्कि कहना चाहता हूँ कि अधर्म में जो अपवाद होता है–जैसी गम्भीर चर्चा द्रौपदी के चीरहरण के समय कौरव सभा में जो चर्चा होती है, बड़ा उस तरह से गहराई से अधर्म पर विचार किया हुआ है। आपको दर्शन मिलेगा उपनिषदों में, लेकिन भीष्म ने कहा है आसान नहीं है उत्तर देना। यह कह दें कि अधर्म है, इसलिए अधिक प्रौढ़ सभ्यता थी। आगे चलकर कालिदास में 'अभिज्ञान शाकुन्तल' को जब पढ़ते है तो लगता है कि कालिदास जिस तरह राजा का अपराध-बोध, बाद में फिर उसके सामने क्षमा याचना कराते हैं, ऐसी कोई घटना महाभारत में नहीं हुई। महाभारत की शकुन्तला और कालिदास के अभिज्ञानशाकुन्तल को पढ़ें तब लगेगा लगभग एक हज़ार वर्ष के बाद 'हम लोग तो उन प्रणयी लोगों में हैं, जो एक बार प्यार करके छोड़ दिया करते हैं' राजा कहता है। यह बात महाभारत में कोई नहीं कह सकता था। सभ्यता का विकास इतना दूर तक हुआ था कि अन्तर्द्वन्द्व की, वह अन्त:संघर्ष और फिर उसकी, उसके समाधान की विधि श्राप से करायी गयी है, जिस पर बहुत विचार किया गया है।

इसलिए मित्रो! जब कोई भाषा, कोई महान रचना, कालजयी रचना अपने समय की होती है, तो उस भाषा का विकास बहुत हो चुका होता है। कालिदास के समय संस्कृत जैसी हो गयी थी, उसके पहले वैसी नहीं थी। वाल्मीकि व्याकारण की भूलें करते हैं, अपाणिनाय प्रयोग करते हैं-मानसात् प्रतिष्ठान त्योघमा सास्ति समान मा

आगमा–प्रयोग करते हैं, जो कि नहीं होना चाहिए। तो कच्ची संस्कृत है वाल्मीकि की। कालिदास के यहाँ भाषा प्रौढ़ होती है और उस प्रौढ़ भाषा की समस्त सृजनात्मकता, सम्भावनाओं को निचोड़ करके, कवि काव्य रचता है। जायसी की कविता काफ़ी कच्ची है, बड़ी मीठी भी लगती है, लेकिन तुलसी की कविता को भी आप देखें, उसमें गूँज भागवत की भी मिलेगी, वाल्मीकि की गूँज भी मिलेगी, कालिदास की गूँज भी मिलेगी और आप देखें! तो वह जायसी की कविता से अधिक परिपक्व, प्रौढ़ और गठी हुई कविता है। इसलिए जो कालजयी कृतियाँ होती हैं, भाषा के विकास की उस मंज़िल पर होती हैं और फिर भाषा की समस्त सृजनात्मकता सम्भावनाओं का उपयोग करके होती हैं और रचनाकार जो होता है, वह भी परिपक्व मानस का व्यक्ति होता है। मानस, मैंने कहा जिसमें हृदय और बुद्धि दोनों शामिल हो। गहराई, संवेदना। और उच्च कोटि का विचार जैसा ध्वनित होता है और टिकाऊ होता है, यह चीज़ मेरा ख़याल है कि कथा-साहित्य की परम्परा निर्धारित करते समय ख़याल में रखनी चाहिए। एक तो यह है कि आज भी हमारे कथा-साहित्य में परम्परा नहीं परम्पराएँ हैं और फिर उन परम्पराओं का निरूपण करते समय, विचार करते समय, एक वाक्य इलियट का कह कर मैं समाप्त करूँगा, अचानक याद आ गया, लिखा था। इलियट ने एक बड़ी दिलचस्प बात कही है, अंग्रेज़ी में है, आप उसे देखें! 'ऐवरी ग्रेट वर्क ऑफ़ पोयट्री टेंड टू मेक इंपॉसिबल दि प्रोडक्शन ऑफ़ इक्वली ग्रेट वर्क ऑफ़ दि सेम काइंड।'

हर महान कृति लगभग उसी भाषा में दूसरी महान कृति को असम्भव बनाती है, इसलिए कालजयी कृति हलुआ नहीं है कि गप से खा जायें और दूसरा महान काव्य आप लिख दें। और जो नहीं मानता और नहीं समझता इसे, उसकी गति वही होती है, जो हमारे राष्ट्रकवि मैथिलीशरण गुप्त की 'साकेत' लिखते हुए हुई। तुलसीदास के बाद रामकथा लिखो तो 'साकेत' ही होगा। अपाठ्य और अपठनीय होगा। अंशों में कहीं-कहीं कुछ गीत अच्छे मिल जायेंगे। इसलिए हर कालजयी कृति इस मामले में होती है कि अपने बाद आने वाली किसी महान कृति को असम्भव बना देती है और दूसरी कालजयी कृति वही होती है, जो इस असम्भव को सम्भव करके दिखाती है और उसका तरीक़ा बताती है।

(शासकीय महारानी लक्ष्मीबाई कन्या स्नातकोत्तर महाविद्यालय भोपाल द्वारा 'कालजयी-साहित्य की परम्परा और आधुनिक हिन्दी कथा-लेखन' विषय पर 15 एवं 16 अक्टूबर, 2004 को आयोजित राष्ट्रीय संगोष्ठी में मुख्य अतिथि के रूप में दिया गया व्याख्यान।)

# हिन्दी कहानी का भविष्य

कहानी के भविष्य की चिन्ता राजेन्द्र यादव को भी है और मुझे भी। लेकिन जैसा कि लेव तोल्स्तोय ने आन्ना कारेनिना के आरम्भ में कहा है, सभी सुखी परिवार एक जैसे हैं लेकिन हर दुःखी परिवार अपने-अपने ढंग से दुःखी है। राजेन्द्र यादव को संजय की कहानी 'तख्तोताब' इतनी अविश्वसनीय लगी कि उन्होंने उसे 'हंस' में न छापा और लौटा दिया। 'वर्तमान साहित्य' ने उस कहानी को प्रकाशित किया और वह पत्र-व्यवहार भी जो कहानी की विश्वसनीयता-अविश्वसनीयता को लेकर दोनों लेखकों के बीच हुआ था। 'तख्तोताब' में होता यह है कि दो छोटे बच्चे घर के अन्दर वक़्त काटने के लिए एक नाटक खेलते हैं। भाई बादशाह बनता है और बहन जो उससे छोटी है, वजीर। भाई पर तख़्त का नशा कुछ ऐसा चढ़ता है कि बहन का ख़ून करने पर आमादा हो जाता है और उसके गिड़गिड़ाने-चेताने पर भी होश में नहीं आता। हादसा तो ख़ैर नहीं होता, लेकिन ख़ून के छींटे रह जाते हैं। राजेन्द्र यादव को शायद यह पूरा नाटक अविश्वसनीय लगा था।

फिलहाल इस कहानी पर तफ़सील से चर्चा करने का अवसर नहीं है लेकिन इसे 'अविश्वसनीय' कहकर ख़ारिज कर देने के पीछे जो प्रवृत्ति या मनोवृत्ति है वह गहरी चिन्ता का विषय है, क्योंकि उसका सम्बन्ध कहानी की बुनियादी समझ से है।

विजयदान देथा ने पिछले महीने साहित्य अकादेमी में अपनी दो कहानियाँ पढ़ी थीं। एक कहानी ऐसी थी जिसमें राजा के आदेश पर सारी प्रजा अन्धकार उलीचने में लग जाती है। उस गोष्ठी में राजेन्द्र यादव भी मौजूद थे। कोई टिप्पणी उन्होंने नहीं की, इसलिए उनकी राय का पता नहीं, लेकिन इसमें कोई शक नहीं कि दोनों कहानियाँ 'तख्तोताब' से भी अधिक 'अविश्वसनीय' थीं।

इस क्रम में यदि यथार्थवादी माने जाने वाले लेखकों की कालजयी कहानियों को याद करें तो उनकी विश्वसनीयता भी सन्दिग्ध संदिग्ध प्रतीत होगी। प्रेमचन्द की अमर कहानी 'कफ़न' को ही लें। घर में लाश को छोड़कर कफ़न के पैसे से शराब पीने वाले लोग कितने होते हैं?

प्रेमचन्द की ही एक और कहानी है 'बलिदान' जो उतनी प्रसिद्ध नहीं है लेकिन इस सन्दर्भ में उल्लेखनीय है। खेत छिन जाने पर एक किसान को इतना ग़म होता है कि वह लापता हो जाता है और अपने खेत पर भूत बनकर मँडराता रहता है। प्रेमचन्द लिखते हैं कि अँधेरा होते ही वह मेड़ पर आकर बैठ जाता है और कभी-कभी रात को उधर से रोने की आवाज़ सुनाई देती है। वह किसी से बोलता नहीं, किसी को छेड़ता नहीं। उसे केवल अपने खेतों को देखकर सन्तोष होता है। इस कहानी को विश्वसनीय मानने के लिए क्या भूत-प्रेत में विश्वास करना ज़रूरी है?

अपने 'बॉस' से लोग डरते ज़रूर हैं, लेकिन इतना नहीं डरते कि उसके सामने छींक देने पर भय के मारे मर ही जायें। फिर भी चेखव की 'क्लर्क की मौत' की कहानी यही है। कौन विश्वास करेगा कि बच्चे को पालने में झुलाते-झुलाते एक आया ने तंग आकर अन्त में उसका गला घोंट दिया? लेकिन फ्लॉबेयर की एक कहानी का यह सच है। यह सच इतना 'क्रूर' है; इतना अमानुषिक है कि अतिमानवीय और अविश्वसनीय लगता है।

सच-क्रूर सच चाहे वह 'कफ़न' का हो, चाहे 'क्लर्क की मौत' का या फिर फ्लॉबेयर की कहानी का, प्रथम परिचय में हमेशा अविश्वसनीय लगेगा क्योंकि इन कहानियों से पहले किसी को उसका अहसास न था। ये कहानियाँ उस सच की खोज के कारण ही कालजयी हो सकी हैं। इस सच का अनुभव एक आघात की तरह होता है। आघात से पहचान की दृष्टि मिलती है। जिसे हम जानते हैं लेकिन पहचानते हैं पहली बार। जो अतिपरिचित है वह जैसे अपरिचित होकर सामने आता है और उससे पुनः परिचय होता है। तथाकथित रूसी रूपवादी आलोचक इसी को 'ओस्त्रोनेनिए' कहते थे। अंग्रेज़ी में उसे 'डिफेमिलियराइजेशन' कहा गया है। हिन्दी में मोटे तौर पर उसे 'अपरिचयीकरण' कह सकते हैं। परिचित को अपरिचित करना। अतिपरिचित को पुनः परिचित करना। क्योंकि अतिपरिचय में अवज्ञा का भाव होता है। उल्लेखनीय है कि इस शताब्दी के दूसरे दशक के रूसी रूपवादियों को सच कहने की यह कला सबसे ज़्यादा लेव तोल्स्तोय की कहानियों में मिली–विशेषतः 'इवान इलिच की मृत्यु' जैसी अमर कहानी में।

वैसे, तोल्स्तोय यथार्थवाद के मानदण्ड माने जाते हैं। लेकिन सच तो यह है कि तोल्स्तोय की मुख्य चिन्ता उस सच को कहने की थी जिसे देखते हुए भी लोग देखने से इनकार करते थे और जिसके बारे में बड़े तो ख़ामोश थे ही, छोटे भी ख़ामोश थे। 'इवान इलिच की मृत्यु' का महत्त्व सूक्ष्म चित्रण में उतना नहीं जितना यथार्थ में निहित

जीवन के अर्थ-जीवन के एक सच को व्यक्त करने में है। अविश्वसनीयता का ख़तरा उठाकर भी तोल्स्तोय ने कहानी के माध्यम से ऐसा 'सच' कहा।

आज हिन्दी में यह सच ही चिन्ता का विषय है, जबकि हिन्दी कहानी पर 'यथार्थवाद' का आतंक है। दुर्भाग्य से इस आतंक की सृष्टि में काफ़ी हाथ प्रगतिवादी और जनवादी आन्दोलनों का है। सारा ज़ोर यथार्थ के वर्णन और चित्रण पर है। यथार्थ की तलाश में कोई गाँव के अंचलों की ओर भागा जा रहा है तो कोई क़स्बों की ओर और शहर के कल-कारख़ानों की ओर। कुछ लोग आम आदमी को कहानी में पकड़ लाने के लिए परेशान हैं तो कुछ किसानों-मज़दूरों को और कुछ हरिजनों-आदिवासियों तथा दहेज को मारी नयी बहुओं की। विषयवस्तु के रूप में इस यथार्थ में दिलचस्पी लेने पर किसी को क्या आपत्ति हो सकती है, किन्तु दिक़्क़त यह है कि इस यथार्थ के वर्णन मात्र से कहानी नहीं बनती। उपन्यास में शायद इन सबके लिए कहीं अधिक अवकाश हो। कहानी किस किसान की नहीं होती, कहानी होती है हल्कू नाम के एक विशेष किसान की और वह भी जब उसके जीवन के एक क्रूर सच को एक आघात की तरह अहसास कराती है तब 'पूस की रात' बनती है। इस दृष्टि से कहानी एक संवेदनशील कहानीकार की नितान्त निजी अनुभूति है और निजी कला भी। और कहने की आवश्यकता नहीं कि यह निजता व्यक्तिवाद नहीं हैं। यह एक कहानीकार का अपना हस्ताक्षर है, अपनी छाप है। आज कमी है तो इस छाप की। हवा है तो वर्णन की, चित्रण की, यथार्थ की। वैसे देखिए तो कौन यथार्थवादी नहीं है। प्रेमचन्द की परम्परा में सब है, सभी सामूहिक रूप से प्रेमचन्द की विरासत को ढोने वाले। यथार्थ का आतंक इतना है कि कहानी की हर चर्चा कोरी राजनीतिक बहस होकर रह जाती है : जैसे 'हंस' में प्रकाशित 'कामरेड का कोट' पर बहस! विडम्बना यह कि यह लेखकों की राजनीतिक बहस नहीं रहती! ऐसे माहौल में यह कहना भी गुस्ताखी मालूम होती है कि कहानी भी एक कला है और एक कला रूप की तरह ज़रूरी चर्चा की अपेक्षा रखती है।

आकस्मिक नहीं कि आज हिन्दी कहानी की दुनिया में कवि रघुवीर सहाय जैसा भी कोई रचनाकार नहीं है। गरज कि कविता में रघुवीर सहाय जो काम कर रहे हैं, कहानी में उस तरह लिखने वाला कोई नहीं दिखता–न उनकी पीढ़ी का, न उनके बाद की पीढ़ी का। क्या 'रामदास' कविता जैसी कोई कहानी हिन्दी में लिखी गयी है? वैसे छोटी प्रगीतात्मक कविता की अपनी विधागत शर्तें हैं किन्तु विचित्र विडम्बना है कि कहानी के बहुत सारे काम आज की हिन्दी कविता कर रही है। जीवन की कहानियाँ इधर की कहानी में नहीं बल्कि कविता में सुलभ हो रही हैं।

बीस-पचीस वर्ष पहले अच्छे गद्य के टुकड़े केवल कहानियों में मिलते थे क्योंकि कविता की भाषा ज़रूरत से ज़्यादा काव्यात्मक हो गयी थी। आज उल्टी गंगा बह रही है। गद्य के जीवन्त टुकड़े आज केवल कविताओं में ही मिल रहे हैं। जीवन के गद्य के लिए कविता को कहानी की ओर देखने की ज़रूरत महसूस नहीं होती। निर्मल वर्मा की 'सूखा' कहानी को देखकर लगता है कि कहानी में कविता करने वाली लेखनी से भी भाषा की जादुई कलई छूटती जा रही है।

यथार्थ पर पकड़ का प्रमाण गद्य है तो मानना पड़ेगा कि आज की हिन्दी कहानी यथार्थ की माला जपते हुए भी यथार्थ से दूर है। संयोग से जिन लेखकों की कुछ कहानियों में इस नये गद्य की झलक मिलती है, वे अंशतः कवि हैं जैसे उदय प्रकाश के 'तिरिछ' कहानी संग्रह की आत्मकथाएँ शीर्षक छोटी-छोटी कहानियाँ जिनका सम्बन्ध बचपन की स्मृतियों से है या फिर विष्णु नागर की नीति कथाओं की शैली में लिखी हुई कुछ लघु कथाएँ।

शायद लोग यह भूल ही गये हैं कि कहानी यथार्थ का आभास देते हुए भी है अन्ततः 'गल्प' ही। अंग्रेज़ी में इसीलिए इसे 'फिक्शन' कहते हैं जो गुणधर्म में 'मिथक' का सगोतिया है। कहानी के माध्यम से हर लेखक किसी न किसी तरह का एक मिथक ही रचता है। इस 'मिथक' को कल्प सृष्टि भी कह सकते हैं। आकस्मिक नहीं कि हर कालजयी कहानी अन्ततः एक 'मिथक' बनकर जातीय स्मृति में जीवित रहती है।

कहने की आवश्यकता नहीं कि ऐसी कालजयी कल्प सृष्टि के लिए कल्पनाशीलता की आवश्यकता है और खेद के साथ कहना पड़ता है कि अधिकांश कहानीकारों में आज उस कल्पनाशीलता की कमी है। इसका असर कहानी की सृजनशीलता पर पड़ा है। सृजनात्मक दृष्टि से कहानी क्षतिग्रस्त हुई है।

क्या कहानीकारों को यह याद दिलाना होगा कि आज अख़बारों की नज़र में भी 'ख़बर' की परिभाषा बदल गयी है। खोजी पत्रकारिता के चलते ख़बर वह नहीं रही जो घटित हुई, बल्कि ख़बर वह जो 'सच' का पता लगाकर रची जाती है। प्रसंगवश, अख़बार वाले भी ख़बर को 'स्टोरी' ही कहते हैं। विडम्बना यह है कि अख़बारों की 'स्टोरी' जैसे-जैसे 'सर्जनात्मक' होने लगी है, साहित्य जगत की 'स्टोरी' वैसे-वैसे कल्पनाशून्य और यथार्थवादी हो चली है।

कहानी का अपनी ज़मीन के निकट रहना ज़रूरी तो है, पर ज़मीन पर रेंगते रहने से वह ज़मीन में गड़ कर ख़त्म हो जाती है। कला के रूप में विकास करने के लिए कहानी को एक हद तक ज़मीन से ऊपर उठना ही पड़ता है। जैसा कि तुलसीदास ने कहा है—

*उरबी परि कलहीन होइ, ऊपर कलाप्रधान।*
*तुलसी देखु कलाप गति, साघन घन पहचान।।*

मोर के पंख जब तक पृथ्वी पर पड़े रहते हैं, तब तक वे कलाहीन बने रहते हैं। पर जब वे ही पंख ऊपर जाते हैं तो वे कला प्रधान हो जाते हैं। इसलिए तुलसीदास उस साधन घन को पहचानने के लिए कहते हैं।

आज के कवियों को तो इस बात का बराबर अहसास है कि उनके सृजन की चुनौती वह भाषा है जिस में निराला और मुक्तिबोध जैसे कवि रचना कर चुके हैं। किन्तु कहानीकार आभास नहीं देते कि जिस भाषा में 'कफ़न', 'रोज़', 'चीफ़ की दावत', 'क्लाड ईथरली', 'हत्यारे' जैसी कहानियाँ लिखी गयी हैं, उनमें उन्हें कुछ नया रचना है। शायद इसलिए जहाँ आज मलयालम, मराठी, यहाँ तक कि गुजराती कहानी की एक निजी पहचान बन चुकी है, हिन्दी कहानी का चेहरा काफ़ी धुँधला है। हो सकता है, मेरी यह धारणा एकदम ग़लत हो, लेकिन जब तक ग़लत साबित नहीं होती तब तक तो उसके भविष्य को लेकर चिन्ता तो है ही। कहानियाँ निस्सन्देह हैं, लेकिन कहानीकार नहीं हैं–जो हैं भी वे एक या दो कहानियों के कहानीकार।

(31 जुलाई, 81 को 'हंस' मासिक पत्रिका द्वारा प्रकाशन के तीसरे वर्ष की समाप्ति पर प्रेमचन्द की स्मृति में आयोजित 'कहानी का भविष्य' विषयक गोष्ठी में दिये गये भाषण का पुनर्लिखित रूप। साभार : 6 अगस्त, 1989 नवभारत टाइम्स)

# उपन्यास की आत्मकथा

मुझे प्रसन्नता है कि यहाँ इस संगोष्ठी में 'आरम्भिक भारतीय उपन्यासों' की चर्चा की जा रही है–'उपन्यासों'–अर्थात् बहुवचन पर ज़ोर है, क्योंकि अतीत में हम इन अनावश्यक विवादों में उलझ चुके हैं कि पहला भारतीय उपन्यास कौन है; और वह लिखा गया, तो किस भाषा में लिखा गया; क्रम में कौन पहले लिखा गया, कौन बाद में, यह बहस हमें कहीं ले जाने वाली नहीं है। जैसे दुनिया में कुछेक अन्य देशों में भी हुआ (मसलन लैटिन अमेरिका में) उपन्यास-जैसे साहित्य रूप का उदय योरोप की तुलना में किंचित विलम्ब से हुआ है। इस विलम्ब के ऐतिहासिक कारणों का विश्लेषण किया जाना चाहिए, पर देर से शुरुआत को बाधा के रूप में नहीं देखना चाहिए। यह याद रखने की ज़रूरत है कि 'एकान्त के हज़ार वर्ष, (One hundred years of solitude) जैसा उपन्यास उस देश में सम्भव हुआ, जहाँ उपन्यास रूप का विकास ही देर से हुआ।

लेकिन इस स्थिति में एक बुनियादी फ़र्क़ है। लातीनी-अमरीकी देशों में कहानी कहने की केवल वाचिक परम्परा रही है पर भारत में कथा की लिखित परम्परा भी काफ़ी लम्बी रही है। मैं इस बात पर बल देना चाहूँगा कि संस्कृत से भी पुरानी परम्परा प्राकृत-पालि की रही है। बहुत पहले जायें तो नवीं शताब्दी में जैन परम्परा में 'वासुदेव' जैसा यात्रा-वृत्तान्त रचा गया। लेकिन नवीं शताब्दी और उन्नीसवीं शताब्दी में काफ़ी फ़र्क़ है और स्थितियाँ एक-दूसरे से भिन्न हैं। नैरन्तर्य में फाँक के ऐतिहासिक तर्क को समझने के लिए हमें अलग-अलग युगों के सांस्कृतिक परिदृश्य पर विचार करना पड़ेगा और इस सहस्राब्दी की अवधि में व्याख्यान सामग्री की अनुपलब्धता के कारणों की भी जाँच करनी पड़ेगी।

उपन्यास रूप को लेकर हमारी अवधारणा ही मूलतः औपनिवेशिक है। ब्रिटिश अध्येताओं ने भारतीय उपन्यास रूप को ही पश्चिम की अनुकृति मान लिया है। वे इसे मूल पश्चिमी रूप या मॉडल का पुनरारोपण ही मानते आये हैं। हमने भी इस

रूप को एक हद तक इसी अर्थ में स्वीकार किया है। कुछ विनम्रता के कारण भी। रामचन्द्र शुक्ल ने बीच का रास्ता निकाला और यह कहा कि रूप पश्चिम से लिया गया है पर अन्तर्वस्तु हमारी अपनी है। बाद के एक साहित्येतिहासकार शिशिर कुमार दास ने इस तर्क को आगे बढ़ाते हुए माना कि भारत में उपन्यास का उदय पश्चिमी मॉडल और मूल भारतीय आख्यान-परम्परा के तनाव का परिणाम है। इस धारणा की भी गहरी छानबीन करनी चाहिए कि किस अर्थ में उपन्यास एक आयातित, बाहर से लाया गया साहित्य-रूप है। अच्छा है कि हम इसकी जाँच-पड़ताल बंकिम चन्द्र चट्टोपाध्याय को लेकर शुरू करें। उन्होंने अंग्रेज़ी ढंग के उपन्यास से ही शुरुआत नहीं की। पहला उपन्यास भी अंग्रेज़ी में लिखा। लेकिन उपन्यास विधा में उनकी पहली मूल कृति 'कपाल कुण्डला' है, जिसकी संरचना 'कादम्बरी' के निकट है और उसके आन्तरिक तत्त्वों में भी ऐसा बहुत कम है जो अनुकृति हो, अनुकरणमूलक हो। आज तक देखें तो हमारे अनेक महत्त्वपूर्ण उपन्यास ऐसे हैं, जो एकरेखीय संरचना के भीतर सम्भव नहीं हुए हैं। जैसे, गोपीनाथ मोहान्ति के ओड़िया उपन्यास, तारा शंकर बंद्योपाध्याप के बंगला उपन्यास, या फणीश्वरनाथ रेणु के हिन्दी उपन्यास। मलयालम में जब आरम्भिक उपन्यासों की चर्चा होती है तो 'इन्दुलेखा' की तुलना में 'मार्तण्ड वर्मा' को कहीं महत्त्व देने की ज़रूरत है। पर वास्तविकता यह है कि दूसरी कृति यानी 'इन्दुलेखा' को ही एक औपनिवेशिक पाठ मान लिया गया है क्योंकि रूप या संगठन पश्चिमी मॉडल के नज़दीक है।

उपन्यास के औपनिवेशिक मॉडल या रूप का उदय भारत में हुआ तो मुख्यत: बल रूप पर दिया गया और अपेक्षा यह की गयी कि वस्तु यथार्थवाद की पद्धति के अनुसार अपने समय के मध्यवर्गीय जीवन को प्रत्यक्ष करेगी। पर वस्तु और रूप उपन्यास में अनिवार्यत: एक-दूसरे से अलग या असम्बद्ध नहीं होते हैं। हेडेन ह्वाइट ने इस सन्दर्भ में जो मुहावरा दिया है–'रूप की वस्तु'–वह इस दृष्टि से काम का हो सकता है। 'मेटा हिस्ट्री' नाम की उसकी पुस्तक में एक वाक्य है जो कहीं अधिक व्यंजक है। उसका कहना है, आख्यान सिर्फ़ विमर्श (या डिस्कोर्स) का ऐसा रूप नहीं होता है जिसे वस्तु के वैविध्य से (वास्तविक या काल्पनिक स्थिति जो भी हो) भर दिया जाय, क्योंकि वे पहले से ही, वाचिक या लिखित से पहले भी एक 'वस्तु' से सम्पन्न होते हैं। दूसरे शब्दों में, जिसे हम आख्यान कहते हैं, वे रूप से प्रेरित पूर्व निर्धारित वस्तु के साथ ही आते हैं। अगर आप उपन्यास को एक रेखीय वृत्तान्त मानने लगें, तो वह बहुत कुछ उन्नीसवीं शताब्दी की विधेयवादी विचारधारा या सोच के ही अधिक निकट की चीज़ होगा। आप अगर एक निश्चित रूप को स्वीकार कर लेते हैं तो रूप के अधीन वस्तु से मुक्त हो ही नहीं सकते।

इसलिए ज़रूरी है कि आज हम आरम्भिक उपन्यासों के प्रतिमानों की पुनर्व्याख्या करें और उन औपन्यासिक पाठों की पुनः समीक्षा भी करें जिन्हें अब तक उपन्यास न मानकर ख़ारिज करते आये हैं। जिन्हें हमने उपन्यास मानने से इनकार किया, हो न हो वे भिन्न प्रकार की वस्तु वाले उपन्यास रहे हों। जब हमने यथार्थवाद को उपन्यास-रूप के निर्धारित तत्त्व के रूप में स्वीकार कर लिया तो कुछ पाठ स्वतः हमारे विमर्श से बहिष्कृत मान लिए गये। मैं यहाँ हिन्दी तक ही अपना विश्लेषण सीमित करूँ (जब कि अन्यत्र भी ऐसा ही हुआ है) तो रामचन्द्र शुक्ल के हिन्दी साहित्य का इतिहास ग्रन्थ को देखना चाहिए जो हिन्दी में अपने ढंग की श्रेष्ठ कृति है और जिसे आलोचनात्मक दृष्टि से साहित्येतिहास लेखन का प्रतिमान ही मान लिया गया है। मैं यहाँ इसी श्रेष्ठ कृति की एक विडम्बना की ओर आपका ध्यान आकृष्ट करना चाहता हूँ। शुक्ल जी ने अंग्रेज़ी ढंग के पहले हिन्दी उपन्यास (नॉवेल) के रूप में श्रीनिवास दास के 'परीक्षा गुरु' की चर्चा की है क्योंकि यह समकालीन यथार्थ के चित्रण के लिए ही लिखा गया है और इसी अर्थ में महत्त्वपूर्ण माना गया है। इसकी चर्चा से पहले ही उन्होंने जगमोहन सिंह के 'श्यामा स्वप्न' (1885) की प्रशंसा की है पर उसे उपन्यास का दर्जा नहीं दिया गया है क्योंकि यह उपन्यास रूप की शर्तों के नज़दीक नहीं पड़ता है। श्यामा स्वप्न में यथार्थवाद का उपयोग नहीं है और लिखा भी गया है तो 'कादम्बरी' के शिल्प में–उस पुराने उपन्यास की तरह जिसमें स्वप्न और फन्तासी का इस्तेमाल कहीं अधिक है।

पर यदि उपन्यास का निकष 'यथार्थवाद' ही है–सिर्फ़ यथार्थवाद तो 'एकान्त के हज़ार वर्ष' (one hundred years of solitude) को किस श्रेणी में रखेंगे या बंगाल के कमल कुमार मजूमदार रचित 'अन्तर्जलियात्रा' को कहाँ रखेंगे। इनमें से कोई प्रचलित अर्थ में यथार्थवादी नहीं है। शुक्ल जी 'श्यामा स्वप्न' की प्रशंसा करते हैं और कहते भी हैं कि उन्नीसवीं शताब्दी का यह हिन्दी का पहला ही आख्यान है जो स्वप्न और भारतमाता के विज़न के एक पूर्ववर्ती कवि की याद दिलाता है। यहाँ बहुत लोग 'श्यामा स्वप्न' से परिचित न होंगे, इसलिए यहाँ और विस्तार नहीं करूँगा।

आप चाहें तो उत्तर अमरीकी उपन्यास के बारे में लेस्ली फील्डर की टिप्पणी याद करें, जो योरप की तुलना में काफ़ी बाद की चीज़ है। फील्डर की टिप्पणी है कि "देश और उपन्यास साथ-साथ पैदा हुए हैं। भारत के सन्दर्भ में भी इस कथन की स्मृति सार्थक है और इसकी जाँच भी करनी चाहिए कि एक अर्थ में देश का उदय और उपन्यास का उदय भी यहाँ किस तरह साथ-साथ सम्भव हुआ है। भारतीय आज़ादी की पहली लड़ाई का समय महत्त्वपूर्ण है, क्योंकि इसी समय के आसपास

उपन्यास का जन्म हुआ है और यह महज़ संयोग नहीं है। आज भी बहुत से पढ़े-लिखे अंग्रेज़ी शिक्षित बुद्धिजीवी 1857 की घटना को ठीक यही नाम नहीं देते हैं। उन्हें 'विद्रोह' या 'गदर' कहना ज़्यादा ठीक जान पड़ता है। 'भारतीय आज़ादी का पहला युद्ध' कहने की अपेक्षा। हालाँकि सावरकर ने यही नाम दिया है, पर वास्तविकता यह है कि इसका पहला प्रयोग इस रूप में मार्क्स ने किया। भारत में मार्क्सवादी भले ही अर्थशास्त्र और राजनीति-सिद्धान्त के क्षेत्र में मौलिक विचारों के लिए न जाने जाते हों, इस अर्थ में वे अचानक मौलिक जान पड़े। उन्होंने कहा कि शाही राज्यों के प्रति गहरे असन्तोष का परिणाम था–1857। जब इस देश के बुद्धिजीवी 1857 के राजनीतिक महत्त्व को न समझ पा रहे हों और इसे 'भारतीय आज़ादी का पहला युद्ध' मानने से इनकार कर रहे हों, तो हम कैसे उम्मीद करें कि वे उपन्यास के उदय के राजनीतिक कारणों या जड़ों तक जाकर इस बात को ठीक समझ सकेंगे। एक देश के रूप में भारत की पहचान ही 1857 की घटना के साथ हुई हालाँकि भारत तब स्वाधीन राज्य नहीं बना तो भी याद रखें कि उपन्यास हमारे यहाँ ठीक इसी घटना के साथ-साथ आया।

किसी निष्कर्ष पर जाने से पहले मैं कुछ और बातों की ओर ध्यान आकृष्ट करूँगा। कुछ समय पहले मैंने एक लेख लिखा था–'भारतीय उपन्यास और अंग्रेज़ी ढंग का नॉवेल' जो 'साखी' नाम की एक लघुपत्रिका में प्रकाशित हुआ। आगे यह भी लोगों को लगा कि शायद मैं 'उपन्यास और उपनिवेश' नाम से कोई किताब ही लिखने जा रहा हूँ। मुझे लगा कि उपन्यास, उपनिवेश और उत्तर-औपनिवेशिकता की इतनी चर्चा हो रही है कि शायद मेरा अपना उद्देश्य ही न पूरा हो। जैसे 'दूसरी परम्परा की खोज, लिखते हुए मैंने गुरुदेव हजारी प्रसाद द्विवेदी पर किसी बहाने पुस्तक लिखने के लिए विचार-सूत्र मुख्यत: उन्हीं से लिया था। सम्भव है मैं 'उपन्यास की आत्मकथा' लिखना चाहूँ तो उसके बीज उन्हीं की कृति बाणभट्ट की आत्मकथा' से प्राप्त हों। हिन्दी कवि जयशंकर प्रसाद की ही पंक्ति है–"बन जाता सिद्धान्त प्रथम, फिर पुष्टि हुआ करती है।" उदाहरण सामने ही है। 'नेशन एंड नैरेशन' नाम की किताब छपने के बाद से और वेनेडिक्ट एंडर्सन की किताब 'द इमेजिंड कम्यूनिटी' छपने के बाद ही लगभग तीसरी दुनिया के देशों में उपन्यास का सम्बन्ध राष्ट्र से जोड़कर देखा जाने लगा। यह 'राइज़ ऑफ़ नेशन' (राष्ट्र का उदय) और राइज ऑफ़ द नॉवेल (उपन्यास का उदय) को एक करके देखने की ही प्रक्रिया थी। फ्रेडरिक जेम्स और एजाज अहमद के बीच इस सवाल पर बहस हुई है और बहस पर भी बहस हुई है। विचार करें तो लगेगा कि जिसे उन्नीसवीं शताब्दी के उत्तरार्द्ध में राष्ट्रवाद समझा जा रहा था, वह क़ायदे से देशभक्ति ही था। आप भारतीय उपन्यास

का सम्बन्ध राष्ट्र से बैठायेंगे तो पोस्ट कॉलोनियल थियरी वाले कहेंगे कि राष्ट्र तो 'इमेजिंड कम्यूनिटी' है, सन्दिग्ध है, तो आपका तर्क ही नहीं चलेगा। यहीं ध्यान जाता है कि बेहतर शब्द है–'आत्मकथा'। उपन्यास की आत्मकथा की खोज की जाय तो एक नयी शुरूआत होगी।

आधुनिक काल में हिन्दी में भारतेन्दु हरिश्चन्द्र से बड़ा दूसरा व्यक्तित्व नहीं हुआ। लोग कहते रहे हैं कि उन्होंने निबन्ध लिखा, नाटक लिखे, उपन्यास नहीं लिखा। पूछना चाहिए कि आख़िर क्यों नहीं लिखा और लिखा तो अधूरा क्यों लिखा। जो लिखना चाहा था, उसे नाम दिया–'एक कहानी कुछ आप बीती कुछ जग बीती'। उपन्यास पूरा नहीं हुआ। पर इस तरह तो बाणभट्ट के भी दोनों उपन्यास अधूरे ही थे। पर उन्हें कथाकार या आख्यायिका लेखक कहने पर तो कोई एतराज़ नहीं है। भारतेन्दु ने जो लिखा उसका सम्बन्ध राष्ट्रवाद जैसी चीज़ से था ही नहीं। बहसें हुई हैं और बंगला उपन्यासकार बंकिम को लेकर भी हुई हैं कि कितनी देशभक्ति थी और कितनी राजभक्ति। ध्यान गया तो गुरुदेव हजारी प्रसाद द्विवेदी का और वह भी इस बात पर कि लोग 'जग बीती' को ही उपन्यास मानते हैं। उपन्यास की चर्चा भी होती है तो सामाजिक यथार्थवाद क्रान्तिकारी यथार्थवाद को लेकर ही यानी उपन्यास जग बीती तो हो सकता है, आप बीती नहीं हो सकता। 'बाणभट्ट की आत्मकथा' पढ़ते हुए याद आया कि 1952 में जब द्विवेदी जी ने बिहार राष्ट्रभाषा परिषद् में 'हिन्दी साहित्य का आदिकाल' नाम से पहला व्याख्यान दिया, तो दूसरा ही व्याख्यान वासुदेव शरण अग्रवाल का था–'हर्षचरित एक सांस्कृतिक अध्ययन'। उसमें उन्होंने चर्चा तो की बाणभट्ट की, पर प्रसंगवश यह भी कहा कि बाणभट्ट-जैसा तो एक ही व्यक्ति हिन्दी में हो सकता था–भारतेन्दु हरिश्चन्द्र। कहा कि "...भारतीय साहित्यिकों के इतिहास में किसी के स्वभाव के साथ बाण की पटरी बैठती है तो भारतेन्दु के साथ।" समान वैदग्ध्य और छैलापन। कालिदास की कृतियों से कालिदास के बारे में कुछ भी जानना कठिन है। बाणभट्ट पहला गद्य लेखक है जो अपने बारे में, वंश के बारे में, चरित्र के बारे में, खुलकर लिखता है। 'बाणभट्ट की आत्मकथा' लिखते हुए द्विवेदी जी ने बाण से ही शब्द लिया है 'बण्ड'। हमारे यहाँ 'बण्ड' उस बैल को कहते हैं जिसकी पूँछ कटी हो। कहते हैं 'बाण बाण गये नौ हाथ पगहा लेते गये। भोजपुरी का मुहावरा है। 'हर्षचरित सार' में हम लोगों ने पढ़ा है–कहा गया है। 'नाना गुरुकुलानि सेवमान: इत्वरोवभ्-इत्वर' कहते हैं, 'आवारा' को। बाणभट्ट ने अपने बारे में लिखा है–"पिता मर गये, माँ मर गयी। एक पाठशाला से निकाले गये। दूसरे से निकाले गये।" और परिचय देते हैं तो अपनी हँसी उड़ाते हैं। कहते हैं कि जैसे

किसी पर ग्रहों की बाधा सवार हो, स्वच्छन्द मन और नवयौवन के कारण स्वतन्त्र होकर घर से निकल चुका हो, देश-देशान्तर घूमता फिरे। ऐसा ही था मैं। और इस तरह बताते हैं कि सबने मेरी हँसी उड़ाई। विस्तार में न जायँ तो हर्ष से प्रथम मिलन में बाणभट्ट अपने बारे में ऐसा ही खुलकर बताते हैं। इतिहासकार सुधीरचन्द्र ने भारतेन्दु के एडवर्ड महिमा गान को लेकर उनकी राजभक्ति पर विस्तार से लिखा है पर हमारे लिए भारतेन्दु का स्वाभिमान अलग है। 'हरिश्चन्द्र नगद दमाद अभिमानी के' यह भी भारतेन्दु हैं।

भारतेन्दु का अधूरा उपन्यास है 'कुछ आप बीती कुछ जग बीती'। उपन्यास की और परिभाषा भी क्या होगी। उसकी उठान से ही नये और अलग तरह के गद्य का पता लगता है। उपन्यास पूरा हुआ होता तो हमें शायद यह शर्म न महसूस होती कि 19वीं शताब्दी में अन्य भारतीय भाषाओं में आत्मकथाएँ लिखी गयी हैं। बंगला इस मामले में समृद्ध है, मराठी समृद्ध है। और तो और स्त्रियों ने आत्मकथाएँ लिखी हैं। बस हमारे यहाँ हिन्दी में आत्मकथा नहीं लिखी गयी है। उर्दू में 'उमरावजान' को आत्मकथा की तरह ही पढ़ते हैं, जबकि वह आत्मकथा नहीं है, उपन्यास है। भारतेन्दु का अधूरा उपन्यास पूरा हुआ होता, तो उसकी अलग पहचान होती। भारतेन्दु ने शुरू किया है इस शेर के साथ–"ज़मीनेचमन गुल खिलाती है क्या, क्या बदलता है रंग आसमाँ कैसे कैसे।" शुरुआत ही है इस तरह–"हम कौन हैं और किस कुल में उत्पन्न हैं, आप लोग पीछे जानेंगे। आप लोगों को क्या। किसी का रोना हो, पढ़े चलिए। जी बहलाने से काम। अभी मैं इतना ही कहता हूँ कि मेरा जन्म जिस तिथि को हुआ, वह जैन और वैदिक दोनों में बड़ा पवित्र दिन है। 1930 संवत में जब मैं कुल 23 वर्ष का था...एक दिन खिड़की पर बैठा था, वसन्त ऋतु, हवा ठण्डी चलती थी। साँस फूली हुई अजब समाँ बँधा हुआ। कसेरू, गँड़ेरी और फूल बेचने वाले सड़क पर पुकार रहे थे। मैं भी जवानी की उमंगों में चूर, ऊँच-नीच से बेख़बर, अपनी रसिकाई के नशे में मस्त, दुनिया के मुफ्तख़ोर सिफ़ारशियों से घिरा हुआ अपनी तारीफ़ सुन रहा था। पर इस छोटी अवस्था में भी प्रेम को भली-भाँति पहचानता था...।" ऐसे चलता है उपन्यास : कुछ आप बीती कुछ जग बीती। एक नया गद्य है, ढूँढ़े न मिलेगा। चर्चा होती है हिन्दुस्तानी की। यह वह गद्य है जो ठेठ हिन्दी का ठाठ कहा जाता है। बोलता हुआ गद्य। चित्रात्मकता भी है। आप बीती भी और जग बीती भी यानी पूरी दुनिया भी। भारतेन्दु ने इसे आत्मकथा नहीं कहा है। भूलना नहीं चाहिए कि गांधी ने भी अपनी पुस्तक को आत्मकथा नहीं कहा है, 'सत्य के प्रयोग' कहा है। आत्मकथा कहा तो जवाहर लाल नेहरू ने।

अब आयें इस प्रसंग पर कि 'बाणभट्ट की आत्मकथा' के उपसंहार में दीदी पत्र लिखती हैं हजारी प्रसाद द्विवेदी के नाम। प्रिय व्योमकेश के नाम लिखे पत्र में दीदी कहती हैं कि किताब का नाम रखा है–बाणभट्ट की आत्मकथा। लिखा भी है–आत्मकथा लिखते। पाण्डुलिपि में पत्र का पहला ही वाक्य है कि आत्मकथा के बारे में तूने एक गलती की है। तूने उसे अपने कथामुख में इस प्रकर प्रदर्शित किया है मानो वह 'ऑटोबायोग्राफी' हो। ले भला, तूने संस्कृत पढ़ी है, ऐसी ही मेरी धारणा थी। यह क्या अनर्थ कर दिया तूने। बाणभट्ट की आत्मकथा सोणनद के प्रत्येक बालू के कण में विद्यमान है। कैसा निर्बोध है तू। उस आत्मा की आवाज़ तुझे नहीं सुनाई देती। भोले बाणभट्ट केवल भारतवर्ष में नहीं होते इस नर लोक से किन्नर लोक तक एक ही रागात्मक हृदय व्याप्त है। तूने अपनी दीदी को कभी समझने की चेष्टा भी की।

यहाँ 'आत्मकथा' में 'आत्म' के दो अर्थ हैं–जिसकी ओर उक्ति भी इशारा कर रही है। अपनी कथा और आत्मा की कथा। आत्मा का प्रयोग 'एसेंस' के अर्थ में किया जा रहा है। भ्रामक है। निर्मल जी अपने लेखों में 'आत्मन्' का प्रयोग करेंगे, हलन्त 'न्' लगा देंगे तो शब्द संस्कृत का नहीं हो जायेगा। सही है कि 'आप' शब्द 'आत्म' से ही बना है। 'आत्म' शब्द 'अप्प' से बना है। बुद्ध ने जब कहा था, 'अप्प दीपो भव'–अपने दीपक बनो–यहाँ 'अप्प' का प्रयोग 'आत्म' के अर्थ में ही है। अनात्मवादी बुद्ध ने कहा कि अपने दीपक स्वयं बनो। यह नहीं कि अपनी आत्मा को दीपक बनाओ। बहरहाल भारतेन्दु ने अपने उपन्यास के लिए नाम दिया : कुछ आप बीती कुछ जग बीती। यही शायद 'उपन्यास' का आरम्भ बिन्दु बनने वाला था। उपन्यास की आत्मकथा में 'राष्ट्र' से अधिक महत्त्वपूर्ण है 'व्यक्ति'। उपनिवेशवादी राज्य ने 'व्यक्ति' को प्रतिष्ठा दी। न्यायालय में आप व्यक्ति के रूप में न्याय माँगने जाते हैं, जाति और धर्म के नाम पर नहीं। यही आधुनिकता की शुरुआत थी। राष्ट्र का आख्यान हो न हो, व्यक्ति का आख्यान महत्त्वपूर्ण है–उपन्यास में। आप बीती। द्विवेदी जी ने 'बाणभट्ट की आत्मकथा' में जहाँ व्यक्ति को महत्त्व दिया वहीं यूनिवर्सलिज़्म भी आधुनिकता के साथ ही आया। 'बाणभट्ट की आत्मकथा' आप बीती जग बीती के द्वैत को तोड़ देता है। 'बाणभट्ट की आत्मकथा' में व्योमकेश शास्त्री निमित्त हैं। कृति तो मिस कैथराइन की है जो ऑस्ट्रिया की रहने वाली थीं। अड़सठ वर्ष की महिला यहाँ आयीं तो बाण को खोज रही थीं जो सोणनद की तमाम खोज के बाद नहीं मिला। जिस तरह वह हिन्दी रूपान्तर करते-करते तन्मय थीं, वह तन्मयता इसलिए कि अपनी कथा लिख रही थीं। यों उपन्यास की मुख्य नायिका तो भट्टिनी हैं–वह भी विदेशी ही हैं। कहीं भट्टिनी ही मिस कैथराइन हों, भट्टिनी की

वेदना उन्हीं की वेदना हो। तो बाणभट्ट की आत्मकथा में वे और कहें उपन्यास की आत्मकथा में व्यक्ति और देश दोनों महत्त्वपूर्ण हैं। आप बीती से जग बीती तक।

मुख्य बात तो यह कि भारत में कथा आख्यायिका का उदय बहुत पहले हो चुका था। बाणभट्ट ने दो किताबें लिखीं-हर्ष चरित और कादम्बरी कथा। दण्डी ने 'दशकुमार चरित्र' लिखा और आगे 'अवन्तिसुन्दरी कथा' लिखी। जिन्होंने चरित लिखा, उन्होंने ही कथा लिखी। संस्कृत में भामह, दण्डी दोनों ने विचार करते हुए लिखा कि आख्यायिका होती है दूसरी कथा होती है। आख्यायिका स्वतः कथित होती है। 'मैं' शैली में कही जाती है। यह भामह ने स्वयं कहा। दण्डी ने थोड़ी आपत्ति की है और कहा है–मैं शैली महत्त्वपूर्ण नहीं है, महत्त्वपूर्ण यह है कि वह अपने बारे में कुछ कहता है या नहीं। आख्यायिका तब होगी जब उसका नायक जो भी हो, वह व्यक्ति हो। यही आख्यायिका चरित है जो कल्पित होता रहा है। अमरकोश में कहा गया है–यथार्थ वह होता है–सामने दिखाई देने वाली चीज़ों का वर्णन अर्थात आख्यायिका। और जो कल्पना सम्भव हो (आजकल जिसे फैंटेसी या मिथ कहते हैं–मार्क्वेज जिसके लिए प्रसिद्ध हुए) वह होगी कथा, कादम्बरी, जिसमें केवल आप नहीं होंगे यानी व्यक्ति केन्द्रित कथा और कल्प सृष्टि में गढ़ी हुई कथा–दोनों का उदय साथ-साथ हुआ है और उनका शास्त्र भी एक ही साथ बना है। जो यथार्थवाद के मारे हुए हैं। एक राष्ट्र की कथा दिखाई देती है दूसरी व्यक्ति केन्द्रित। वे प्रेमचन्द जैनेन्द्र को अलग कर देते हैं। हमारे यहाँ ' आप बीती और जग बीती ' भारतेन्दु के उस पहले उपन्यास के लिए नाम भर नहीं है–हमारी परम्परा है। 'शेखर' आपाततः बीसवीं शताब्दी का पहला महत्त्वपूर्ण उपन्यास है जो व्यक्ति को प्रतिष्ठित करता है, उसकी जीवनी है। लेकिन बीज रूप में वहाँ भी समाज मौजूद है–वह कलेक्टिव अनकांशस या सामूहिक अवचेतन है, जो पहले इस रूप में भारतीय कथा परम्परा में नहीं रखा होगा। उपन्यास की आत्मकथा पर विचार करते हुए मैं कहूँगा कि यह अर्द्ध सत्य है (जो मैं भी कहता आया हूँ) कि उपन्यास किसान जीवन का महाकाव्य है। जवाहर लाल ने दूसरे स्रोतों का लाभ उठाकर, क्योंकि जेल में थे 'भारत की खोज' जैसी किताब लिखी है। उपनिषदों पर लिखते हुए उन्होंने कहा है कि भारत को व्यक्तिवाद के लाभ और हानि दोनों का सामना करना पड़ा है। हिन्दू लोग बड़े व्यक्तिवादी माने जाते हैं पर यज्ञ करेंगे तो सामूहिक, शादी ब्याह पत्नी और खानदान के साथ। पर आख़िर ईश्वर के सामने जायेंगे तो अकेले। वस्त्र उतारकर जाना पड़ेगा–पत्नी भी नहीं जा सकती। 'स्ट्रेट इज़ द गेट' में 'क्रिश्चियनिटी' है–वहाँ भी कहा गया कि द्वार

सँकरा है, अकेले ही जाना पड़ेगा। जुड़वाँ हों तो भी अकेले ही मरना होगा। व्यक्ति के महत्त्व को इस तरह देखा गया है। संन्यास का प्रावधान ही है कि तुम कर्म बन्धन से मुक्त होना चाहोगे तो तुम्हारी जाति नहीं होगी। ब्राह्मण हो या हरिजन संन्यास ले ले तो जाति नहीं रहेगी।

इसलिए व्यक्ति उपन्यास के केन्द्र में आया तो एक टूटी हुई परम्परा जैसे जुड़ी। मैं उपन्यास के बारे में सोचता हूँ तो बाणभट्ट और दण्डी, हरिश्चन्द्र और हजारी प्रसाद द्विवेदी साथ याद आते हैं। बीच में जो कड़ी टूट गयी थी वह जैसे हिन्दी में पद्य में लिखी बनारसी दास जैन की रचना 'अर्द्ध कथानक' से जुड़ी जो तुलसीदास के समकालीन रहे होंगे। अकबर और अबुलफज़ल के समकालीन। व्यापार छोड़कर आशिक़ी की। चौपाई-दोहे में अपनी रचना लिखी। वह जैसे हिन्दी की पहली आत्मकथा है। अद्भुत यथार्थवादी आत्मकथा। जाति जो भी रही हो, प्रेम करने वाली एक स्त्री केन्द्र में रही है। उपन्यास की आत्मकथा में स्त्री भी महत्त्वपूर्ण है, उतनी ही जितनी हम किसान या मध्यवर्ग आदि से जोड़कर उपन्यास का इतिहास बताया करते हैं।

अब फिर अपने उसी विचार-सूत्र पर आयें–'उपन्यास' और 'देश' के एक साथ जन्म की कथा पर। उत्तरी अमरीका में यह ठीक ऐसे ही न भी हुआ हो, तो लातीनी अमरीका, अफ्रीका और एशिया के देशों में ऐसे ही हुआ कि देश और उपन्यास साथ-साथ बने या पैदा हुए। दिसम्बर आन्दोलन के बाद ही हुआ कि पुश्किन ने वेल्किन की कथाएँ लिखीं और फिर 'कैपेंस डॉटर'। फिर आये गोगोल का 'ओवर कोट' और लर्मेंत्रेव का 'हीरो ऑफ़ अवर टाइम' जैसे उपन्यास। इसके बाद ही आये तोल्स्तोय और तुर्गनेव। इस तरह देखें तो उपन्यास और देश का जन्म साथ-साथ हुआ। यहाँ फिर सवाल उठता है कि वे कौन-से उपन्यास हैं, जो हमें इस 'देश' के जन्म का बोध कराते हैं। मुझे लगता है कि अधिकतर वे हैं जिनके केन्द्र में स्त्रियाँ हैं। कभी-कभी पतिता या एक गिरी हुई स्त्री (जैसा 'उमरावजान' में है), कभी वह ग़ुलाम है–सिर्फ़ पर्दे में बन्द नहीं, जाति व्यवस्था के क्रूर ढाँचे में बन्द या प्यार के लिए तड़प या बेचैनी लिए हुए। दबी-कुचली यह स्त्री अक्सर एक नायिका का-सा रूप ले लेती है, जिसे फ्रेडरिक जेम्सन के मुहावरे में एक राष्ट्रीय रूपक की संज्ञा दी जा सकती है। जब 'देश' और उपन्यास का जन्म साथ-साथ हुआ, तभी भारत में स्त्री की मुक्ति का सवाल प्रमुखता पा सका। ये उपन्यास उन औपन्यासिक पाठों से अलग हैं जिन्हें हम 'परीक्षा गुरु' जैसे उदाहरणों के रूप में जानते हैं। यहाँ यथार्थवाद उस तरह का नहीं है। यथार्थ और अयथार्थ एक दूसरे से अभिन्न हैं यथार्थ और

इच्छित या कल्पित की यह ऐसी अन्तर्मुक्ति है, जो कभी-कभी सपनों की शक्ल में आती है और वह भी प्रेम कहानियों में। ये कल्पना की सृष्टि हैं, किसी दूसरे मॉडल की अनुकृति नहीं हैं। हमारा दृष्टिकोण यान्त्रिक रहा है इसलिए ऐसे उपन्यासों की उपेक्षा हुई है। न तो हमने वस्तु के रूप पर विचार किया, न रूप की वस्तु पर।

इसलिए ऐसे उपेक्षित या विस्मृत उपन्यासों की पहचान ज़रूरी है और उनकी एक दूसरी ही परम्परा की खोज हमारे लिए बौद्धिक मुक्ति का रास्ता हो सकता है। अब 2000 या आगे के वर्ष में, जिसे हम में से बहुत से लोग नयी सहस्राब्दी की शुरुआत मान रहे हैं अपनी-अपनी शब्दावली में अपनी भाषा में उपन्यास के इतिहास के बारे में नये सिरे से सोचना शुरू करना चाहिए। भारत के आरम्भिक उपन्यासों की चर्चा करते हुए जो प्रश्न हमारे सामने हैं वे अनुक्रम तय करने या रूप और शिल्प का विवेचन करने तक सीमित न होंगे। यहाँ मुख्य सवाल ऐतिहासिक चेतना का है। यह काम अनुक्रमणिका बनाने, क्रम निर्धारित करने या तथ्य संकलित करने वाले शोधकर्ताओं के वश का नहीं है। साहित्य के जो सच्चे आलोचक हैं जिनके पास इतिहास और सांस्कृतिक उत्पादन के रिश्तों को लेकर एक गहरी तथा अवधारणात्मक समझ है, वे ही यह भूमिका निभा सकेंगे।

(यह वक्तव्य मार्च 2000 में साहित्य अकादेमी द्वारा तिरुअनन्तपुरम में आयोजित संगोष्ठी 'आरम्भिक भारतीय उपन्यास' में लेखक द्वारा प्रस्तुत बीज भाषण और 2001 में दिल्ली साहित्य अकादेमी सभागार में प्रस्तुत दूसरे प्रो. जयदेव स्मृति व्याख्यान 'उपन्यास की आत्मकथा' का मिला-जुला संक्षिप्त सम्पादित रूप है।)

# आचार्य हजारी प्रसाद द्विवेदी के उपन्यास

आदरणीय राधावल्लभ जी और उपस्थित सभी साहित्यिक मित्रो!

राधावल्लभ जी के व्याख्यान के बाद सहसा मुझे तुलसीदास की एक पंक्ति याद आती है:

*कहब मोर मुनि नाथ निबाहा एहि तें अधिक कहौं मैं काहा*

राधावल्लभ जी ने आज कहा स्वयं एक पुस्तक इन्होंने सम्पादित की है जो अन्तरराष्ट्रीय हिन्दी विश्वविद्यालय के लिए तैयार की गयी थी। आचार्य हज़ारी प्रसाद द्विवेदी के सम्पूर्ण साहित्य पर, उपन्यासों पर, उनके ललित निबन्धों पर और आलोचनात्मक निबन्धों पर चयन भी दिया है और उसकी एक लम्बी भूमिका भी लिखी है। वो बहुत-सी बातें उसमें आ गयी हैं। इसलिए मैंने कहा कि आचार्य द्विवेदी पर अभी तक मेरी जानकारी में उतना अच्छा प्रामाणिक रूप से और गहराई के पैठ के साथ दूसरा ग्रन्थ मैंने नहीं देखा है। और उस ग्रन्थ को देखने के बाद पण्डित जी पर कोई और किताब लिखने की जो इच्छा थी भी, वह भी तृप्त हो गयी है। इसलिए कि उस पुस्तक की आज एक झलक दी है इन्होंने। वह जो चयन दिया है इन्होंने यदि उस पुस्तक के चयन के कुछ अंश आज पढ़े गये होते तो ज़्यादा अच्छा होता, ख़ासकर उस उपन्यास का जो दूसरा उच्छ्वास है तो द्विवेदी जी की भाषा के नमूने देख़ने को मिलते। क्योंकि संवादों से भाषा का पता चलता है, वर्णनों से पता नहीं चलता है। इसलिए उनकी भाषा का वह रूप जिसका चयन स्वयं इन्होंने किया है। उसका दूसरा उच्छ्वास पढ़ा जाना चाहिए था। तीन खण्ड इन्होंने दिया है और उनमें से मैं समझता हूँ कि अच्छा नमूना उपन्यास का वही हो सकता था। जब वे बोल रहे थे तो आपका ध्यान गया होगा कि आपने तो पुनर्पाठ कहा है लेकिन इन्होंने पुनःपाठ कहा था। हिन्दी में प के पहले र लगाना लोग समझते हैं कि र सन्धि जहाँ होगी वहाँ हर जगह र ही लगाना है। इसलिए आपसे निवेदन है कि आगे से जब

छपाएँ तो पुनःपाठ ही लिखें, पुनर्पाठ न लिखें एक सबक आप ले लीजिए। इन्होंने कहा नहीं, पर मैं समझता हूँ। मुझे कह देना चाहिए हिन्दी के अध्यापक के नाते। वे तो संस्कृत के पण्डित हैं काहे को कहेंगे। इसलिए कृपा करके पुनःपाठ लिखिए, पुनर्पाठ न छपाइए, आँखों को बहुत कष्ट होता है देख करके। द्विवेदी जी बाणभट्ट की आत्मकथा लिखने के साथ उनकी अपनी भी आत्मकथा लिख रहे थे। वह यहाँ से वहाँ तक फैली हुई है। इसी के आधार पर केवल आप द्विवेदी जी की भी जीवनी लिख सकते हैं। अपने गाँव ले जाते हैं बाणभट्ट को, दोपहर में ले जाते हैं। अपने गाँव और आसपास के बहुत से लोगों का नाम दिया है, इसलिए यह द्विवेदी जी की भी आत्मकथा है। बाणभट्ट की आत्मकथा के बहने जितनी उनकी है उतनी द्विवेदी जी की भी है। उन्होंने एक शब्द दिया है–बाण का नाम बण्ड था, ऐसा वे कहते हैं। एक नयी व्युत्पत्ति चलाई है उन्होंने। स्वयं द्विवेदी जी पढ़ने के बाद जब नौकरी नहीं मिली तो आरा ज़िले के आसपास दुर्गावती के किनारे वर्षों तक कथा बाँचते रहे। कथा बाँचकर उन्होंने जीविका चलाई थी। गाँव के लोग समझते थे कि यह तो बण्ड है, आवारा है। इसलिए बाणभट्ट की आत्मकथा और उनको बाण में भी वह आवारापन मिला। इसलिए बाणभट्ट की आत्मकथा के बहाने यह हजारी प्रसाद द्विवेदी की भी आत्मकथा है। यहाँ से वहाँ तक तैरती हुई दिखाई पड़ती है। इन चीज़ों को ध्यान रखने के बाद एक बात और ध्यान रखनी चाहिए। मैंने कहीं आलोचना में नहीं देखा है–यह पुस्तक विशाल भारत में धारावाहिक के रूप में छप रही थी और दो साल तक छपती रही।

यह दूसरे महायुद्ध की पृष्ठभूमि में लिखी गयी पुस्तक है–1945 की। जब कलकत्ता पर बम गिरने की बात चल रही थी और प्रत्यन्त दस्यु चले आ रहें हैं, बार-बार उसमें आता है। वे कौन से प्रत्यन्त दस्यु हैं? जापानी हमला हुआ था हमारे ऊपर इसलिए उस द्वितीय महायुद्ध की छाप है। ऐतिहासिक उपन्यास होते हुए भी अपने दौर की मेरा ख़याल है कि सातवें या आठवें अंक में एक समीक्षा लिखी थी प्रभाकर माचवे ने, जब वे साहित्य अकादेमी में नहीं आये थे। दूसरी समीक्षा देवराज उपाध्याय ने लिखी है, जो उनको निकट से जानते थे। आरा के रहने वाले थे। तीसरी समीक्षा उनकी लिखी नलिन विलोचन शर्मा ने और चौथी समीक्षा उनकी लिखी है भगवत–शरण उपाध्याय ने, जो स्वयं इतिहासविद् थे और उन चारों समीक्षाओं को यदि एक बार आप देखें तो पता चलेगा कि इस उपन्यास का उस दौर में भी कैसा स्वागत हुआ था और उनके गुण-दोष भी बताये थे लोगों ने। मैं उन समीक्षाओं में

से कुछ का ज़िक्र कर देना ज़रूरी समझता हूँ, क्योंकि बहुत से लोगों को द्वैमासिक प्रतीक के अंक मिलते नहीं हैं। छपे भी नहीं हैं। इसलिए कुछ का उल्लेख मैं कर देता हूँ। प्रभाकर माचवे ने पहली बात जो महत्त्वपूर्ण कही कि—हिन्दी में, मराठी में, चूँकि मराठी, बांग्ला, गुजराती में भी ऐतिहासिक उपन्यास लिखे गये हैं। बल्कि उपन्यास की शुरुआत ही ऐतिहासिक उपन्यासों से हुई। अनेक भाषाओं में जो ऐतिहासिक उपन्यास लिखे गये हैं, वे इतिहास की वस्तु हो गये। उनका ऐतिहासिक महत्त्व है। यह अकेला उपन्यास है जो ऐतिहासिक उपन्यास होते हुए भी उपन्यास है। ये प्रभाकर माचवे ने कहा कि जितने हैं, उनमें यह असाधारण और सबसे उत्कृष्ट ऐतिहासिक उपन्यासों में है। बड़े-बड़े लोगों ने बांग्ला में, मराठी में, गुजराती में ऐतिहासिक उपन्यास ही लिखे जब कि गुजराती में सबसे शुरू में ऐतिहासिक उपन्यास ही लिखे थे। लेकिन वे इतिहास की वस्तु होकर रह गये। यह अकेला उपन्यास है जो कालजयी निकला। इतिहास की वस्तु होकर नहीं रह गया। यह बात प्रभाकर माचवे ने उस समय लिखी थी। उन्होंने एक और महत्त्वपूर्ण बात सबसे पहली बार कही कि इस उपन्यास की सबसे बड़ी उपलब्धि निपुणिका है। भट्टिनी नहीं है। निपुणिका का जो उपयोग उन्होंने किया, जब उसका तद्भव बनाया गया तो निउनिया बना और निउनिया को हमारे यहाँ भोजपुरिआ में नउनिया कहते हैं। यह पहला उपन्यास है, जबकि न नारी विमर्श चला था, न दलित विमर्श शुरू हुआ था। नाइन जो होती है, वह तो दलित है इसलिए उस दौर में जबकि न दलित विमर्श और स्त्री विमर्श तो आज की वस्तु है। इसलिए जो लोग इन विमर्शों पर काम करने वाले हैं, वे याद रखें कि अपने पुरुखों में कुछ लोग हुए हैं हिन्दी के, जिनको इसकी चिन्ता थी। अत: बाणभट्ट की आत्मकथा की सर्वोत्तम पात्र भट्टिनी नहीं है नारी के रूप में निउनिया है। जिसे बलिया में नउनिया ही कहते हैं। उसको उन्होंने निपुणिका बनाया। निपुणिका का प्राकृत रूप दिया। निउनिया और यह निउनिया-नउनिया है। इस उपन्यास में निउनिया सबसे तेजस्वी पात्र है, बल्कि पण्डित जी ने जो अंश दिया है, द्वितीय खण्ड में उसी में निउनिया उभरकर आती है। वह पान की दुकान पर बैठी रहती है और पान बेचती है। पान के साथ-साथ कुछ और (मुस्कान) बेचती है। तो बाणभट्ट की आत्मकथा में हजारी प्रसाद द्विवेदी की सर्वोत्तम सृष्टि निउनिया है बाण का चरित्र नहीं है। किसी ने उसकी व्याख्या करते हुए कहा है कि इसमें द्विवेदी जी परकाया प्रवेश करते हैं। स्वयं बाण की तरह से लिखने की कोशिश करते हैं। क्योंकि आत्मकथा है तो स्वयं बाण लिख रहे हैं हजारी प्रसाद तो लिख नहीं रहे हैं। हजारी प्रसाद द्विवेदी अपनी आत्मकथा

लिखते तो उसमें भोजपुरिया की छौंक ज़्यादा होती। तो उसमें भोजपुरिया की छौंक तो हजारी प्रसाद द्विवेदी जी की है लेकिन बाण जैसा गद्य लिखना। फिर दोहराया नहीं ऐसा गद्य। न पुनर्नवा में मिलेगा, न चारुचन्द्रलेख में मिलेगा, न अनामदास का पोथा में मिलेगा। इसलिए हिन्दी गद्य का एक प्रतिमान जो संस्कृत परम्परा से लेते हुए भी वह हिन्दी गद्य हो गयी। उस हिन्दी गद्य की गरिमा है। उस दौर में संस्कृत से प्रभावित अन्य लोग भी गद्य लिखते थे। ख़ासकर आलोचनाएँ संस्कृत के प्रभाव से लिखी होती थीं, जो कि अपठनीय हो गयी। आज भी बहुत से लोग भारतीय समीक्षा या संस्कृत काव्य शास्त्र के आचार्यों का परिचय देते हैं, तो जिस भाषा में लिखते हैं वे न हिन्दी है, न संस्कृत है। तो बाणभट्ट की आत्मकथा की भाषा के जो रजिस्टर हैं, बाणभट्ट में गद्य की भाषा के कई रजिस्टर हैं। बाणभट्ट गाँवों में जाता है तो कौन-सी भाषा बोली जाती है और स्वयं बाण के बारे में या दूसरे प्रसंगों में लिखता तो कौन-सी भाषा बोली जाती है और उस भाषा के कितने रजिस्टर हैं। प्रकृति का चित्रण करते हुए, समाज का चित्रण करते हुए, दर्शन का चित्रण करते हुए, अवधूत के साथ जहाँ विचार-विमर्श होता है तो दार्शनिक भाषा का रजिस्टर क्या होता है। भारतीय शब्दावली में, भारतीय दर्शन की कैसे चर्चा की जानी चाहिए और भारतीय दर्शन पर लिखे हुए ग्रन्थों को पढ़िए और वहाँ जो गम्भीर चिन्तन होता है, वार्तालाप होता है, दर्शन पर जो चर्चा होती है, वह दर्शन की शब्दावली में होती है। बाणभट्ट की आत्मकथा में वो भी मिलेगा।

इसलिए भाषा के कई रजिस्टर हैं बाणभट्ट में। इस उपन्यास में जितनी सामर्थ्य के साथ बाण का अनुकरण किया गया है। जिसको लोगों ने परकाय प्रवेश कहा है। सभी समीक्षाओं का ज़िक्र मैं नहीं करूँगा। उसमें समय ज़्यादा लगेगा। नारी तत्त्व की ओर देवराज उपाध्याय ने भी ध्यान दिलाया था। भगवतशरण उपाध्याय चूँकि स्वयं इतिहास के थे तो पहली बात ऐतिहासिक उपन्यास के बारे में आमतौर पर होता है। उसमें लोग बहुत सी अनैतिहासिक बातें भी लिख देते हैं। भगवतशरण उपाध्याय जो कि प्राचीन भारतीय इतिहास के पण्डित थे। उन्होंने कहा है कि बाणभट्ट का मौलिक आधार चाहे जितना भी दूषित हो उसमें आधुनिक प्रतिनिधि कलाकार का निखार और उज्ज्वलता तो है ही। घटनाएँ ऐतिहासिक नहीं हैं किन्तु पृष्ठभूमि सर्वथा ऐतिहासिक है। अत: ऐतिहासिक पृष्ठभूमि के विचार से यह पुस्तक नितान्त निर्दोष है। भगवान सिंह जी बैठे हैं, शायद वे ढूँढ़कर निकलें कि ऐतिहासिक तत्त्व मिल जाये। लेकिन इतिहास के तथ्य का जहाँ तक सवाल है या तुअरमिलिन्द वाली घटना है तो स्वयं

द्विवेदी ने लिखा है कि वे विवादास्पद हैं। उसके बारे में विश्वास के साथ नहीं कहा जा सकता है। स्वयं पण्डित जी ने इस पुस्तक की समीक्षा भी लिखी है। लिखा है कि चूँकि बाणभट्ट की सारी रचनाएँ अपूर्ण रह गयी थीं इसलिए यह उपन्यास भी अधूरा है। यह पूरा नहीं होता है।

उपसंहार नाम का जो अध्याय है उसमें उन्होंने समीक्षा की है और दीदी को जो चिट्ठी लिखी है, उसमें भी एक समीक्षा उन्होंने अपनी कर दी है।

तो स्वयं उनका जो आलोचक रूप था, उपन्यास में वह भी व्यक्त होता है। उसमें उन्होंने एक अन्तर बताया है। उस उपन्यास की ओर किसी का ध्यान जाये कि न जाये। उन्होंने कहा है कि बाणभट्ट ने भी प्रेमकथा लिखी है। कादम्बरी स्वयं एक प्रेमकथा है। लेकिन यह कथा बाणभट्ट का लिखा हुआ नहीं हो सकता है, यह बताने की कोशिश की है–कैसे? बाणभट्ट में प्रेम जो है वह तृप्त रूप में आता है परन्तु इसमें प्रेम जो है वह अतृप्त रूप में है। इसलिए यह बाणभट्ट का लिखा हुआ नहीं हो सकता है यानी आज का, इस दौर का लेखक लिखते हुए जो स्थिति है, प्रेम का जो स्वरूप है, ख़ास तौर से निउनिया के प्रति जो प्रेम उन्होंने दिखाया है उस प्रेम में खुल करके, बल्कि भट्टिनी के बारे में भी प्रेम अतृप्त में है। इससे लगता है कि हो न हो यह बाण की लिखी हुई किताब या आत्मकथा नहीं है। यह हजारी प्रसाद द्विवेदी की है। क्योंकि आधुनिक युग प्रेम को उस रूप में नहीं व्यक्त कर सकता जिस तरह बाणभट्ट खुल करके तृप्त रूप में व्यक्त कर सकते थे। तो मोटे तौर से द्विवेदी जी ने अपने उपन्यास की समीक्षा भी लिख दी। एक संकेत कर दिया है कि तुअरमिलिन्द वाली चीज़ को आप ऐतिहासिक न मानें। वह विवादास्पद है। इन समीक्षाओं के साथ अब यह उपन्यास जिस रूप में है मेरा ख़याल है कि पण्डित जी ने चार उपन्यासों की रचना की है उन चारों उपन्यासों में सर्वश्रेष्ठ उपन्यास मुझे लगता है कि बाणभट्ट की आत्मकथा ही है। चारुचन्द्रलेख जो दूसरा उपन्यास था। वह बहुत बड़ा है। वह भी कल्पना में धारावाहिक के रूप में छप रहा था। बन्ध की दृष्टि से बहुत ही उन्होंने अपने इस उपन्यास के बारे में लिखा है कि लेखक को यह मालूम नहीं कि आगे क्या होगा। यह कहने के बावजूद यह इतना गठित उपन्यास है। अधिकांश उपन्यास कथानक की दृष्टि से शिथिल बन गये। ख़ास तौर से चारुचन्द्रलेख बिखर गया हैं। बिखरने के अनेक कारण हैं, क्योंकि अपनी आत्मकथा भी बीच में डालते चलते हैं। इस समय वे काशी आ चुके थे। बनारस में लिख रहे थे। तो बनारस में हिन्दी विभाग में जिन लोगों से उनका साबका पड़ा था, कई लोग नाम बदल करके

उसमें शामिल हैं। नाम थोड़ा बदल दिया है इसलिए कई चेहरे पहचाने जा सकते हैं। तो कुछ लोगों का हिसाब चुकाने के लिए उपन्यास ऐतिहासिक घटना से बदल गया। लगभग पुनर्नवा उसकी अपेक्षा सुगठित है। अन्त में जो अनामदास का पोथा है, उसमें तो कोई कथानक है ही नहीं। बहुत क्षीण-सा कथानक है। जहाँ से उन्होंने लिया है। इसलिए ठीक-ठीक वह कथा बन ही नहीं सका है। एक प्रेम की कथा है। उस रूप में दिखाई पड़ती है। इसलिए उनके उपन्यासों में पहली कृति ही सर्वोत्तम है। जैसा कि राधावल्लभ जी ने उचित ही कहा कि यह उपन्यास भारतीय उपन्यास की अपनी परम्परा की रचना है। जैसे लैटिन अमेरिकन उपन्यास का जो ढाँचा है या विक्टोरियन ढाँचा है या जो इंग्लिश ढाँचा है या फ्रेंच ढाँचा है, जो यूरोपियन ढाँचा है। आप देखेंगे कि रूसी उपन्यास का ढाँचा भी अलग है। गार्सिया मार्खेज का उपन्यास The Hundred Years of Solitude का ढाँचा बिल्कुल अलग है। इसलिए हम लोगों ने मान रखा है, कि उपन्यास का एक ऐसा ढाँचा है, जो चल पड़ा है और लोग लीक पीट रहे हैं, उसी यूरोपियन यथार्थवादी उपन्यास का एक यूरोपियन उपन्यास का जो ढाँचा बना हुआ था, उस ढाँचे को तोड़ने का पहला प्रयास हिन्दी में सफल ढंग से यदि किसी ने किया तो हजारी प्रसाद द्विवेदी ने किया। जिसकी ओर राधावल्लभ जी ने बहुत सही इशारा किया है कि यह आचार्य शुक्ल की आकांक्षा की पूर्ति भी करता है। इसलिए इस उपन्यास का महत्त्व ऐतिहासिक ही नहीं है, बल्कि श्रेष्ठ उपन्यास जो भी चुने जायेंगे उन उपन्यासों में निश्चित रूप से बाणभट्ट की आत्मकथा का स्थान पहला होगा। क्योंकि और जो उपन्यास लिखे गये वे पश्चिमी यूरोपियन ढाँचे पर लिखे गये हैं। चाहे मनोवैज्ञानिक उपन्यास जैनेन्द्र जी के हों। प्रेमचन्द जी के उपन्यास पूरे यूरोपियन ढाँचे पर लिखे गये हैं। जैनेन्द्र जी कुछ कर सकते थे लेकिन जैनेन्द्र जी भी लगभग उसी परम्परा में आते हैं। वही यथार्थवादी, नरेशन का ढाँचा वही है, चरित्र-चित्रण का ढाँचा वही है। तो पहला उपन्यास–यदि आचार्य शुक्ल जीवित होते तो सम्भवत: कहते कि हाँ, यह अपनी कादम्बरी की परम्परा का उपन्यास है। विचित्र विडम्बना है कि मराठी में तो उपन्यास को कादम्बरी ही कहते हैं। उपन्यास नहीं कहते हैं। हम लोगों ने बांग्ला से ले लिया उपन्यास और उसे ढो रहे हैं। पता नहीं उपन्यास का ये क्या अर्थ करते हैं–उप लगा करके न्यास। नॉवेल का उपन्यास लोगों ने किया, यह है नहीं। निकलता ही नहीं है। बंगालियों ने चला दिया और हम लोग ढो रहे हैं। कम-से-कम मराठीवालों से सीखते, उन्होंने तो उसे कादम्बरी कहा सीधे। हम भी कादम्बरी कहते तो क्या हम लोगों की नाक नीची हो जाती? कादम्बरी

ही है मराठीवालों के पीछे चलते तो अच्छा था, बंगालियों के पीछे नाहक हम भागते रहे हैं। इसलिए बंगाल में रहते हुए भी और बंगाल में लिखा गया था 'बाणभट्ट की आत्मकथा' और स्वयं बांग्ला उपन्यास की परम्परा से अलग हटकर। इसलिए जान-बूझकर (सही कहा राधावल्लभ त्रिपाठी जी ने) उसे उन्होंने कथा कहा और कथा शब्द ज़्यादा सार्थक है। इस रूप में चलाते तो हर कथा सत्यनारायण की कथा नहीं हुआ करती है। इसलिए द्विवेदी जी ने यही नहीं कि एक भारतीय उपन्यास लिखा, बल्कि उपन्यास के लिए उन्होंने अपनी आत्मकथा से एक कथा की नींव भी डाली थी। यह एक तरह से मैंने कहा है कि इसे आप कोई व्याख्यान न समझें, बल्कि राधावल्लभ जी के मूल व्याख्यान की पादटिप्पणी के रूप में स्वीकार करें। इन्हीं शब्दों के साथ आभार प्रकट करता हूँ।

# ज़िन्दगीनामा : ज़िन्दा रूख़

कृष्णा सोबती का 'ज़िन्दगीनामा' हिन्दी के उन थोड़े से उपन्यासों में है जिसे हाथ में लेने पर महसूस होता है कि यह कोई किताब नहीं, बल्कि ख़ुद-ब-ख़ुद ज़िन्दगी है : इन्सानी गरममाहट से भरपूर और ज़मीन-सी खुरदरी लेकिन हरी भरी। जैसाकि उपन्यासों में होता है, न यह किसी एक जीवन की कहानी है न कुछ लोगों की; बल्कि ज़मीन का एक सोंधा टुकड़ा है, जिसे वतन कहते हैं, जो एक खिल्कत से गुलज़ार है और जिससे शाहजी, शाहनी, मौलादाद, चाचा फ़तेहअली, गंडा सिंह, तुफ़ैल सिह, ताया, हीरा सासी, महरी माँ, मीरासी, कवित्त जोड़ने वाली राबियां जैसे अनगिनत इन्सान ज़िन्दा रूख़ की तरह धरती फोड़ कर अपने आप उग आते हैं। यह करिश्मा उस भाषा से घटित हुआ है जिसकी ताक़त वे बोले हुए शब्द हैं जो ज़बान पर अभी ज़िन्दा हैं—काग़ज़ पर गिरकर ठण्डे नहीं हुए हैं। इसीलिए 'ज़िन्दगीनामा' ज़िन्दगी की अपनी आवाज़ मालूम होती है किसी लेखक की गढ़ी हुई रचना नहीं।

एक तरह से देखें तो 'ज़िन्दगीनामा' इतिहास है—प्रथम विश्व युद्ध से पहले के पंजाब का, बल्कि पंजाब के उस हिस्से का जो गुजरात कहलाता था। लेकिन यह वह इतिहास नहीं जो 'हुकूमत के खाते में दर्ज करके सुरक्षित कर लिया जाता है', बल्कि वह इतिहास है जो लोक-मानस में ज़िन्दा रहता है। दूसरे शब्दों में यह 'हिस्ट्री फ्रॉम बिलो' है और वह भी वाचिक। फिर भी यह निचले स्तर का इतिहास हुकूमत के इतिहास से टकराता है और इस टकराहट से इतिहास में जो तिड़कन पैदा होती है, 'ज़िन्दगीनामा' उस तिड़कन के दर्दभरे संगीत को पकड़ने की एक मार्मिक कोशिश है। फिर भी यह कहना ज़रूरी है कि 'ज़िन्दगीनामा' पंजाब के विभाजन की पृष्ठभूमि पर लिखा हुआ एक और उपन्यास नहीं है, कुछ और भी है। यह शायद हमारी सांझा संस्कृति का एक 'नॉस्टेल्जिया' है जो हमें सिर्फ़ स्मृतिजीवी बनाकर छोड़ नहीं जाता, बल्कि एक 'यूटोपिया' बनकर भविष्य के क्षितिज पर बिजली की तरह कौंधता रहता है।

कुल मिलाकर 'ज़िन्दगीनामा' कोई 'थीसिस' नहीं है–न इतिहास की, न ज़िन्दगी की। अगर कुछ है तो अपनी पूरी बनावट और विन्यास में ज़िन्दगी की एक 'सिम्फनी' या 'रागमाला' की पेचीदा बन्दिश जो अनायास सी हमें अपने आगोश में ले लेती है। "All theory is gray, my friend. But forever green is the tree of life."—ग्वेटे की इस उक्ति का सच्चा अर्थ इतनी गहराई से पहले कभी न महसूस हुआ था, जितना 'ज़िन्दगीनामा' पढ़ते हुए। लेखिका का उसे 'ज़िन्दा रूख़' कहना अकारण नहीं।

('ज़िन्दगीनामा' पर टिप्पणी 2 अप्रैल, 1984 को लिखा था)

# दूसरा खण्ड

# विविध विषयों पर लेख/व्याख्यान

# फ़र्क़ नहीं पड़ता

किसी साहित्य के वास्तविक स्तर का उद्घाटन साहित्यिक विवादों में होता है; जैसे किसी देश के राजनीतिक स्तर का पता संसदीय कार्यवाहियों से चलता है अथवा किसी जाति के नैतिक स्तर का पता युद्ध में। कोई साहित्य किन कृतियों को लेकर बहस करता है, बहस में किन प्रश्नों को उठाता है, प्रश्नों पर विचार करते हुए किस कोटि-किस हद तक जाता है और फिर उस विचार-चर्चा में लेखकों तथा पाठकों का कितना बड़ा हिस्सा भाग लेता है, इससे उस साहित्य की जागरूकता और बौद्धिक क्षमता का पता चलता है।

हिन्दी में इस बीच ऐसे कई साहित्यिक-विवाद हुए हैं जिनके ठोस आधार पर साहित्य के स्तर का विश्लेषण किया जा सकता है। पत्रिकाओं में इसके लिए पर्याप्त सामग्री है। वैसे, वर्तमान से प्राय: असन्तोष ही होता है और उसकी तुलना में अतीत अपनी तात्कालिक कटुताओं को खोकर काफ़ी गौरवपूर्ण प्रतीत होता है; किन्तु यह कहना कठिन है कि प्रयोगवाद तथा नयी कविता सम्बन्धी विचार-विमर्श छायावाद सम्बन्धी चर्चाओं से किसी मामले में निम्न स्तर का है। निश्चय ही नयी कहानी की चर्चा उस स्तर तक नहीं पहुँच सकी किन्तु विगत गौरवशाली युग में प्रेमचन्द की कथा कृतियों पर होने वाली चर्चाओं को याद करते आज के लिए अधिक खेद न होगा। और ये प्रमाण केवल आलोचना के लिए ही प्रासंगिक नहीं, बल्कि रचनात्मक प्रज्ञा को भी सूचित करते हैं; क्योंकि आज की स्थिति में समर्थ आलोचनात्मक वातावरण के बिना रचनात्मक क्षमता के पूर्ण प्रस्फुटन की कल्पना कठिन है।

किन्तु समसामयिक बोध का एक ही स्तर नहीं है। उदाहरण के लिए जनवरी 64 की 'कल्पना' में प्रकाशित 'उर्वशी' सम्बन्धी चर्चा जो अनेक दृष्टियों से काफ़ी प्रतिनिधित्व पूर्ण है। यहाँ उल्लेखनीय यह नहीं है कि एक कृति के मूल्य को लेकर समकालीन लेखकों में मतभेद है, बल्कि यह कि मूल्यांकन का कोई एक आधार नहीं है : आग्रह भिन्न मूल्यों का ही नहीं बल्कि आग्रह की भाषा भी भिन्न है।

कुछ लेखक एक समीक्षा को कुरुचिपूर्ण और निम्नस्तर की कहते हैं तो दूसरी ओर ऐसे भी लेखक हैं जो रुचि और स्तर की बात को अप्रासंगिक तथा मूल प्रश्न से ध्यान हटाने वाली चीज़ मानते हैं। एक के लिए जो बात नितान्त असाहित्यिक है, दूसरे के लिए सर्वथा साहित्यिक।

ऐसी स्थिति में स्वयं 'स्तर' शब्द ही विचारणीय हो जाता है और लगता है कि जिस 'स्तर' को हम सामान्यत: सहमति का विषय मानते हैं, उसके मूल में भी भिन्न-भिन्न मूल्य बोध कार्य करते हैं। इस प्रसंग में एक नये लेखक का यह कथन विचारणीय है कि "यह हिन्दी के लिए बड़े दुर्भाग्य की बात है कि जब कभी भी कोई बात तीव्र एवं तीक्ष्ण ढंग से कही जाती है तो लोग बराबर उसका अर्थ व्यक्तिगत राग-द्वेष से जोड़कर उसके महत्त्व को कम कर देते हैं। बात जो कही गयी है, वह मीठी है या कड़वी है, तेज़ है या कुण्ठित है, इसका विश्लेषण तो होने लगता है किन्तु यह प्रश्न उठाना लोग भूल जाते हैं कि बात ग़लत है या सही है, सप्रमाण है या ग़ैर-ज़िम्मेदार है। सत्य की परख जब छूट जाये या उसकी क्षमता न रह जाये और उसके बदले 'शराफत' की दुहाई देकर सत्य का गला दबाने का प्रयास किया जाये तो वह घातक सिद्ध होता है। इससे विकास की गति तो धीमी पड़ती ही है, साथ ही मूल्य भी कृत्रिमता का रूप धारण करने लगते हैं।"

और यह मूल्य आलोचना का ही नहीं बल्कि रचना का भी है। 'एक साहित्यिक की डायरी' में लगभग ऐसी ही स्थिति पर विचार करते हुए गजानन माधव मुक्तिबोध ने लिखा है कि एक कविता केवल इस बात के लिए 'कमज़ोर' कहकर लौटा दी गयी कि उसमें समाज में पायी जाने वाली कुछ अवसरवादी प्रवृत्तियों पर गहरी चोट की गयी थी। कुछ लोग यही चाहते हैं कि "अपने को पीसने वाली परिस्थितियों और प्रवृत्तियों को अनेक नंगे पाशविक रंग में पेश मत करो... किन्तु क्या वे ऐसा खुलकर कहेंगे हरगिज नहीं। वे मूर्ख थोड़े ही हैं।" कहने की भाषा कुछ इस प्रकार होगी कि यह कला नहीं है, सुरुचिपूर्ण नहीं है; और तय है कि यदि उस रचना को तथाकथित 'कला' एवं 'सुरुचि' के अनुरूप ढालने की कोशिश की जाय तो मूल कथ्य ही बदल जायेगा। जैसा कि मुक्तिबोध ने कहा है जहाँ भी रचना में 'उग्रता मूलक आलोचना' स्वर रहता है, यही शिकायत सुनने की मिलती है कि "बौद्धिक रूप से भद्र'', नहीं है, जिसमें निर्णायक बात बौद्धिकता नहीं, भद्रता है। शायद कुछ लोगों को अब भी स्मरण हो, रघुवीर सहाय की एक ऐसी ही कविता 'हमारी हिन्दी' 1957 की 'युग चेतना' में प्रकाशित हुई तो उस पर हंगामा खड़ा हो गया उस समय भी अन्ततः 'रुचि' और 'स्तर' के ही शस्त्र इस्तेमाल किये गये।

इसलिए ऐसा प्रतीत होता है कि स्तर के निर्णय में कहीं न कहीं 'रुचि' का गहरा हाथ रहता है जो अन्ततः साहित्य से अधिक साहित्येतर मान्यताओं और मूल्यों द्वारा निर्धारित होती है।

व्यवहार में जिन गुणों के लिए किसी कृति को ऊँचे स्तर का कहा जाता है, उनका यदि विश्लेषण करें तो काफ़ी रोचक बातें मालूम होती हैं। उदाहरण के लिए 'गम्भीरता' को प्रायः ऊँचे स्तर का गुण माना जाता है और इस प्रकार वह गम्भीर समझा जाता है जो किसी प्रकार के विवाद में न पड़े, विवाद में पड़े भी तो कोई पक्ष न ले; पक्ष लें भी तो पक्षधर प्रतीत न हो, पक्षधर प्रतीत भी हो जाये तो सिर्फ़ सैद्धान्तिक बातें करें, सैद्धान्तिक बातें करें तो सिद्धान्त को स्पष्ट करने के लिए किसी का नाम न लें, नाम लें भी तो सांकेतिक ढंग से और फिर वह सांकेतिकता भी यथासम्भव मृदु हो तो क्या कहने? निश्चय ही एक दृष्टि से यह 'गुण' है किन्तु दूसरी दृष्टि से यह दोष भी हो सकता है। यहाँ विवाद में न पड़ने का अर्थ होगा ज्वलन्त प्रश्नों से कतराना, नाम न लेने का अर्थ होगा कायरता और कोरी सैद्धान्तिकता बघारने का अर्थ होगा अस्पष्टता। इस प्रकार यह गम्भीरता चाहे जितने ऊँचे स्तर की हो किन्तु वस्तु-सत्य से काफ़ी ऊपर होगी और जो वस्तु-सत्य से ऊपर हो उसे मूल्यवान कहना कठिन होगा। एक स्थिति वह भी होती है कि जब सम्राट को निर्वस्त्र कहना पड़ता है और–जो उस समय भी उसे वस्त्र विभूषित कहकर अपनी गम्भीरता की रक्षा करता है, उसे सम्राट स्वयं अपना सिंहासन ही क्यों न दे दें, सरस्वती के मन्दिर की देहली भी उसके लिए अस्पृश्य मानी जाती है।

स्पष्ट है कि स्तर के नाम पर प्रायः दो विरोधी मूल्यों की टकराहट होती रहती है और इसका असर भाषा पर भी पड़ता है : शब्द ही नहीं बदलते, शब्दों के अर्थ और मूल्य भी बदल जाते हैं। यदि स्थिति-स्थापक पक्ष का प्रयत्न ऐसे शब्दों के प्रयोग की दिशा में रहता है जो वस्तुस्थिति को अधिक से अधिक ढकने में समर्थ हैं तो स्थिति को बदलने वाले प्रायः नंगे और बेलौस शब्दों का प्रयोग करते हैं और इसी को देखकर अक्सर निम्नस्तर की शिकायत की जाती है। इसी तुला पर एक ओर अनेक पैनी आलोचनाएँ निम्नस्तर की ठहराई गयी हैं तो दूसरी ओर हास्य-व्यंग्य की अनेक समर्थ रचनाएँ घटिया स्तर की मान ली गयी हैं। शायद इसीलिए इधर अंग्रेज़ी में 'कॉमेडी' के महत्त्व की पुनः प्रतिभा मान ली गयी है कबीर इसी के चलते आज तक ठीक-ठीक 'कवि' नहीं माने गये। निराला मानवीय सहानुभूति प्राप्त करने के बावजूद कवि और लेखक के रूप में केवल विद्रोही के रूप में साहित्यकारों में मान्य हुए। इसी प्रवृत्ति के चलते प्रेमचन्द कभी 'घृणा के प्रचारक' कहलाये और पीछे द्वितीय श्रेणी के कथाकार; और मुक्तिबोध स्वयं नयी कविता के शोध प्रबन्धों में भी बिना स्थान पाये मर गये। यह भी स्तर-निर्णय का ही एक रूप है।

स्तर विवेक का एक उदाहरण यह भी है कि उधर आज़ादी मिली, इधर कुछ लोगों ने साहित्य में गतिरोध की आवाज़ उठायी। गतिरोध को 'गतिरोध' करार देकर साहित्य आगे बढ़ गया, फिर भी कहने वाले कहते रहे कि आज़ादी ने साहित्य को कुछ नहीं दिया। अजब नहीं जो आज कुछ लेखक, अन्य क्षेत्रों की देखा-देखी अपने यहाँ भी यह नारा लगायें कि साहित्य का स्तर गिर रहा है, जहाँ सतयुग से क्रमश: गिरते हुए कलियुग तक आने की धारणा घुट्टी में पड़ी हो, वहाँ यदि साहित्य में भी आज कलियुग दिखाई पड़े तो क्या आश्चर्य। वर्तमान तो हमेशा कलियुग होता ही है; कठिनाई सिर्फ़ यह है कि उस धारणा के चलते सारा हिन्दी साहित्य ही कलियुग की उपज है।

आज की तुलना में भले ही प्रसाद-प्रेमचन्द-रामचन्द्र शुक्ल के युग को द्वापर कहा जाय लेकिन उस समय वह भी कलियुग ही था; और इसी तरह छायावाद के ख़िलाफ़ भक्तियुग को चाहे त्रेता या सतयुग कहा गया हो किन्तु तुलसीदास स्वयं अपने कलियुग का दुखद प्रसंग लिख गये हैं। इसलिए आज भी कोई चाहे तो इतिहास की पुनरावृत्ति करने का हठ कर सकता है किन्तु ध्यान रखना होगा कि इस कलियुग से त्राण पाने के लिए सिर्फ़ एक ही उपाय बच रहता है–प्रतीक्षा एक कल्कि की जो अचानक अवतरित होकर सब कुछ ठीक कर दे। इस विषय में जो कम से कम ख़तरनाक बात कही जा सकती है, वह यह कि जहाँ करिश्मे में विश्वास हो, वहाँ सिर्फ़ ज्योतिष पनप सकता है–इस भावना के चलते न तो कोई विचार सम्भव है और न रचना!

जिस प्रकार भ्रष्टाचार की चर्चा भ्रष्टाचार में आहुति का काम कर रही है, उसी तरह साहित्य में भी स्तर गिरने की निरन्तर शिकायत, सम्भव है, गिरावट में और भी योग दे। आसार दिखाई पड़ने लगे हैं और यह गिरावट और भी चिन्ताजनक है : स्तर गिरने से अधिक गिरने के बोध का अभाव। मूल्यों के ह्रास से भी अधिक भयावह है मूल्यांकन की क्षमता का ह्रास। साहित्य में 'मूल्यों के विघटन' की एक अस्पष्ट सी चर्चा क्या चली, मूल्य-बोध में ही विघटन की स्थिति उत्पन्न हो गयी। प्रवृत्ति यह फैल चली कि कोई फ़र्क़ नहीं पड़ता। जैसा कि कवि केदारनाथ सिंह ने एक कविता में अभी-अभी लिखा है:

*तुमने जहाँ लिखा है 'प्यार'*
*वहाँ लिख दो 'सड़क'*
*फ़र्क़ नहीं पड़ता*
*मेरे युग का मुहावरा है—*

*फ़र्क़ नहीं पड़ता।*

*....................*

*मैं बहस शुरू तो करूँ*
*पर चीज़ें एक ऐसे दौर से होकर गुज़र रही हैं*
*कि सामने की मेज़ को सीधे-मेज़ कहना*
*अज्ञात अपराधियों के बीच रख देना है।*

*....................*

*और भाषा जो मैं बोलना चाहता हूँ*
*मेरी जिह्वा पर नहीं*
*बल्कि दाँतों के बीच की जगहों में सटी हुई है!*

और अमरकान्त की 'हत्यारे' शीर्षक कहानी जैसे इसी मूल्य-बोध-हीन मन:स्थिति की सम्भावित परिणति की भयंकरता को उजागर करती है जिसमें संसार की बड़ी से बड़ी चीज़ को अपने पाँवों की धूल समझने वाले दो नव–युवक छात्र 'देश के चौमुखी विकास और विश्वशान्ति के लिए' एक ग़रीब स्त्री को धोखा देकर मुफ़्त में अपनी भूख मिटाते हैं, कायर की तरह भागते हैं और एक निहत्थे मज़दूर को मारकर अपनी बहादुरी का परिचय देते हैं।

इसलिए स्तर गिरने की शिकायत करने से भी ज़्यादा ज़रूरी है, आज अपने स्तर-बोध बल्कि मूल-बोध की क्षमता को क़ायम रखना। जिस प्रकार शेखर जोशी की कहानी 'बदबू' के मज़दूर नायक को एक बार अपने मैले हाथों की बदबू महसूस नहीं होती है तो वह चिन्तित हो उठता है। उस प्रकार की चिन्ता आज कितने लोगों में हैं? और फिर उस 'गुलमोहर' का भी बोध जिसके बारे में रघुवीर सहाय ने लिखा है–

*दूसरे तीसरे जब इधर से निकलता हूँ*
*देखता हूँ, अरे इस वर्ष गुलमोहर में अभी तक फूल नहीं आया*
*–इसी तरह आशा करते रहना कितना अच्छा है*
*विश्वास रहता है कि वह प्रज्वलित रूप*
*मैं भूल नहीं आया।*

जब तक हमारे समवर्ती लेखकों में इस 'बदबू' का बोध और 'गुलमोहर' की स्मृति अवशिष्ट है तब तक मैं 'साहित्य के स्तर' की चिन्ता से मुक्त हूँ और यह सोचकर शक्ति का अनुभव करता हूँ कि मैं ऐसे संवेदनशील और प्रबुद्ध वातावरण में लिख रहा हूँ, जहाँ अनेक समानधर्मा साहित्यकार हमारे साथ हैं।

(यह लेख 22 जनवरी, 1964 को लिखा गया था।)

# उद्घाटन अभिमत

हैदराबाद में उस्मानिया यूनिवर्सिटी की ओर से, जिसमें केन्द्रीय विश्वविद्यालय के लोग शशि जी शामिल थीं वहाँ। वेंकटेश्वर ने किया था। इस क्रम में आज मौजूद हैं प्रियवर रतनकुमार पाण्डेय।

औरंगाबाद भी है, इसलिए यह जो क्षेत्र है समुद्र तटवर्ती और उससे दूर भी ज़ाहिर है कि उसकी परिणति जैसी बम्बई में हो रही है, आत्मीयजनों के द्वारा आत्मीय भाव से हो रही है। यह मेरे लिए, मैंने कहा कि शब्दातीत एक अनुभव है। जिसको कोई नाम नहीं देना चाहता, फ़िल्मी गाने में कहते हैं न कि 'प्यार को प्यार ही रहने दो कोई नाम न दो।'

आलोचना में भी ऐसे क्षण आते हैं जब उसे किसी शास्त्र के, शब्द के द्वारा नहीं पुकारा जाता है। बन्धुवर शिवशंकर पाण्डेय से एक शब्द मुझे मिला। उन्होंने मुझे उत्सवमूर्ति कहा। हमने शिवमूर्ति नाम सुना है, राममूर्ति नाम सुना है, कृष्णमूर्ति नाम सुना है और दक्षिण में तो दक्षिणामूर्ति भी होते हैं। लेकिन उत्सवमूर्ति मैंने अभी तक सुना नहीं। यदि उत्तरांचल हैं तो एक उत्सवमूर्ति नाम का शब्द मिला जो ऐसा सिटीक मिला। अंग्रेज़ी में एक शब्द होता है और बहुत दिनों से मैं ढूँढ़ रहा था कि उस शब्द के लिए कोई हिन्दी शब्द मिलेगा। वह शब्द था 'सिलेब्रेटीस'। अंग्रेज़ी की एक किताब में लिखा है, "Teachers, Scholars, celebraties" यह किताब मैंने बहुत पहले देखी थी। हिन्दी में कोई शब्द मिल नहीं रहा था। आज मुझे वह शब्द मिल गया है। भला हो शिवशंकर पाण्डेय जी का और मैं तो शब्दों की तलाश में घूमता रहता हूँ। वह शब्द है, Celebraties जिसका अर्थ है उत्सवमूर्ति। यदि मैं सचमुच उत्सवमूर्ति हूँ तो मैं यही कहूँगा कि हे! धरती माता तू फट जा मैं उसमें समा जाऊँ।

मुझे अध्यापक और लेखक ही बने रहने दीजिए। लेकिन मैं जानता हूँ उन्होंने व्यंग्य में नहीं कहा बल्कि पूरे स्नेह और आत्मीयता के साथ कहा है इसलिए मैं कुछ कहकर उनके दिल को दुखाना नहीं चाहता हूँ और न किसी व्यंग्य या विनोद में कह

रहा हूँ लेकिन मुझे वह शब्द मिल गया और अब मैं इसका सही जगह इस्तेमाल करूँगा। बहुत पहले इसी तरह से मेरी तरह कई कवि शब्दों की तलाश में लगे रहते थे। केशवदास का मशहूर दोहा 'चरण धरत चिन्ता करत' है। आलोचक भी शब्दों की तलाश में रहते हैं। आप लोग नहीं जानते होंगे। मुरलीधर श्रीवास्तव छपरा के रहने वाले थे, जो राजेन्द्र कॉलेज छपरा में अध्यापक थे और रहने वाले बक्सर के थे। भाषा विज्ञान के आदमी, खगेन्द्र जी जानते होंगे। वे काशी अक्सर आते थे। एक गोष्ठी में उन्होंने कहा कृतिक शब्द जो है इसके लिए समालोचक या आलोचक ठीक नहीं है। उन्होंने कहा कि इससे मिलता-जुलता हिन्दी की ध्वनि में शब्द है क्रिटिक का कृतिक अच्छा शब्द। मुझे लगा था और उस शब्द को अर्थ दिया बन्धुवर केदारनाथ जी ने मुझे सर्जक आलोचक कहा। उन्होंने कहा इसलिए कृतिक का रचने वाला तो कृतिकार होता है। वह जो सर्जक है, कवि होता है, कहानीकार होता है, उपन्यासकार होता है। लेकिन कृतिक कहते ही यही मालूम होता है कि जिसे हम आलोचक कहते या क्रिटिक कहते हैं। वह भी कहीं कृतिक होता है। एक कविता कवि रचता है और फिर वही पढ़कर व्याख्या करते समय फिर उस कृति की रचना दुबारा एक दूसरा प्राणी करता है, जिसे आप आलोचक कहते हैं। लेकिन सच पूछिए तो एक दूसरी रचना जो रची जाती है आलोचना के दौरान में वही नहीं होती। आचार्य शुक्ल ने जब तुलसी के रामचरितमानस पर लिखा तो एक मानस तुलसी ने रचा था और दूसरा मानस रामचन्द्र शुक्ल रच रहे थे। जायसी ने एक पद्मावत लिखा और जायसी की आलोचना करते हुए आचार्य शुक्ल ने दूसरा पद्मावत उसी में से रचा। एक रचना कबीर ने की और मेरे गुरुदेव आचार्य हजारी प्रसाद द्विवेदी ने उसी कबीर को अपनी कबीर नाम की पुस्तक में रचा। ठीक दूसरी वह कृति थी और अक्सर होता है कि मूल कृति लोग भूल जाते हैं। जो दुबारा रची हुई कृति है वही मन में बैठी रह जाती है। ऐसा मैंने किया या नहीं किया यह तो आप जानेंगे। लेकिन मेरा यही प्रयास रहता हैं कि वह मुरलीधर श्रीवास्तव ने कभी कृतिक कहा था जो शब्द चला नहीं लेकिन अगर चल जाये तो मैं समझता हूँ कि यही नहीं कि अंग्रेज़ी के लिए एक अच्छा शब्द होगा, हिन्दी में प्रतिशब्द होगा बल्कि वह चुनौती भी बनेगा। सभी लोगों के लिए जो आलोचना करने में लीन हैं।

मित्रो! यह गोष्ठी जैसा रतन पाण्डेय जी ने बनाया, कुछ दिन पहले उत्तर प्रदेश में एक यात्रा निकालने की कोशिश की गयी थी। उन्होंने उसका नाम 'चेतावनी यात्रा' दिया था। अशोक सिंघल ने किया था तो ख़ैर रतन पाण्डेय जी अशोक सिंघल तो हैं नहीं। लेकिन यह आयोजन मैं इसको इसी रूप में लेता हूँ कि यह मेरे लिए एक

चेतावनी गोष्ठी है। यह महिमा–मण्डन के लिए स्तुति के लिए नहीं है और उन्होंने ठीक किया है कि कल मुझे कठघरे में खड़ा करेंगे जवाब देने के लिए और तय समझिए कि वह जवाब नहीं होता जो आमतौर से संसद में प्रधानमन्त्री या मुख्यमन्त्री दिया करते हैं। क्योंकि साहित्य किसी की रियासत नहीं है और उसमें कोई प्रधानमन्त्री नहीं होता है न कोई मुख्यमन्त्री होता है। इसलिए सच्चे अर्थों में वह लोक के सम्मुख जो खुली अदालत है उस आदलत में रतन जी ठीक कर रहे हैं कि कहीं न कहीं कोई तो अपना हो जो कठघरे में खड़ा करे और उसके साथ ख़ुद खड़ा रहे। जिसकी मैं दाद देता हूँ। इस परिकल्पना की।

मित्रो! जैसा कहा गया 1952 से पहले जब मैं विद्यार्थी था, पढ़ता था, जब कविताएँ पढ़ता था, तब कविताएँ लिखता था। उसके बाद 1952 से जब मैं पढ़ाने लगा तो कविता छूट गयी धरी की धरी रह गयी। फिर मैं पढ़ाने के क्रम से कविता की व्याख्या करने लगा, समझाने लगा, क्योंकि अध्यापक होने के साथ ही वह ज़िम्मेदारी आ गयी और दोहरी ज़िम्मेदारी जिसमें पहली ज़िम्मेदारी यह थी और वह चुनौती आज भी हमारे सामने है कि अब से पहले जो कुछ लिखा गया है, रचा गया है। वह साहित्य। उसमें जो भी मूल्यवान है उसकी रक्षा की जाये। आलोचना के सिवाय और कोई साधन नहीं है, जहाँ हम अपने अतीत की गौरवशाली गरिमामय परम्परा की रक्षा कर सकें।

पातंजलि ने महाभाष्य में व्याकरण का, शब्दानुशासन का धर्म बताते हुए कहा है कि इसका काम है उस भाषा की रक्षा करना। साधु प्रयोगों की रक्षा करने के लिए लिखा जा रहा है–व्याकरण।

आनन्दवर्धन ने 'ध्वन्यालोक' के आरम्भ में कहा है कि महाकवि तो दो या तीन हैं या पाँच या छह हैं—जैसा कालिदास आदि। वह युग समाप्त हो चुका है। यह बात 9वीं शताब्दी के आरम्भ की है, जब संस्कृति का सारा गौरवशाली शास्त्र महाभारत लिखा जा चुका था, रामायण लिखी जा चुकी थी, मेघदूत, रघुवंश, अभिज्ञानशाकुन्तलम् लिखा जा चुका था, अश्वघोष का सौन्दर्यवाद और बुद्धचरित्र लिखा जा चुका था। भास के नाटक लिखे जा चुके थे। श्रेष्ठ साहित्य संस्कृत का जब लिखा जा चुका  था तो समस्या यह थी कि जो महान साहित्य है इसको समझने वाले लोग नहीं रह गये हैं। इसके मूल्य को इसमें जो मूल्यवान है वह भी लोग भूलते चले जा रहे हैं। उनकी रक्षा के लिए आनन्दवर्धन ने कहा कि हम काव्यशास्त्र लिख रहे हैं। इसलिए अध्यापन कार्य में लगते ही मुझे लगा कि पहला काम तो यह कि

वह जो अतीत का साहित्य है उसमें जो मूल्यवान है और मूल्यवान भी आप जानते हैं ऐसी चीज़ जो आम जनता के लिए, लोकमानस के लिए, नयी पीढ़ी के लिए, नयी अर्थवत्ता उसमें मालूम होनी चाहिए। पहले जो अर्थ ढूँढ़े गये अगर वही हमने बताया तो क्या किया। जो पहले लोगों को नहीं दिखाई पड़ा था, उसे देखें, दिखायें। लोगों को कुछ नये नुस्ख़े जो आज के सन्दर्भ में रचनाओं में हो रहा है, आलोचना में और करते क्या हैं। इसलिए तुलसीदास में शुक्ल जी ने जो देखा वही मैं फिर दोहराऊँगा तो फिर तोता की तरह से मैं रट रहा हूँ। कुछ वह देखूँ और दिखाऊँ जिन पर उनकी नज़र नहीं पड़ी। आज के सन्दर्भ में एक नया अर्थ देने लगे हैं चाहे वह कबीर हों, चाहे जायसी हों, चाहे निराला हों या जयशंकर प्रसाद हों, सुमित्रानन्दन पन्त हों, चाहे प्रेमचन्द हों। कोशिश की और अकेले नहीं बल्कि ऐसा वातावरण बनता गया और उसमें मैं उसके एक अंग के रूप में करता रहा। दूसरी ज़रूरी चीज़ यह थी कि हमारे सामने आज़ादी के बाद एक नया उत्थान हुआ था। स्वाधीन भारत में नयी कविता, नयी कहानी युवा, पीढ़ी आ रही थी। केदारनाथ जी जैसे लोग उनकी पूरी पीढ़ी हमारे साथ मोहन राकेश, निर्मल वर्मा, भीष्म साहनी, रेणु, हरिशंकर परसाई। पूरी पीढ़ी हमारे साथियों की आ रही थी और इस दौर में जब बाढ़ आती है तो उसमें नदी के पानी में कचरा, कूड़ा बहुत सारा बहता है और सुन्दर तैरते फूल भी आते हैं। ऐसे दौर पहले भी हैं जब लोग कहा करते थे:

*"वयं कवय: कालिदासाद्य:"*

हम भी कवि हैं और कालिदास भी और आज भी कवि हो चुके हैं। हर दौर में इस तरह के लोग आते हैं, दिखाई पड़ते हैं और उस समय ज़रूरत होती है कौन अकवि है, कौन कुकवि है। यह बताने वाले थोड़े से लोग रहे हैं। यह बताने की ज़रूरत है और यह ज़रूरत अध्यापक रहते हुए और साथ ही विश्वविद्यालय की दुनिया से बाहर और जैसा बन्धुवर, केदारनाथ जी कह रहे थे कि 10 साल मैं विश्वविद्यालय से बाहर रहा हूँ यानी "कभी मयख़ाने के बाहर कभी मयख़ाने में।"

लेकिन इन दोनों दुनिया के बीच रहते हुए बराबर कोशिश रही कि जो सचमुच रचना है, सार्थक रचना है वह और जो दूसरी रचना है उसे अलग किया जाये। राजशेखर ने काव्यमीमांसा में कई तरह के आलोचकों की गणना की है और सब जीवन में पाये जाते हैं। एक होते हैं जिनको उन्होंने सत्रणी व्यवहारी कहा है। उस गाय की तरह या गधे की तरह समझ लीजिए जो घास-भूसा सब खाता चला जाता है। जो ख़राब साहित्य है, वह भी उसके लिए साहित्य है। कोई भेद नहीं करता है।

दूसरे ठीक उसका उल्टा होते हैं, अरोचकी। उनका नाम दिया है, जिनको कुछ भी नहीं रुचता है। अच्छी से अच्छी कविता सुनाओ, तो कहेंगे कुछ भी नहीं है। समझते हैं कि उसी में उनका बड़प्पन है कि किसी चीज़ को पसन्द न करें। यह भूल जाते हैं कि एक रोग होता है जिसमें मुँह का जायक़ा इतना ख़राब हो जाता है कि भोजन भले छप्पन प्रकार के बना दो तब भी स्वाद नहीं मिलता। ऐसी जिनकी जीभ मोटी हो गयी है, जिनको कुछ भी अच्छा नहीं लगता। अरोचकी काफ़ी लोग मिलते हैं दुनिया में। यह दूसरा छोर है। उनके बीच में राजशेखर ने कहा कि कुछ सचमुच के तत्त्वाभिन्वेषी होते हैं, जो भावक हैं 'तत्त्वाभिन्वेषी' शब्द कहा है उन्हें जो बहुत दुर्लभ हैं। उन्होंने कहा है कि हज़ारों में कोई एक 'तत्त्वाभिन्वेषी' होता है। मैं दावा नहीं करता कि मैं हूँ। लेकिन दो बीमारियों से बचना चाहता हूँ कि सत्रणा व्यवहारी न रहूँ तथा अरोचकी न रहूँ और कोशिश करूँ। इसलिए यह जोख़िम भरा क़दम है। कवि जब कोई जोख़िम उठाता है तो आलोचक पर भी ज़िम्मेदारी आती है कि वह भी ज़िम्मेदारी उठाये।

निराला ने जोख़िम उठाया तो निराला की कविताओं को लेकर पाठक को भी सामने आना चाहिए ज्ञो जोख़िम उठा सके। आचार्य शुक्ल ने कहा था कि कवि को लोक हृदय की पहचान होनी चाहिए। मैं समझता हूँ उतनी ही ज़रूरत एक सामान्य प्राणी को होनी चाहिए लोक हृदय की पहचान तभी होगी जब आपके हृदय का बहुत बड़ा हिस्सा गाँव में बीता है। आधा गाँव में नहीं गाँव में। मराठी में बम्बई को भी लोग गाँव ही कहते हैं। बाहर गाँव जा रहे हैं तो बम्बई से बाहर जा रहे हैं। बड़ा अच्छा लगता है कि इस महानगर को भी लोग गाँव ही कहते हैं। काश कि मैं दिल्ली को भी गाँव कह सकता।

आचार्य हजारी प्रसाद द्विवेदी मेरे गुरुदेव की रचनाओं को पढ़ते हुए आपको भोजपुरी के शब्द मिलेंगे। short cut के लिए बहुत पहले गुरुदेव ने नाम दिया था केदारनाथ जी को याद होगा 'अगवा रास्ता नहीं है' ये बोला जाता है हमारे यहाँ। अवधी की गहरी छाप आपको रामचन्द्र शुक्ल में मिलेगी।

अगर हम लोक हृदय से जुड़े नहीं होंगे तो नागार्जुन, केदारनाथ सिंह की कविताओं को समझ नहीं पायेंगे। इसलिए लोक हृदय ताक़त देता है, चुनौती देता है, ललकारता है, जोख़िम उठाने के लिए। इसलिए इस मुम्बई नाम के गाँव में और उसकी विद्यापीठ में आज आप लोगों ने जो प्यार का हार पहनाया है और साथ ही शीत और घाम से बच सकूँ वैसे ही मोहब्बत की शॉल ओढ़ाई है और अन्त में वह

नारियल जो प्रातःकाल घूमते हुए मरीन ड्राइव पर पीकर टहलने के बाद घर आता हूँ। आज वह ठोस नारियल देकर आपने हमारी प्राचीन परम्परा की याद दिलाई है। इसके लिए मुम्बई विद्यापीठ और हिन्दी-विभाग के अध्यक्ष प्रियवर रतनकुमार का बहुत आभार मानता हूँ।

(यह व्याख्यान डॉ. रतन कुमार पाण्डेय जी द्वारा सम्पादित पुस्तक 'जातीय परम्परा और नामवर' से लिया गया है। साभार अनंग प्रकाशन)

# शब्दावली पर मेरे विचार

कुछ आरती-वारती घुमा दो लेकिन दख़ल न देने दो। अपने व्यावहारिक मामले में। इसलिए संस्कृत आज हमारी परम्परा से काट कर अलग एक ऐसी पूज्य वस्तु, बल्कि मैं कहूँगा कि वस्तु बना दी गयी है, जैसे पूँजीवादी समाज में हर चीज़ माल हो जाती है, कमोडिटी हो जाती है उसी तरह संस्कृत इस बीच कमोडिटी या माल हो गयी है। नतीजा होता है कि संस्कृत से जब ग्रहण करते हैं तो उसका रूप वही नहीं है जो 19वीं सदी में हुआ करता था। उस समय आतंक नहीं था सा'ब और उस समय तत्सम में और देशज शब्दावली में वह बैर नहीं था जो आज दिखाई पड़ता है। इसलिए पुराने शब्दकोशों में और उन ग्रन्थों में आप देखेंगे कि बोल-चाल के शब्द इस तरह से तकनीकी शब्द बनते थे। आजकल ऐसी धारणा हो गयी है कि तकनीकी और पारिभाषिक शब्दावली होने के लिए उसे संस्कृतनिष्ठ तथा तत्सम जैसा दिखाई पड़ना ही चाहिए। वह तब तक पारिभाषिक शब्दावली नहीं होती जब तक कि वह संस्कृतनिष्ठ या तत्सम न हो। हम सोच ही नहीं सकते हैं कि देशज शब्द भी पारिभाषिक हो सकता है। 'पिग आयरन' के लिए कचलोही शब्द बोल-चाल का था। और यह फैलन ने इस्तेमाल किया, इसे शेक्सपियर ने इस्तेमाल किया था। अब आज उसके लिए संस्कृत का एक भारी-भरकम शब्द दिया जायेगा और हम लोग यह भूल ही जायेंगे, भूल गये हैं कि कचलोही भी इस्तेमाल किया जाता है पैंडेंट के लिए लोलक। अब लोलक कहाँ से आया है। लोलक, लटका। पैंडलुम के लिए भी इस्तेमाल किया है। ऐसे सैकड़ों बोल-चाल के शब्द पारिभाषिक शब्दों के रूप में फैलन ने इस्तेमाल किये हैं और उस समय रायबहादुर पण्डित लक्ष्मी शंकर मिश्र अपने जो ग्रन्थ लिखते थे उसमें ठेठ बोल-चाल के लिए हुए शब्दों का प्रयोग किया करते थे। इसलिए 19वीं सदी की अपनी परम्परा का स्मरण, केवल लल्लू जी लाल, सितारे हिन्द, भारतेन्दु, संस्कृत का आतंक नहीं था बल्कि मैंने कहा कि संस्कृत से परम्परा टूटी नहीं थी, ऐसी धारा थी जो अनवरुद्ध चली आ रही थी और सहज भाव

से संस्कृत की शब्दावली स्वीकार की गयी और बनायी गयी। लेकिन देशज और तद्भव शब्दों के प्रति गहरा अनुराग और लगाव था। क्योंकि उस समय दृष्टिकोण हमारा लोकोन्मुख और जनोन्मुख था। हम केवल विद्वानों और विशेषज्ञों के लिए विज्ञान की पुस्तकें नहीं लिख रहे थे और न शब्दावली बना रहे थे, बल्कि हम इसे पहुँचाना चाहते थे उस साधारण आदमी तक। यह दृष्टिकोण आज भी यदि शब्दावली रचते-गढ़ते समय, चुनते समय या ग्रन्थ लिखते समय रखें तो ज़्यादा उपयुक्त होगा।

उस परम्परा से हम दो बातें आसानी से ले सकते हैं। ग्रन्थ रचना पहले, शब्द रचना बाद में। न कि शब्द रचना पहले, ग्रन्थ रचना बाद में। आप कहेंगे ऐसा नहीं होता। साहित्य का विद्यार्थी होने के नाते मैं जानता हूँ कि जिस युग में कविता पहले लिखी गयी, काव्यशास्त्र बाद में बना उस समय कविता भी अच्छी हुई और काव्यशास्त्र का ग्रन्थ भी अच्छा हुआ। आनन्दवर्धन का ध्वन्यालोक ऐसे ही काल की रचना है। जिस युग में, लक्षण ग्रन्थ पहले लिखे गये, उदाहरण के रूप में कविता बनी, ग्रन्थ भी भ्रष्ट हुए, कविता भी भ्रष्ट हुई। उदाहरण है हिन्दी का रीतिकाल। मुझे ऐसा लग रहा है कि आज़ादी के बाद भाषा और तकनीकी शब्दावली के क्षेत्र में रीतिकाल चल रहा है। जहाँ हम लोग लक्षण ग्रन्थ पहले लिख रहे हैं और उम्मीद करते हैं कि उदाहरण के रूप में कोई ग्रन्थ लिखा जाय। इसलिए साहित्य के विद्यार्थी के नाते मैं अपने वैज्ञानिक मित्रों से निवेदन कर सकता हूँ कि रचना पहले, आलोचना बाद में। यह आलोचक होते हुए भी मैं कह रहा हूँ, यही रास्ता सही है। उसी तरह से ग्रन्थ निर्माण पहले। शब्दावली उसी प्रयोग से बनेगी, ठुक-पिट कर बनेगी। उसी किताब से शब्द चयन करेंगे। इसके बाद मार्क्सवादी होने के नाते कहूँगा कि यह प्रणाली द्वन्द्वात्मक होनी चाहिए, ग्रन्थ रचना अवश्य पहले, शब्द निर्माण उसके बाद में, फिर शब्द निर्माण, फिर ग्रन्थ रचना। इन दोनों के बीव का सम्बन्ध दो-तरफ़ा होना चाहिए, एक-तरफ़ा नहीं होना चाहिए। ऐसा नहीं कि ग्रन्थ की ही रचना होती चली जाय। फिर शब्दावली के निर्माण, परिष्कार आदि का कार्य मन्द पड़ेगा, ढीला पड़ेगा, और उसमें वह सुनिश्चितता नहीं आ पायेगी जो क़ायदे से आनी चाहिए। इसलिए यह दोनों तरफ़ होना चाहिए। प्रश्न यह है कि शुरू कहाँ से करें और फिर आगे उसकी प्रक्रिया कौन सी हो, इस दूसरी चीज़ की ओर ध्यान दें।

तीसरी चीज़ अपनी परम्परा से याद रखने की यह भी है कि बहुत सी शब्दावली, ऐसी भी है जो इतिहास बोध की माँग करती है और इतिहास न जानने के कारण हम लोग अनुवाद करके अक्सर ऐसा करेंगे कि गंगा का पानी गंगोत्री ले जायेंगे। उदाहरण के लिए ऐसे ही कहीं एक जगह नीचे शब्दावली जो बनी उसी में देखा। एक शब्द है

वनस्पति शास्त्र के क्षेत्र का। टेमरेंडस इंडिका। इसके आगे है इमली। अब कहाँ टेमरेंडस इंडिका और कोई पुराना शब्द ले लिया गया। भला हुआ कि कोई गढ़ा नहीं गया उसके लिए। इतिहास पर अगर ध्यान दें कि यह शब्द यहीं से वहाँ गया है और फिर लौट कर यहाँ आ रहा है। अरब लोग जब पहले पहल भारत में आये थे और इस इमली नाम के फल को उन्होंने खाया, खाया होगा, बड़ा सुस्वाद लगा होगा, जायक़ेदार लगा होगा। और उसके कारण उन लोगों ने इस फल का नाम रखा तमरेहिन्द। अब यह तमरेहिन्द जो है लैटिन में गया तो 'ह' का लोप तो होना ही था और तमरेन्द हुआ लैटिन में, लैटिन से एंग्लेसाइज्ड किया गया और समझा गया, क्योंकि हिन्द ग़ायब हो चुका था उसमें से, इसलिए उस हिन्द के लिए इंडिका अलग से जोड़ा गया और लैटिन का तमरेन्द जो है तमरेन्दस, अंग्रेज़ी में आकर टेमरेंडस, टेमरेंडस इंडिका। कुल की जड़ है इमली। ये इमली कैसे टेमरेंडस इंडिका होकर पहुँची यह अपनी पुरानी परम्परा, कल्चर और संस्कृति का ज्ञान हम रखेंगे तो समझ सकेंगे। ऐसा बहुत से शब्दों के साथ हुआ है। एक दूसरा शब्द है दलबर्गीया सिस्सो, सीसम, गाँव में, भोजपुरी बोलने वाला मैं हूँ, हमारे गाँव में सीसों का पेड़ कहते हैं उसको। शीशम खड़ी बोली का आया हुआ है। सिसो यह लैटिन में मौजूद है, यही सीसम, हमारे यहाँ का बोला जाने वाला सीसों का पेड़। जो होता है गाँव में। बड़ी मज़बूत लकड़ी होती है। यह सिसो दलवर्गीया, बल्कि लैटिन में 'ज' नहीं बल्कि 'ग' होता है। और अंग्रेज़ी का जो जी है, जिसके बारे में भ्रम है हम लोगों को, अक्सर कभी 'ज' होता है कभी 'ग' होता है, आमतौर से ज़्यादातर भाषाओं में 'ग' हुआ करता है। इंटर वी वोकेलिक होता है। अंग्रेज़ी वाले 'ज' करके गड़बड़ करते हैं। तो दलवर्गीय और अंग्रेज़ी में दलवर्जीय हो और दलवर्जिका सिसो जो शीशम के रूप में आया। वनस्पतिशास्त्र के क्षेत्र में इतना समृद्ध हमारे यहाँ का रहा है और विशेष अपने ऐसे कटिबन्ध में होने के कारण जितने प्रकार की यहाँ वनस्पतियाँ मिलती हैं, ठण्डे मुल्कों में कम मिला करती हैं और उन सबके अनेक नाम हैं, इन नामों की विविधता और उसके बीज संस्कृत के हैं जो संस्कृत के नहीं हैं, प्राकृत के अनेक शब्द संस्कृत में गये हैं न कि संस्कृत से विकृत होकर प्राकृत बने हैं। इस अपनी समृद्ध परम्परा को अगर हम लोग देखें तो पायेंगे कि अधिकांश लैटिन शब्द, बहुत कुछ बोल-चाल के तद्भव, भारत में प्रचलित शब्दों से, अरबों से होते हुए यूरोप पहुँचे। इसलिए अपनी परम्परा के ज्ञान के लिए ज़रूरी है कि अपनी सांस्कृतिक परम्परा को, जब हम इतिहास को देखेंगे कि भारत के अनेक शब्द अनेक पदार्थ, अरबों से होते हुए यूरोप पहुँचे। इसलिए अपनी परम्परा के ज्ञान के लिए ज़रूरी है

कि अपनी सांस्कृतिक परम्परा को, जब हम इतिहास को देखेंगे कि भारत के अनेक शब्द, अनेक पदार्थ अरबों से होते हुए यूनान और यूनान से होकर रोम और फिर बाकी यूरोप में पहुँचे हैं, इस इतिहास पर दृष्टिपात करेंगे, तो बहुत कुछ मदद मिल सकती है और एकदृष्टि मिलेगी, जिससे शब्द रचना में मदद मिलेगी।

अन्तिम बात वह ये–जब संविधान निर्माण करने वाली हमारी सभा ने नागरी लिपि स्वीकार की तो अंकों के बारे में कहा गया कि नागरी के अंक अन्तरराष्ट्रीय रूप में स्वीकार किये जाते हैं। यह अन्तरराष्ट्रीय शब्द यानी बहुत अच्छा है सुनने में और उस राष्ट्रीयता की हक़ीक़त हम लोग जानते है, नागरीय अंकों के अन्तरराष्ट्रीय रूप की हक़ीक़त। कैसे अंक विकसित होकर अन्तरराष्ट्रीय रूप जिन्हें हम कहते है उस ब्यौरे में न जाकर मैं कहना चाहता हूँ कि यह अन्तरराष्ट्रीयता का आतंक ऐसा अद्‌भुत है हमारे देश में जिसका असर हम पारिभाषिक शब्दावली पर भी देखते हैं। अन्तरराष्ट्रीय का अर्थ हम लोग समझते हैं अंग्रेज़ी। प्रात:कालीन भाषणों में स्वामी जी ने, सत्य प्रकाश जी ने कहा कि यूरोप जाने की वजह से इस्पहानी बोलने वाले देशों में जाने पर मालूम हुआ कि अंग्रेज़ी से काम नहीं चल सकता। इस पारिभाषिक शब्दावली के बारे में सिर्फ़ निवेदन करना चाहता हूँ कि चूँकि अब एक ही खिड़की नहीं रह गयी है, हम लोगों के लिए और विज्ञान और टेक्नोलॉजी में आदान-प्रदान का जहाँ तक सम्बन्ध है, है और बहुत से दरवाज़े खिड़कियाँ बन गयी हैं। इस बीच ऐसा भी हुआ है। जर्मनी से जिस तरह से हम लोगों ने हाथ जर्मनी की तरफ़ बढ़ाया है, इटली की ओर भी आजकल बड़ा अनुराग प्रकट हो रहा है, रूस से अनेक प्रकार के सम्बन्ध है और कहीं पूरब छूट न जाय इसलिए जापान से आजकल बहुत आवाजाही हो रही है, अब जापान और यह बहुत अच्छा है कि आप अंग्रेज़ी और अंग्रेज़ों पर ही निर्भर न रहें, कम से कम विज्ञान और टेक्नोलॉजी के मामले में आप अंग्रेज़ी भाषी देशों के अलावा, जापान, रूस, जर्मनी इन देशों पर भी आपकी नज़र है और उनसे सीखना चाहते हैं, जानना चाहते हैं। उस सिलसिले में यह आग्रह क्यों होना चाहिए कि अंग्रेज़ी भाषा दुनिया में प्रचलित पारिभाषिक शब्दावली ही अन्तरराष्ट्रीय शब्दावली है। इस देश के लोगों का भ्रम जितनी जल्दी टूटे, उतना ही अच्छा है कि विज्ञान और टेक्नालॉजी के क्षेत्र में मित्रो अन्तरराष्ट्रीय शब्दावली जैसी कोई चीज़ स्वीकृत व मान्य नहीं है। स्वयं जर्मन उन शब्दों का प्रयोग नहीं करते हैं, जो अंग्रेज़ी भाषी लोग किया करते हैं, विज्ञान और टेक्नोलॉजी के मामले में। जर्मनी इसके कारण घाटे में नहीं है। मामूली-मामूली, ऑक्सीजन नाइट्रोजन जेट, जो ऐसा समझा जाता है कि अन्तरराष्ट्रीय होंगे, ऑक्सीजन तो अन्तरराष्ट्रीय होगा ही, नाइट्रोजन अन्तरराष्ट्रीय होगा,

जेट विमान अन्तरराष्ट्रीय होगा, इसके लिए भी जर्मन भाषा वाले इन शब्दों का प्रयोग नहीं करते, बल्कि दूसरे शब्द इस्तेमाल करते हैं। रूसी लोग इनके लिए यही शब्द इस्तेमाल नहीं करते हैं। ऑक्सीजन के लिए, नाइट्रोजन के लिए, जेट के लिए, दूसरे शब्द इस्तेमाल करते हैं। जापान बिल्कुल इन शब्दों का प्रयोग नहीं करता। इसलिए हम लोग यह समझते हैं कि अंग्रेज़ी में प्रचलित जो पारिभाषिक शब्दावली है, वही अन्तरराष्ट्रीय है और अन्तरराष्ट्रीय समझ कर ले लेना चाहिए, उसका अनुवाद नहीं करना चाहिए। यह अन्तरराष्ट्रीयता का आतंक पारिभाषिक शब्दावली के क्षेत्र में मिटेगा, जैसे-जैसे हम जापान, जर्मनी और रूस से टेक्नोलॉजी के ज्ञान के बारे में आदान-प्रदान करेंगे और देखेंगे, तब मालूम होगा कि अन्तरराष्ट्रीय शब्दावली के आधार पर कोई समझौता उनसे नहीं किया जा सकता। एग्रीमेंट में आप शब्दावली इस्तेमाल करेंगे। एंग्लोसेक्शन और रूसी बिल्कुल दूसरी शब्दावली इस्तेमाल करेगा। जापानी बिल्कुल दूसरी इस्तेमाल करेगा। इसलिए अब तक जो हम लोग समझते थे कि अन्तरराष्ट्रीय शब्दावली के नाम पर अंग्रेज़ी में प्रचलित तमाम चीज़ों को ले लें, वह पारिभाषिक शब्दावली के क्षेत्र में बहुत दिनों तक चलने वाला यह काम नहीं है। भारत, रुपये-पैसे के मामले में तो हम लोग उतने सम्पन्न नहीं हैं, लेकिन यह देश वह है कि वचन में दरिद्रता यहाँ नहीं रही है। तो और कुछ नहीं तो आप संस्कृत भाषा के जैसी समृद्धि भाषा और पाणिनि जैसा वैयाकरण जिसमें हो चुका हो, पातंजलि महाभाष्यकार जैसा, महान भाष्यकार हो चुका हो और विशाल शब्दकोश बने हुए संस्कृत में, चले आ रहे हों, इस देश में जब अन्तरराष्ट्रीय शब्दावली जैसी एक शब्दावली नहीं है तो आज इस क्षेत्र में जहाँ चार तरह की शब्दावलियाँ चल रही हैं, तो पाँचवीं भारत की भी चले तो क्या हर्ज है और होड़ में, टक्कर में देखा जाय। कौन जाने आप ही की शब्दावली चल निकले। होता यह है कि अकबर इलाहाबादी ने एक बार पहले कहा था कि बूट डासन ने बनाया, मैंने एक मजमूं लिखा। मेरा मजमूं चल न पाया और जूता चल गया। साहित्य में कभी-कभी ऐसा होता है, ज़िन्दगी में भी कभी-कभी ऐसा होता है कि मजमूं नहीं चलता है और जूता चल जाता है। जो ज़बर्दस्त का ठेंगा होता है, वह सिर पर हुआ करता है। अमरावटी खाकर नहीं आये हैं अमेरिका वाले या इंग्लैंड वाले। विशाल साम्राज्य देखते-देखते, अंग्रेज़ों का हमारे सामने, हम लोगों के सामने ध्वस्त हुआ है। यह अन्तरराष्ट्रीय शब्दावली जिसका डंका पिट रहा है, हमारे वैज्ञानिक लोग बड़े आतंक में हैं, ऐसा ज़माना आ सकता है, बहुत दूर भी नहीं। जब तीसरी दुनिया के तीसरे देशों में भारत की स्थिति विशेष है, उतना पिछड़ा हुआ नहीं है, भले ही उतना विकसित न हो। सम्भव है कि इस क्षेत्र

में एक दिन आये कि अन्तरराष्ट्रीय शब्दावली के नाम पर अंग्रेज़ी शब्दावली का आतंक का प्रभा मण्डल समाप्त हो और फिर होने वाले नये वैज्ञानिक ऐसे सामने आयें जो दूसरी शब्दावली चलाने का प्रयत्न करें। यह तभी होगा जबकि अन्तिम वाक्य इस क्रम में मैं जोड़ना चाहता हूँ कि यह कार्य तभी होगा, क्योंकि टेक्नोलॉजी केवल शब्द क्रीड़ा नहीं है, प्रहेलिका नहीं है, विज्ञान कुछ शब्दों का समुच्चय नहीं है, इसका गहरा सम्बन्ध सोच से है, दिमाग़ से है, मस्तिष्क से है, मेधा से है। वह भाषा जो माँ के दूध के साथ हमारे संस्कार में बनी है, उस भाषा में मौलिक चिन्तन जब आरम्भ होगा, तभी यह कार्य आगे बढ़ेगा। बिना मौलिक वैज्ञानिक चिन्तन के भारत में टेक्नोलॉजी का भी विकास नहीं हो सकता है, यह मेरी पक्की धारणा है। विज्ञान आगे चलेगा, तब टेक्नोलॉजी उपकरण के रूप में सामने आयेगी। भारत में मातृभाषाओं के माध्यम से जैसे-जैसे विज्ञान आगे बढ़ेगा, तरक्की करेगा, उसी क्रम से टेक्नोलॉजी, जो देशी टेक्नोलॉजी, स्वदेशी टेक्नोलॉजी, के साथ विकसित होगी, स्वदेशी विज्ञान और स्वदेशी टेक्नोलॉजी, यह राष्ट्रपिता महात्मा गांधी ने बहुत पहले कहा था। उस स्वदेशी विज्ञान और स्वदेशी टेक्नोलॉजी का आधार हमारी मातृभाषाएँ होंगी।

19वीं शताब्दी में जब शब्दावली बनी थी, तो उसके साथ वैज्ञानिक चिन्तन पुराने और नये को मिला करके इस देश में शुरू हुआ था, शब्दावली बन रही थी। 20वीं सदी में जैसे-जैसे इस दिशा में अपनी भाषा में मौलिक ढंग से कुछ लिखने, सोचने की कोशिश की। अब नहीं भूलना चाहिए कि विज्ञान में वहाँ भी, यहाँ भी, पहल करने का काम, जो रचनाकार रहे हैं, सर्जक रहे हैं, जिनको हम कवि, लेखक कथाकार कहते हैं, उन लोगों ने इस दिशा में काम किया। गेटे महान कवि ही नहीं था, बल्कि गेटे ने विज्ञान के क्षेत्र में भी मौलिक चिन्तन किया है, जिसे अनेक लोग जानते होंगे, हाल में दिल्ली विश्वविद्यालय के सोशियोलॉजी के प्रोफ़ेसर जीत ओबराय ने बहुत अच्छी किताब लिखी है, गेटे ए साइंटिस्ट। रवीन्द्रनाथ जी कविता, कहानी, उपन्यास लिखने वाले ही नहीं थे, बल्कि विश्व परिचय नाम की एक छोट-सी पुस्तक बच्चों के लिए लिखी और उनकी इच्छा हुई कि बच्चों के लिए ब्रह्माण्ड का ज्ञान कराने के लिए पुस्तक बंगला में लिखी जानी चाहिए और जगदानन्द राय को बुलाकर उन्होंने कहा कि बंगला में तुम विज्ञान की पुस्तक लिखो। कवियों और साहित्यकारों, रचनाकारों ने पहल की, ताकि दूसरे लोगों का जिसे कहते हैं धड़का खुले। और जो विज्ञान का और टेक्नोलॉजी का काम, वह दिन बहुत महत्त्वपूर्ण होगा, हमें सन्तोष होगा, जब हमारे जैसे लोगों की ज़रूरत नहीं रहेगी और गुणाकर मुले, वागीश शुक्ल, ओम विकास जैसे लोग जो स्वयं हिन्दी में लिख रहे हैं।

आजकल अधिकांश लेख और पुस्तकें लिखी हैं, यही लोग पारिभाषिक शब्दावली का, विज्ञान की पुस्तकों का काम सँभालेंगे। हम लोग अपने धन्धे में लगेंगे। जिस दिन हम लोग अनावश्यक हो जायेंगे, वह हमारे लिए सबसे सुख और गौरव का दिन होगा। जब हिन्दी भाषी क्षेत्र के वैज्ञानिक और टेक्ना 'लॉजी के विशेषज्ञ स्वयं अपनी भाषा में कार्य करने लगेंगे। तब तक आपद धर्म के रूप में, संक्रमण काल के रूप में, गिरिराज किशोर जैसे कहानीकार, उपन्यासकार गोष्ठी आयोजित कर रहे हैं और राजेन्द्र यादव, रघुवीर सहाय, नामवर सिंह और निर्मला जी जैसे लोग आकर इस गोष्ठी में भाग ले रहे हैं। यह आपद् धर्म संक्रमण काल, ईश्वर करे जल्द समाप्त हो। मैदान लेने वाले लोग, सँभालने वाले लोग, स्वयं आई.आई.टी. कानपुर के लोग यह काम करने लगे, हम लोग श्रोताओं के रूप में रहें और वे लोग उस समय सच्चे वक्ता होंगे, धन्यवाद।

(यह व्याख्यान 15 मार्च 1986 को I.I.T. कानपुर में दिया था)

# आज लेखक कितना प्रासंगिक

आज मीडिया के सामने अप्रासंगिक होने का ख़तरा उसी लेखक को होगा, जिसे मीडिया लेखक बनने का प्रलोभन है। दरअसल वह लेखक बनने का प्रलोभन है। दरअसल वह लेखक नहीं है मीडिया लेखक है। एक नयी क़िस्म का मीडियाकर।

कोई लेखक इस आस्था से लिखता है कि सर्जनात्मक शब्द कभी अप्रासंगिक नहीं होता जिस क्षण वह अपने आपको अप्रासंगिक महसूस करने लगे, समझ लेना चाहिए कि सर्जनात्मक शब्द में उसकी आस्था ख़त्म हो गयी।

सर्जनात्मक शब्द क्या है, इसका निर्णय हर लेखक अपनी रचना प्रक्रिया के स्तर पर करता रहता है। इसका गहरा सम्बन्ध एक सच्चे लेखक के आत्मसंघर्ष से है। निस्सन्देह यह कोई गुह्य साधना या रहस्यवाद नहीं है जो इसका वस्तुनिष्ठ विवेचन न हो सके। फिर भी लेखकों की इस मण्डली में फ़िलहाल इसके सार्वजनिक विवेचन की धृष्टता न करूँगा।

सार्वजनिक रूप में सम्प्रति प्रासंगिकता का अर्थ है। साहित्य की शक्ति या ताक़त और इस ताक़त का पता सत्ता को चुनौती देने पर चलता है। सत्ता की शक्ति के सामने एक तरह से देखें तो लेखक बिल्कुल निहत्था है; उसके हाथ में सिर्फ़ क़लम है, लेकिन क़लम की ताक़त है सचाई। प्रासंगिक होने का अर्थ लेखक के लिए कुछ हो सकता है तो यही कि वह सच कहने की ताक़त का उपयोग किस हद तक करता है।

प्रेस भी मीडिया के अन्दर ही आता है–निस्सन्देह एक तरह से ग़ैर-सरकारी मीडिया यह भी सच है कि आज यह प्रेस बहुत कुछ बड़ी पूँजी के हाथ में है, लेकिन इसके साथ ही यह भी सच है कि पिछले कुछ महीनों में प्रेस ने वह भूमिका अदा की जो विरोध पक्ष के राजनीतिक दलों के सम्मिलित प्रयास से भी अधिक है। कहने वाले तो यहाँ तक कहते हैं कि इस बीच जो काम विरोधी पक्ष के राजनीतिक दल भी न कर सके, उसे प्रेस ने कर दिखाया। प्रेस का यह काम है सत्य का उदाहरण इस तरह प्रेस ने सत्ता को चुनौती देने का जोख़िम उठाया, जोख़िम उठाकर प्रेस ने अपनी ताक़त का परिचय दिया। यह ताक़त ही उसकी प्रासंगिकता है।

सवाल यह है कि इस तरह अपनी ताक़त का परिचय किस लेखक ने दिया? मुझमें इतनी तमीज है कि कविता और दैनिक अख़बार में फ़र्क़ करूँ। कविता को मैं दैनिक अख़बार बनाने की बात नहीं करता। लेकिन क्या कविता कविता रहकर भी सत्ता के लिए चुनौती नहीं बन सकती? और नहीं तो लेखक इतना तो पूछ ही सकता है कि सम्राट के कपड़े कहाँ हैं? श्रीकान्त वर्मा ने यही तो कहा था कि "कोसल अधिक दिन टिक नहीं सकता। कोसल में विचारों की कमी है।" क्या यह कविता की भाषा में सत्ता को चुनौती नहीं? श्रीकान्त की ही एक और कविता है 'हस्तक्षेप' फ़िलहाल उसकी सिर्फ़ यही पंक्तियाँ याद आ रही हैं:

*जब कोई नहीं करता*
*तब नगर के बीच से गुज़रता हुआ*
*मुर्दा*
*यह प्रश्न कर हस्तक्षेप करता है—*
*मनुष्य क्यों मरता है?*

यह तो न कहूँगा कि कवि इसी तरह हस्तक्षेप करता है लेकिन यह सच है कि कविता में हस्तक्षेप का यह भी सार्थक ढंग है।

श्रीकान्त जी वैसे सत्ता के काफ़ी निकट थे। सभी जानते हैं। फिर भी उन्होंने एक सच कहने का साहस किया। इसकी व्याख्या कैसे की जाय?

लाजिम नहीं कि सच वही कहे जो सत्ता से दूर हो। कभी-कभी दूर के ढोल ज़्यादा सुहावने लगते हैं। ढोल में कितना पोल है। इसका पता तुरन्त नहीं होता। कविता में कुछ दिन पहले व्यवस्था के विरोध में ऐसे ढोल काफ़ी बजे। यह ध्यान आकृष्ट करने का ढंग था, संस्कृत में इस आशय का एक श्लोक है।

*घण्ट भित्वा, पंट छित्वा, कृत्वा रासभ रोहणम।*
*येन केन प्रकारेण प्रसिद्धो पुरुषो भवेत।।*

चाहे वे 'पुरुषो' की जगह 'कवयो' भी रख सकते हैं। कविता की दुनिया में घड़ा फोड़ने, कपड़ा फाड़ने और गधे की सवारी करने के दृश्य अनदेखे नहीं हैं। कुछ देर के लिए लगता है कि सबसे क्रान्तिकारी प्रतिभाएँ यही हैं। लेकिन असलियत जल्द ही खुल जाती है। प्रासंगिकता इतनी क्षणिक चीज़ है और न इतनी सतही ही।

जब मैं लेखक और लेखन की ताक़त की बात करता हूँ तो मेरे मन में लेखन की कोई रोमांटिक कल्पना नहीं है। एक शेर सुनकर किसी खूँखार बादशाह ने क़त्लेआम बन्द कर दिया–ऐसा सुना तो है लेकिन देखा नहीं। सिर्फ़ देखे हुए को ही सच मानूँ ऐसा प्रत्यक्षवादी भी नहीं, लेकिन यक़ीन नहीं है कि आज कोई तानाशाह

प्रधानमन्त्री या राष्ट्रपति कविता सुनकर ऐसा कर गुज़रेगा। लाठी चार्ज करने वाले पुलिस के सिपाही से तो इस बात की उम्मीद नहीं, फिर राष्ट्रपति और प्रधानमन्त्री तो बहुत बड़ी हस्ती हैं। सत्ता कविता से नहीं पिघलती। आज की सत्ता इतनी सख़्त है कि सिर्फ़ टूटती है और यह टूटना कई तरह से होता है। तोड़ने की इस कला का कुछ रहस्य कविता भी जानती है। क्या कुछ कवियों ने अभी तक इसे आजमाया नहीं?

दरअसल सत्ता को सच्ची चुनौती वही दे सकता है जिसके पास कोई विकल्प हो। विकल्प वहीं होता है जहाँ 'विज़न' हो विज़न यानी भविष्य का नक़्शा। मुझे पता है कि अब भविष्य के नक़्शे की चर्चा फ़ैशन में नहीं है। मोहभंग इतना हो चुका है, 'मिथ' इतने टूट चुके हैं कि अब बहुत से लेखकों को भविष्य के नाम से ही चिढ़ हो गयी है। निर्मल जी की मौज़ूदगी में ऐसी बात कहते थोड़ा संकोच हो रहा है और शायद यह डर भी है कि अनजाने कहीं उनका दिल न दुखा दूँ। लेकिन मुझे सचमुच ऐसा महसूस होता है कि हिन्दी में आज किसी लेखक के पास अपना कोई ताक़तवर 'विज़न' नहीं हैं। विचारधारा तो है जैसे कि मार्क्सवाद या मार्क्सवाद-विरोध लक्ष्य के रूप में समाजवाद या रामराज्य जैसी प्रदत्त अवधारणाएँ भी हैं, लेकिन ये सब 'विज़न' नहीं है। 'विज़न' वह है जो ख़ुद अपनी आँख से रोशनी की तरह फूटता है। दीवार पर लगे बल्ब की रोशनी की तरह जलता नहीं। आज़ादी की लड़ाई के दौरान हमारे बड़े लेखकों के पास ऐसा विज़न था, आज़ादी मिलने के बाद वह विज़न कुछ-कुछ दुर्लभ हो गया। अपवाद ज़रूर होंगे, लेकिन वे भी तर्कानुसार नियम को ही पुष्ट करते हैं।

इसलिए इस समय यदि किसी को मेरी बात अस्पष्ट लगे तो मैं प्रसाद जी के चाणक्य की तरह यह कहकर सन्तोष करूँगा कि मेरे पास इस समय करने के लिए सिर्फ़ बात ही है न, इसीलिए मेरी बात आपकी समझ में नहीं आ रही है। कुछ कर दिखाने की क्षमता होती तो आपकी समझ में वह बात तुरन्त आ जाती।

(साभार 'हंस', फ़रवरी 1988)

# कालपात्र-साहित्य और समय : पीढ़ियाँ आमने-सामने

संगोष्ठी के प्रथम सत्र के आदरणीय अध्यक्ष प्रोफ़ेसर राजेन हर्षे, गोविन्द बल्लभ पन्त सामाजिक विज्ञान संस्थान के निदेशक प्रोफ़ेसर प्रदीप भार्गव, सभागार में उपस्थित मेरे अनेक पूर्व परिचित सज्जन और इलाहाबाद के सम्माननीय साहित्यकार एवं बुद्धिजीवी मित्रो, युवा पीढ़ी के प्रतिनिधि युवकों एवं युवतियों। संस्थान में बद्री के माध्यम से मुझे एक लम्बे अरसे बाद एक बार फिर आने का मौक़ा मिला जिसके लिये मैं हृदय से आभार प्रकट करता हूँ। एक ज़माना था जब प्रोफ़ेसर श्यामा चरण दुबे इसके अध्यक्ष थे और निदेशक थे प्रोफ़ेसर एस.पी. नागेन्द्र, तब अक्सर यहाँ आना होता था। कई विचारोत्तेजक गोष्ठियाँ हुई थीं। यहाँ प्रो. दुबे का नाम मैं इसलिए ले रहा हूँ क्योंकि हम लोग कई बार विनोद के लिए उन्हें एस.सी. दुबे कह-कर बुलाते थे क्योंकि इंगलिश में उनका नाम यही होता था। वे एस.टी. के बारे में ज़्यादा बात करते थे और कहते थे वे एस.सी. और एस.टी. दोनों हैं, ऐसा मैं इसलिए कह रहा हूँ क्योंकि जिन जनजातियों के बारे में बद्री की जो दृष्टि हैं उसके उस आयाम पर वो अधिकार के साथ कह सकते थे।

यह संस्थान इलाहाबाद विश्वविद्यालय का अभिन्न अंग है। यहाँ अनेको पीढ़ियाँ ऋषि-मुनि से लेकर आधुनिक काल तक महानगरों की भीड़भाड़ से अलग होकर यहाँ चिन्तन, मनन, संवाद बहस करते रहे हैं। उन पुरानी यादों के साथ जब मैं यहाँ आता हूँ तो लगता है आधुनिक युग के नैमिषारण्य में विचर रहे हैं।

साहित्य का मूलत: विद्यार्थी होने के नाते साहित्य की दृष्टि से इस समय को देखने की क्षमता रखता हूँ और उसमें कोई बना-बनाया पूर्व निर्धारित विचार मेरे मन में नहीं है। इस विषय पर मैंने कुछ उधेड़बुन पैदा की, कुछ सवाल उठाये और आरम्भिक वक्ता के रूप में इन सवालों और उधेड़बुन के साथ मैं आपके सामने उपस्थित हूँ।

एक बात मुझे खटकी भले न हो पर अटकी ज़रूर है, वो यह कि पीढ़ियाँ आमने-सामने ही क्यों? पीढ़ियाँ अगल-बगल क्यों नहीं? अगल-बगल होकर भी मुड़-मुड़कर आप आमने-सामने हो सकते हैं। मैं ऐसा इसलिए कह रहा हूँ कि अपने साहित्य में बहुत पुराना छोड़ दें तो आधुनिक युग के इतिहास का सिंहावलोकन करता हूँ तो शायद ही कोई ऐसा दौर हो जिसमें इकट्ठे तीन-तीन, चार-चार पीढ़ियाँ साथ-साथ काम न कर रही हों। 20वीं सदी के आरम्भ में देखें तो काशी में द्विवेदी जी हिन्दी साहित्य के क्षेत्र की प्रतिभाओं के रूप में जाने जाते थे और उनके पहले भी उसी काशी नगरी में जहाँ जयशंकर प्रसाद लिख रहे थे वहाँ रत्नाकर भी ब्रज भाषा में लिख रहे थे। एक लम्बे समय तक तीन-तीन, चार-चार पीढ़ियाँ इकट्ठा काम कर रही थीं साहित्य में कोई भी दौर ऐसा नहीं है जिसमें इकट्ठे पीढ़ियाँ काम न कर रही हों। आज के दौर में देखें तो चार नहीं तो कम-से-कम तीन पीढ़ियाँ तो इस सभागार में ही मौजूद हैं। एक पीढ़ी के अवशेष के रूप में मैं हूँ जो 80 के दौर से गुज़र रही है।

कई लोग जुझारू हैं जो साथ मिलकर काम कर रहे हैं और कर चुके हैं। इन बीस सालों पर निगाह डाली जाये तो मैं स्पष्ट देखता हूँ कि यहाँ साठ, साठ के पार के लोग भी मौजूद है, चालीस के लोग भी मौजूद हैं इस सभागार में और बीस-पच्चीस के लोग भी मौजूद हैं। इसलिए एक अजीब-सा ताना-बाना हमारे साहित्य का और समाज का बन रहा है कि इकट्ठे एक परिवार की तरह, परिवार में बाबा-दादी भी होते हैं, माँ-बाप भी होते हैं, नाती-पोते भी होते हैं, और परिवार से लेकर पूरे साहित्य के इतिहास को देखें तो पीढ़ियाँ अगल-बगल धक्कम-धक्का करते हुए मुँहामुही करते हुए चलते हैं। अगर साहित्य की यह स्थिति है तो मैं नहीं समझता हूँ कि यह अन्य अनुशासनों में, इतिहास में, भूगोल में, विज्ञान में यह न हो।

सवाल यह है कि आमने-सामने ही पीढ़ियाँ हों यह आवश्यक तो नहीं? यह महाभारत नहीं है कि कौरवो और पाण्डव आमने-सामने हों, वैसे कहते हैं कि आमने-सामने होते हुए युद्ध विराम शाम को हो जाता था तो उसके बाद वे अगल-बगल होते थे, इसलिए साथ-साथ पीढ़ियाँ अभिशप्त हैं रहने के लिए, मैं कहना चाहता हूँ कि पहली बार समय का प्रश्न यहाँ नहीं उठाया गया। इन्दिरा गांधी नेशनल सेंटर फॉर आर्ट्स ने टाइम पर काफ़ी कुछ छापा है। एक समय ग़ैर मार्क्सवादी या प्रगतिशीलता के जो ख़िलाफ़ रहे थे, जो अपनी प्रयोगवादी और मुक्त चिन्तन वाली परम्परा के लिए जाने जाते थे, जिनमें अज्ञेय जी थे, उस तरह के विचारकों ने लगभग एक दशक तक, आज से 20 साल पहले तक समय पर चर्चा की थी और इस पर अनेक गोष्ठियाँ हुई थीं। उनमें विचार व्यक्त करने वालों में प्रोफ़ेसर मैनेजर पाण्डेय भी थे। इन लोगों ने समय पर बहुत चर्चा की इसलिए इस सवाल का भी इतिहास है और उस इतिहास को अवश्य ही हम ध्यान रखेंगे।

मैं यहाँ उसी भूमिका, परम्परा का निर्वाह कर रहा हूँ जो महाभारत में मुससे भी वृद्ध हो गये भीष्म पितामह ने किया था। युधिष्ठिर उनसे अनेक सवाल उठाते थे तो बूढ़ी आत्मा को बुलाने में यह होता है कि वो इतिहास याद दिला देते थे और न दिलायें तो बुरे बनें। उस इतिहास ने एक ऐसा सवाल उठाया जिस पर मैंने बहुत व्यवस्थित विचार प्रस्तुत किया और वो विचार था–हम लोग यहाँ अक्सर कहते हैं कि "हमारा समकालीन, हम लोग वैसे भी समकालीन हैं, मैं, राजेश जोशी, अजय तिवारी। क्या अर्थ है इसका? अज्ञेय ने इस पर सवाल उठाये हैं जिसको मैं यहाँ पढ़ देता हूँ–"वह मेरा समकालीन है, किस अर्थ में वो मेरा समकालीन है? क्या मेरी स्वानुभूति में वो मेरा साझेदार है। काल की जो अनुभूति मुझे हो रही है क्या उसे हो रही है? इसलिए अनुभूति में वो हमारा साझेदार है कि नहीं है? यदि नहीं है तो केवल आज की तारीख़ में होने के कारण वो मेरा समकालीन है?" जगन्नाथ दास रत्नाकर क्या जयशंकर प्रसाद के समकालीन हैं? निजी तौर पर हैं। पर मुख्य प्रश्न है कि क्या अनुभूति के तौर पर थे? यहाँ देखें उन्होंने अनुभूति को ही साझेदार कहा है विचारधारा को नहीं। इसलिए क्या जो विचारधारा का साझेदार है वो ही हमारा समकालीन है? हमारी विचारधारा को नहीं मानता वो हमारा समकालीन है कि नहीं? अगर पार्लियामेंट में दो विरोधी दल एक जगह हैं वो समकालीन हैं तो साहित्य में दो विरोधी होते हुए समकालीन हो सकते हैं कि नहीं हो सकते हैं? समकालीनता की परिकल्पना में द्वन्द्ववादी गुंजाइश है कि नहीं? समानता ही एकमात्र आधार होगा समकालीनता का या द्वन्द्वात्मक सम्बन्ध भी समकालीनता का आधार हो सकते हैं? यह सवाल मार्क्सवादियों के सामने तो हैं ही ग़ैर-मार्क्सवादियों के सामने भी हैं कि मार्क्सवाद मानें कि ना मानें।

आज जो नये अर्थद्वन्द्व की मार पड़ रही है उसमें कोई ज़्यादा भोग रहा है कोई कम भोग रहा है। भोग तो सब रहे हैं, भोगने का ढंग अलग-अलग है। आप कनज़्यूम करते हैं कनज़्यूमर सोसाइटी के हैं तो ध्यान दें उपभोग करना, इस समय की सारी सुविधाओं का उपभोग करने वाले हम लोग मध्य वर्ग के लोग हैं।

क्या उपभोग भी सहभोगी है? सहभोगिता करने का मतलब केवल भोगना ही नहीं है, भोगना दो अर्थ में, रोग को भोगते हैं, भोजन को भी भोगते हैं। आप प्रश्न भी भोगते हैं, और अवसर भी भोगते हैं।

कई लोगों के बारे में सोचते हम देखते हैं कि रहते तो ये 21वीं शताब्दी में हैं लेकिन यह 21वीं शताब्दी में जीते नहीं हैं। अक्सर कुछ लोग नामालूम कहने के लिए ना कल्पना में कम-से-कम जो रामायण के युग में जी रहे हैं लेकिन वो समझते हैं कि वो उसी काल में जी रहे हैं। आपके लिए यह वर्तमान, वर्तमान है कि नहीं? कुछ लोग अतीत में वर्तमान को तलाशते हैं, उनके लिए अतीत ही उनका वर्तमान है और कुछ

स्वप्नजीवी लोग हैं जो भविष्य में ही जीते हैं और अपने को बड़ा क्रान्तिकारी समझते हैं। इसलिए क्या उनका और मेरा एक वर्तमान है।

अभी तो हम समकालीन हो सकते हैं। क्या उसका भी अतीत और भविष्य का परिदृश्य और अनुभूति उसी बिन्दु से आगे बढ़ता है जिससे मेरा। और उतने ही व्यास में फैलाव। यहाँ मैं कहना चाहता हूँ कि विषय आपका समय पर हो सकता है लेकिन अपनी परम्परा में देखता हूँ तो भारतीय परम्परा ही परिदृश्य है। उसमें काल के साथ दिक् लगा होता है, टाइम विथ स्पेस। टिक् के बिना काल निर्गुण हो जायेगा।

"निर्गुण ब्रह्म सगुण हो जैसे" तो निर्गुण ब्रह्म सगुण होता है। तुलसीदास के लिए राम सगुण भी थे और निर्गुण भी। काल निर्गुण रह जायेगा अगर वो दिक् के साथ, स्पेस के साथ, स्थान के साथ नहीं जुड़ेगा। अगर हम नहीं जोड़ेंगे तो भारत का काल वो नहीं है जो अमेरिका का काल है। इसलिए 21वीं शताब्दी भारत की और है और अमेरिका की और सम्भव है कि आपका और हमारा वर्तमान एक हो। सम्भव है, जैसे सभी राजनैतिक पार्टियों का वर्तमान है कि अगला चुनाव होने को है। इन सबका वर्तमान एक है लेकिन क्या इनका भविष्य भी हैं? और क्या उनका अतीत भी एक है? इसलिए यह फ़र्क देखना पड़ेगा। हिन्दुत्ववादियों का अतीत वो नहीं है, कुछ लोग उनसे असहमत हैं। कुछ जो मानते हैं कि उनके हिसाब से उस अतीत में कुछ लोग खलनायक हैं या नहीं हैं। केवल एक मज़हब और जाति को मानने वाले लोग हैं बाकी लोगों लिए उस अतीत में गुंजाइश नहीं है और भविष्य में वैसा ही भारत वो नहीं बनाना चाहते जैसा भारत कुछ और लोग बनाना चाहते हैं। इसलिए ध्यान रखें कि एक वर्तमान होना, वर्तमान में एक साथ होना और साथ ही साथ रहते हुए वो सारा का सारा वर्तमान सबका एक हो ऐसी स्थिति में समकालीनता का निर्णय लेना और समकालीनता के निर्णय में अनुभूति और विचार दोनों के महत्त्व के द्वारा निर्धारित होगा।

फैलाव कितना बड़ा और व्यापक है। एक जमाने जब अपनी बात करते थे या कुटुम्ब की बात करते थे तो हमारे देश के लोग कहते थे कि 'वसुधैव कुटुम्बकम्' लेकिन अब सब मायने बदल गये हैं, इसलिए मैंने कहा कि समय के साथ दिक् जरूरी है। यानी भविष्य की कल्पना करें तो ध्यान रखें आप किसके लिए कह रहे हैं। आज देखें तो गाँधी जी या रवीन्द्रनाथ जैसे ज़माने के लोग थे, वे जब भी अपने लिए बात करते थे तो उन्हें लगता था कि जो मैं कह रहा हूँ वो सारे विश्व पर लागू होता है। नैतिकता का यह रूल मानते हैं कि जो आप अपने लिए सही मानते हैं, यदि दूसरे के लिए वो सही नहीं मानते तो आपके लिए वो सही नहीं है। इसलिए समकालीनता का प्रश्न मैं आपके लिए छोड़े जा रहा हूँ।

इकट्ठे तीन-तीन, चार-चार पीढ़ियाँ लिख रही हैं। भाषा अलग है। पुराने जो लिख रहे हैं उनके बाद और पीढ़ियाँ आ गयी हैं जो वो भाषा नहीं लिख रही हैं पर उनकी चिन्ता वही है, उनका मुहावरा वही है। कहानी या उपन्यास में आप देखें तो हर दस-दस, पन्द्रह-पन्द्रह साल पर जो आगे वाली पीढ़ी है वो अपनी उपस्थिति दर्ज करा रही है।

समकालीनता एक प्रश्न है कि आपकी आत्मभाषा कैसी है? आप कौन-सी भाषा बोलते हैं? यहाँ भाषा से मतलब यदि आप हिन्दी बोलते हैं तो हिन्दी में कौन-सी हिन्दी? तो वो आपकी पहचान होती है आप जिस भाषा या शब्दों में उसको व्यक्त करते हैं। यह हिन्दी की शर्त है कि 'नव-नव उन्मेष' मतलब एक नयी भाषा देते हैं तब समझा जाता है कि आपने कुछ नया रच दिया, सृजन किया। इसलिए काल की परिकल्पना के साथ-साथ क्रियेटिविटी भी है और वो निर्णय करती है।

समकालीनता में तीन-चार पीढ़ियों के बीच हो सकता है कि चार तरह की भाषा लिखने वाले लोग भी समकालीन हों। कहने के लिए समकालीन है लेकिन उनकी भाषाएँ अलग-अलग हो सकती हैं। भाषा की खूबी होती है कि भाषा में बहुत बदलाव नहीं होता है। ठीक है हम तुलसीदास की भाषा नहीं लिख रहे हैं लेकिन निराला जब लिख रहे थे तो निराला की कविताओं में तुलसीदास भाषा के शिखर पर भी बोलते थे। इसलिए भाषा में एक ऐसा प्रवाह है जो छिन्न भी हो सकता है और अविच्छिन्न भी।

हमारे सामने सवाल है कौन हमारा समकालीन है कौन नहीं? इस पर आप विद्वान अपने विचार दें तो मैं लाभान्वित होऊँगा। दूसरी चीज़ मैं कहना चाहूँगा कि नयी पीढ़ी से कहना आसान लगता है लेकिन पीढ़ियों में टकराव होता है। लेकिन इस विरोध या टकराव से कुछ नया पैदा होता है। यह मल्ल युद्ध नहीं है, वैचारिक द्वन्द्व है और उस द्वन्द्व से कुछ रचा गया है या नहीं यह महत्त्वपूर्ण होता है। रवीन्द्र जब लिख रहे थे तो नयी पीढ़ी आ गयी थी और उन्होंने रवीन्द्रनाथ को चुनौती दी थी। इसका ज़िक्र उन्होंने अपनी बंगला कविता में किया है। काल के घात से वो ही मरेगा जो अटल रहना चाहता है, वो मरेगा काल के आघात से। काल छोड़ता नहीं है इसलिए समय को वहाँ प्रवाह के रूप में देखना चाहिए। उस प्रवाह में आप डूब जायेंगे अगर आप अटल बने रहेंगे। जो अटल होना चाहेगा वो ध्वस्त हो जायेग ज़ो सगुण होते हैं वो प्रवाह के साथ रहते-रहते उस किनारे पर निकल जाते हैं।

साहित्य में अगर कहीं कोई उदारदता दिखे तो ये देखें कि वो उदारता है या आपको पैट्रोनाइज करने की कोशिश है। मैं जानता हूँ कि नयी पीढ़ी बहुत समझदार है। अज्ञेय जी ने लिखा था, कि काल मुझसे होड़ कर रहा है, मुठभेड़ नहीं। होड़ और में फ़र्क है। काल की ताक़त, काल की गति और उसके साथ होड़ है हमारी। जैसे एक लम्बी दौड़

है जयशंकर प्रसाद की एक रचना है जिसमें कहा गया है कि काल का अपना कोई रस नहीं होता। हमारा जीवन ही उसका रस है। 'चढ़कर मेरे जीवन रथ पर,' सोचिये अगर मनुष्य ने हो तो यह अमूर्त काल किसकी सवारी करेगा? किसके माध्यम से आगे बढ़ेगा? 'चढ़कर मेरे जीवन रथ पर, पैर चल रहा' यहाँ पैर से मतलब समय है। समय चल रहा अपने पथ पर। यहाँ रचनाकार कह रहा है कि काल तुझसे होड़ है मेरी।

काल को चुनौती के रूप में लेते रहे हैं इसलिए साहित्य में दो काल चलते हैं– कालदर्शी और कालजयी। बड़ी वही है जो काल को जीतता है। तुलसीदास को कहते हैं कि वो कालजयी है। जितने महाकवि हैं कालिदास, व्यास, कालजयी हैं, काल को उन्होंने जीता है, वे कालजयी इसलिए कहलाते हैं कि वो कालदर्शी थे। वे काल को देखते थे। काल अमूर्त चीज़ है उस अमूर्त चीज़ को भी उन्होंने देखा। इसलिए जो कालदर्शी होते हैं उन्होंने अपने काल को जिस तरह से भी देखा हो, सात परतें फाड़ करके जो असली काल की छवि थी, उसको उन्होंने देखा, सत्य को देखा इसलिए वो कालजयी हुए। जो केवल काल के चेहरे के पर्दे को देखते हैं वो कालजयी नहीं, कालक्षयी होते हैं। इसलिए, कबीर ने कहा था कि 'कहत कबीर, संत, न सूरमा, काल निचोड़ के अमृत पी ले' साहित्य का धर्म है काल को निचोड़कर के अमृत को पीना। ज़रूरी नहीं कि काल के निचोड़ने से अमृत ही निकले, जहर, विष भी निकल सकता है। सच्चा सहित्यकार अपने काल को निचोड़ता है और निचोड़कर के रस की वर्षा करता है। कुछ लोग रस का विवेचन दूसरे ढंग से करते हैं, मैं अलग ढंग से करता हूँ। पाँच-चार चीजें मिलाकर के जो निकलता है वो रस नहीं, जो निचोड़कर के सत्त्व होता है वो रस। वो ही सच्चा साहित्यकार और साहित्य के धर्म को जानने वाला होता है और इस नाते इतिहास से उसकी होड़ बनी रहती है। साहित्य में मौजूद अनेक धाराओं से होकर एक परम्परा चलती है और साहित्यकार उस परम्परा को रेखांकित करता है।

(गोविन्द बल्लभ पन्त सामाजिक विज्ञान संस्थान इलाहाबाद द्वारा आयोजित राष्ट्रीय संगोष्ठी में 31 मार्च, 2008 से 2 अप्रैल, 2008 में समय 'कालपात्र- साहित्य ओर समय: पीढ़ियाँ आमने-सामने' विषय पर दिया गया व्याख्यान है। सभार साहित्य और समय अन्त: सम्बन्धों पर पुनर्विचार पुस्तक, वाणी प्रकाशन)

# भारतीय भाषाओं में विश्वविद्यालय स्तर की पुस्तकों के निर्माण की समस्या

महाभाष्य में पतंजलि कहते हैं : "यल्लोके अर्थमर्थम् उपादाय शब्दान् प्रयुज्जते, नैषां निर्वृत्तौ यत्नं कुर्वन्ति। ये पुन: कार्या भावा निर्वृत्तौ तावत्तेषां यंत्न: क्रियते। तद्यथा-घटेन कार्य करिष्यन् कुम्भकारकुलं गत्वाह-कुरु घटं, कार्यम् अनेन करिष्यामि इति। न तावत् शब्दान् प्रयुयुक्षमाणों वैयाकरणकुलं गत्वाह-कुरु शब्दान् प्रयोक्ष्य इति। तावत्येव अर्थम् उपादाय शब्दान् प्रयुज्जते।"

अर्थात् लोक में भिन्न-भिन्न अर्थ कहने के लिए शब्दों का प्रयोग करते हैं, पर उनका निर्माण नहीं करते। परन्तु जो पदार्थ क्रिया से निष्पन्न होते हैं, उनके लिए यत्न किया जाता है। जैसे घड़े से काम लेने की इच्छा वाला व्यक्ति कुम्हार के घर जाकर कहता है–घड़ा बनाओ, मैं उससे काम लूँगा पर शब्दों के प्रयोग की इच्छा करने वाला व्यक्ति वैयाकरण के घर जाकर यह नहीं कहता कि मेरे लिए शब्द बना दीजिए, प्रयोग करूँगा। उस समय तो अर्थ कहने के लिए शब्दों का प्रयोग करते हैं।

सम्प्रति कहने का प्रयोजन यह है कि पाठ्यपुस्तक घड़ा नहीं है। किसी विद्वान को अपनी भाषा में पाठ्यपुस्तक की ज़रूरत महसूस होगी तो वह पाठ्यपुस्तकों के कुम्भकार के पास न जायेगा। पाठ्यपुस्तक अध्ययन-अध्यापन की प्रक्रिया में तैयार होती है। आचार्य रामचन्द्र शुक्ल का 'हिन्दी साहित्य का इतिहास' इसी प्रक्रिया में तैयार हुआ–एक ओर पढ़ाई चल रही थी और दूसरी ओर पाठ्यसामग्री की तैयारी। आचार्य शुक्ल स्वयं शिक्षक थे। काशी हिन्दू विश्वविद्यालय में स्नातक और स्नातकोत्तर स्तर पर हिन्दी शिक्षण का शुभारम्भ हुआ ही था। ठीक-ठिकाने की पाठ्यपुस्तकें न थीं। कोई ग्रन्थ अकादमी भी न थी। सरकारी अनुदान भी नहीं। अंग्रेज़ी राज था। साठ साल पहले की बात है। वे स्वराज के लिए संघर्ष के दिन थे। शिक्षा की दुनिया में भी स्वराज के लिए संघर्ष चल रहा था।

लगभग उन्हीं दिनों दर्शन के आचार्य कृष्णचन्द्र भट्टाचार्य ने अंग्रेज़ी में एक लेख लिखा था 'विचारों में स्वराज', जिस पर कुछ दिन पहले समकालीन दार्शनिकों के बीच विस्तृत चर्चा हुई है। इस निबन्ध के अन्तर्गत आधुनिक अंग्रेज़ी शिक्षा-प्रणाली के दुष्प्रभाव की चर्चा करते हुए उन्होंने कहा है : "हमारा चिन्तन पूर्णतया संकर है और अनिवार्यतः बाँझ भी। गुलामी हमारी आत्मा तक घुस गयी है : विचार-संकरता का प्रमाण है वह अंग्रेज़ी मिश्रित विलक्षण खिचड़ी भाषा, जिसमें हमारे शिक्षितजन आपस में वार्तालाप करते हैं। सांस्कृतिक विचारों को शुद्ध देशी भाषा के माध्यम से व्यक्त करने में हम विशेष रूप से कठिनाई का अनुभव करते हैं। स्वयं मुझे भी यदि आज बँगला में भाषण करने के लिए कहा जाता तो बहुत आयास करना पड़ता फिर भी आज ऐसे प्रयास की प्रशंसनीय प्रवृत्ति दिखायी पड़ रही है। आवश्यक नहीं कि यह प्रयास हमेशा सफल ही हो। शायद संक्रमण काल में यह प्रत्याशित है। भाषा की कठिनाई पार हो जाय तो उस उपलब्धि की दिशा में यह बड़ा क़दम होगा जिसे मैं 'विचारों का स्वराज' कहता हूँ।"

स्वराज मिले चालीस साल हो गये; लेकिन कृष्णचन्द्र भट्टाचार्य का वह 'विचारों का स्वराज' कहाँ है? क्या इसका कुछ सम्बन्ध स्वभाषा से भी है?

सिद्धान्त के रूप में सभी मानते हैं कि सर्वोच्च स्तर तक की शिक्षा अपनी भाषा के माध्यम से होनी चाहिए। संसद का निर्णय है। सरकार का संकल्प है। आयोग-दर-आयोग की सिफ़ारिशें हैं। सरकारी अनुदान हैं। ग्रन्थ अकादमियाँ हैं। गरज़ कि पहले से कहीं ज़्यादा सुविधाएँ हैं। व्यवस्थित रूप से पुस्तक निर्माण की योजनाओं को चले भी पन्द्रह-सोलह साल हो गये। फिर भी शिकायत है कि अभी विश्वविद्यालय स्तर की पाठ्यपुस्तकें नहीं हैं।

सचाई कुछ और है। पुस्तकें उनका इस्तेमाल नहीं हो रहा है। ग्रन्थ अकादमियों की मौलिक पुस्तक लिखने वाले भी शिक्षक ही हैं, अनुवाद करने वाले भी अधिकांशतः शिक्षक हैं और संशोधन-सम्पादन करने वाले भी शिक्षक। लेकिन विश्वविद्यालय के पाठ्यक्रम के योग्य उन पुस्तकों को न मानने वालों में भी वही शिक्षक हैं। कभी कहते हैं भाषा गड़बड़ है। कभी, स्तर ऊँचा नहीं है। कभी यह आपत्ति कि 'अप-टु-डेट' यानी अद्यतन नहीं है। शुरू-शुरू में शोर मचा कि भारतीय भाषाएँ आधुनिक ज्ञान-विज्ञान के लिए अविकसित हैं; इसलिए उन्हें विकसित करने का नारा दिया गया। तजवीज़ पेश की गयी कि पहले पारिभाषिक शब्दावली बनायी जाय। बन गयी तो कहा गया कि इस शब्दावली के सहारे किताबें बनाओ। किताबें बनने लगीं तो शिकायत आयी कि मुश्किल शर्त यह थी कि किताबें हों तो भारतीय भाषाओं को शिक्षा का माध्यम

बना दिया जायेगा। लेकिन किताबों के आने पर भी माध्यम का मामला अटका रहा। विश्वविद्यालयों की इस उदासीनता के कारण इधर कुछ वर्षों से पुस्तक निर्माण के कार्य में शिथिलता आने लगी है।

'विश्वविद्यालय अनुदान आयोग' के एक सर्वेक्षण के अनुसार ऐसे विश्वविद्यालयों की संख्या पचास प्रतिशत से भी कम है जिनमें भारतीय भाषाओं के माध्यम से शिक्षण की सुविधा है। वस्तुतः अभी भी ऐसे विश्वविद्यालय की संख्या अधिक है, जिनमें पढ़ाई का माध्यम एक मात्र अंग्रेज़ी है। कहने की आवश्यकता नहीं कि जब तक विश्वविद्यालयों में अंग्रेज़ी माध्यम का वर्चस्व रहेगा, भारतीय भाषाओं में पुस्तक-निर्माण के कार्य में प्रगति न होगी! पुस्तक-निर्माण का अधिक सम्बन्ध शिक्षा के माध्यम से है। पहले पुस्तक या माध्यम यह एक भयावह दुष्चक्र है—पहले अण्डा और मुर्गी की तरह। सवाल इस दुष्चक्र को तोड़ने का है।

विश्वविद्यालयों के अन्दर माध्यम के रूप में भारतीय भाषाओं को न आने देने की ज़िम्मेदारी निश्चित रूप से स्वयं विश्वविद्यालयों की है, जिसके भागीदार शिक्षक हैं। विश्वविद्यालय स्वायत्त हैं, इसलिए इस मामले में न केन्द्र की सरकार कुछ कर सकती है, न राज्य की सरकारें ही दख़ल दे सकती हैं; और हम सभी जानते हैं कि यह सरकार विश्वविद्यालयों की स्वायत्तता का कितना सम्मान करती है।

इस बीच यह भी हुआ है कि पाठ्यपुस्तक लेखन दूसरे दर्जे का काम समझा जाने लगा है। वह ज़माना और था जब पाठ्यपुस्तक लेखन को चुनौती के रूप में लिया जाता था और प्रायः प्रथम श्रेणी के विद्वानों ने इस दिशा में पहल की थी। अब भारतीय मनीषा उस युग को पीछे छोड़ आयी है। फिर कहीं वह पाठ्यपुस्तक किसी भारतीय भाषा में हुई तो बिना देखे ही तीसरे दर्जे की चीज़ हो गयी। यह अंग्रेज़ी में मौलिक लेखन करने वाले भारतीय विद्वानों की बाँधी हुई हवा है। एक ओर अपनी अंग्रेज़ी किताब को अधिक से अधिक भारतीय भाषाओं में अनूदित करने के लिए जोड़-तोड़ और दूसरी ओर उन्हीं भारतीय भाषाओं की अवमानना यह है भारतीय 'बुद्धिजीवी' का दोमुँहापन! यदि कोई अंग्रेज़ीदाँ विद्वान अपनी अंग्रेज़ी किताब का अनुवाद किसी भारतीय भाषा में कराता है अथवा कभी बहुत अनुनय-विनय के बाद किसी भारतीय भाषा में पाठ्यपुस्तक लिख देता है तो ऐसा लगता है गोया वह अहसान कर रहा हो। इन विद्वानों की अब भी यही समझ है कि भारतीय भाषाओं में उच्चकोटि का मौलिक लेखन नहीं हो सकता। उन्हें न विश्वनाथ राजवाड़े और लक्ष्मण शास्त्री जोशी की मराठी कृतियों का ज्ञान है और न ही, पता है राहुल सांकृत्यायन वासुदेव शरण अग्रवाल और आचार्य नरेन्द्र देव के हिन्दी शोध ग्रन्थों का। अंग्रेज़ी की अन्तरराष्ट्रीय

बाज़ार पर नज़र रखने वाले आज के अंग्रेज़ीदाँ भारतीय विद्वानों के लिए यह समझना शायद कठिन है कि भारत के कुछ मनीषियों ने अन्तरराष्ट्रीय प्रलोभन छोड़कर अपने देशवासियों के लिए देश भाषा में लिखने का संकल्प क्यों किया।

निश्चय ही कुछ विद्वानों के सम्मुख सच्ची कठिनाई है और इस सचाई के साथ सबकी सहानुभूति होगी। लेकिन बहुतों के लिए यह शुद्ध व्यावसायिक मामला है और विडम्बना यह है कि वे इस व्यावसायिकता को स्वीकार नहीं करते। जिन्हें अपनी भाषा के अज्ञान पर शर्म नहीं, गर्व हो वे इस देश की जनता के सम्मान के अधिकारी नहीं हो सकते। गांधी जी ने देश के ऐसे ही बुद्धिजीवियों को 'हृदय हीन' कहा था।

वस्तुतः यह 'औपनिवेशिक मानसिकता' है और कहना न होगा कि यह औपनिवेशिक मानसिकता ही भारतीय भाषाओं में पुस्तक-निर्माण के मार्ग में सबसे बड़ी बाधा है। सुप्रसिद्ध अफ्रीकी लेखक चिनुआ अचेबे के शब्दों में इस मानसिकता का आधार एक प्रकार 'नियतिवादी का तर्क शास्त्र, अर्थात 'Fatalistic logic' है जिसके अनुसार 'ज्ञान के क्षेत्र में अंग्रेज़ी का पद दुर्लंध्य है।' जैसाकि कुछ चिन्तकों का कहना है विकासशील देशों के बुद्धिजीवी 'सांस्कृतिक परनिर्भरता' व Cultural Dependency की ग्रन्थि के शिकार हैं। यह परनिर्भरता यदि कुछ लोगों को ही प्रभावित करती तो विशेष चिन्ता की बात न होती। सच तो यह है कि इस सांस्कृतिक परनिर्भरता से ग्रस्त विद्वान न तो स्वयं किसी भारतीय भाषा में लिखना चाहते हैं, न किसी और को लिखने देते हैं। बौद्धिक प्रभुत्व की इस छाया में स्वर्गीय कृष्णचन्द्र भट्टचार्य का 'विचारों का स्वराज' आज भी एक सपना होकर रह गया है।

हिन्दी के कवि स्वर्गीय धूमिल ने कभी कहा था, 'क़ानून की भाषा बोलता हुआ अपराधियों का एक संयुक्त परिवार है।' इसीलिए 'अक्सर वे मुझे अपराध के असली मुकाम पर अँगुली रखने से मना करते हैं।'

(यह लेख 12 फ़रवरी ,1988 को जवाहरलाल नेहरू विश्वविद्यालय में अध्यापन के दौरान लिखा गया था।)

# साहित्य की पढ़ाई का मूल आधार है टेक्स्ट

मुझे यह देखकर ख़ुशी हुई कि भारतीय भाषा केन्द्र का एक अंग हिन्दी, अपने पाठ्यक्रम पर पुनर्विचार करने के लिए यह आयोजन कर रहा है। पहले जब विश्वविद्यालय शुरू किया था हम लोगों ने, तो उस समय एम.ए. का पाठ्यक्रम और कुछ समय बाद जब एम.फिल. शुरू हुआ, तो एम.फिल. का पाठ्यक्रम बनाया था। सेंटर शुरू करने के लिए मुझे ही आमन्त्रित किया गया था। बाद में हमारे सहयोगी इकट्ठे हुए और हम लोगों ने एम.ए. और एम.फिल. का पाठ्यक्रम तैयार किया। बी.ए. हमारे यहाँ था नहीं। आज भी नहीं है। भारतीय भाषाओं के अलावा अन्य भाषाओं के लिए बी.ए. के पाठ्यक्रम चलते हैं लेकिन भारतीय भाषाओं में पोस्ट-ग्रेजुएट डिपार्टमेंट, हिन्दी-उर्दू लेकर। मेरा ख़याल है कि उस पाठ्यक्रम में बाद में भी दो-एक परिवर्तन हुए हैं, जो विभाग के वर्तमान अध्यापक हैं और अध्यक्ष हैं, मुझसे बेहतर जानते होंगे। अब भी इस विश्वविद्यालय से सम्बन्ध बना हुआ है मेरा, प्रो. केदारनाथ सिंह का और पाण्डेय जी का। तो अब जो पुनर्विचार हो रहा है, उस समय आपने मुझे याद किया।

पाठ्यक्रम पर पुनर्विचार आरम्भ करने के लिए उचित यह था कि सेंटर के जो अध्यक्ष हैं; उन्हें शुरू में यह बताना चाहिए कि हम क्या-क्या कर चुके हैं और क्या हमारी ज़रूरतें हैं। जब हम लोगों को यह मालूम हो कि ज़रूरतें क्या हैं, क्यों आप बदलना चाहते हैं, कहाँ कमी मालूम हो रही है जिनके बारे में बदलाव हो, तो उस पर बैठ कर के हम लोग और विचार कर सकते हैं।

मैं बैठे-बैठे, क्योंकि जुड़े हुए हैं एम.ए. और एम.फिल. के प्रोग्राम...। जिन विश्वविद्यालयों को आपने बुलाया है, उन विश्वविद्यालयों में बी.ए. और बी.ए. (ऑनर्स) के कोर्स चलते हैं और उनसे सम्बद्ध है एम.ए. और फिर एम.फिल.। एम.फिल. पहले हमारे यहाँ ही शुरू हुआ था, जे.एन.यू. में ही। तो ये विषय परस्पर बहुत सम्बद्ध हैं। उसमें क्या नवीकरण करेंगे और क्या कमी दिखाई पड़ती है और लोगों में, यह सोचकर हम लोगों ने पाठ्यक्रम बनाया था। सेमेस्टर वाइज कोर्स बने हुए हैं। चार सेमेस्टर हैं और पूरा हिन्दी भाषा और साहित्य आ जायेगा इनमें।

मैं स्वयं सोच रहा था कि बहुत दिन हो गया कुछ परिवर्तन होना चाहिए इनमें। तो इस पर कोई व्याख्यान देने के बजाय प्रस्ताव के रूप में चार सेमेस्टर के क्रमशः चार-चार कोर्सेज की मैंने एक सूची बनायी है। कहाँ उसमें फ़र्क़ है, आप देख सकते हैं। पहले वह सूची पढ़ देता हूँ, उसके बाद उद्घाटन के लिए उस पर थोड़ी-सी टिप्पणी करूँगा। औपचारिक उद्घाटन भाषण कोई सिद्धान्त बघारने की चीज़ नहीं है कि कोर्स ऐसा होना चाहिए या वैसा होना चाहिए। तो बैठे-बैठे मैं सोच रहा था कि यदि आज पाठ्यक्रम बनाता तो कौन-सी चीज़ें बदल देता और क्या उसमें जोड़ देता, वह पहले आपको पढ़ के सुना देता हूँ। फिर उस पर संक्षिप्त टिप्पणी करके अपना कार्य मैं सम्पन्न करूँगा। ख़ैर, यह काम छोटी गोष्ठियों में होना चाहिए था लेकिन मैं पढ़ देता हूँ। चार सेमेस्टर हैं। पहले सेमेस्टर में काव्य है, दूसरे में है गद्य। ये दो टेक्स्ट बेस्ड कोर्स हैं।

**एम.ए. का पाठ्यक्रम—**

**प्रथम सत्र—**

1. कबीर, जायसी, सूर, तुलसी।
2. मतिराम, बिहारी, घनानन्द, पद्माकर।
3. प्रसाद, पन्त, निराला, मैथिलीशरण गुप्त (चाहे मैथिलीशरण गुप्त का नाम पहले रख लीजिए।)
4. अज्ञेय, मुक्तिबोध, रघुवीर सहाय, बच्चन।

पहले सेमेस्टर के चारों कोर्सेज में काव्य रखा है। इनका सारा ढाँचा टेक्स्ट से ही होगा। सूर से क्या लेंगे, जायसी से क्या लेंगे और तुलसीदास से क्या लेंगे-यह आपको स्वयं टेक्स्ट चुनना है लेकिन ये चारों एम.ए. के कोर्स में होने चाहिए। एक सेमेस्टर में ये टेक्स्ट पढ़ाय जायेंगे। नये कवियों को चुनते हुए इसमें फेर-बदल की गुंजाइश हो सकती है। हमने सोचा कि मुक्तिबोध के बाद की, अज्ञेय के बाद की पीढ़ी के लोगों में जो दिवंगत हो चुके हैं, उनमें से रघुवीर सहाय को रखना चाहिए। इस पर बहस हो सकती है। विचार करके बदले भी जा सकते हैं।

**दूसरा सत्र—**

1. उपन्यास।
2. कहानी।
3. नाटक।
4. आत्मकथा, जीवन-चरित, संस्मरण और गद्य की अन्य विधाएँ।

दूसरा सेमेस्टर गद्य का है। गद्य में हमने प्रेमचन्द का गोदान, कहानियाँ...। संचयन होगा कहानियों का...। नवीनतम तक इसमें रखा जा सकता है। नाटक चन्द्रगुप्त, अन्धायुग। नाटक बदले भी जा सकते हैं और एक कोर्स जो कहीं नहीं शुरू होता है–आत्मकथा और जीवन-चरित। हिन्दी में कुछ बहुत अच्छी आत्मकथाएँ लिखी गयी हैं, जो आम तौर से पढ़ाई नहीं जाती हैं। इसलिए मैंने सोचा कि गद्य के अभिन्न तमाम अंगों में से आत्मकथा, जीवन-चरित, संस्मरण भी जोड़ सकते हैं। कुछ लोगों ने संस्मरण भी बहुत अच्छे लिखे हैं। इसलिए आत्मकथा, जीवन-चरित और संस्मरण होने चाहिए। केवल हम लोग कथा-साहित्य और नाटक ही न पढ़ाएँ।

**तीसरा सत्र—**

1. भाषा विज्ञान और हिन्दी भाषा का इतिहास।
2. हिन्दी आलोचना और प्रमुख आलोचक।
3. संस्कृत काव्यशास्त्र : मुख्य सिद्धान्त।
4. पाश्चात्य आलोचना : मुख्य सिद्धान्त।

भाषा विज्ञान सैद्धान्तिक और हिन्दी भाषा का इतिहास। यह दूसरा हिस्सा होगा। आधे-आधे होंगे दोनों कोर्स। दूसरा है हिन्दी आलोचना और प्रमुख आलोचक। आलोचक कौन-कौन होंगे, यह चयन सेंटर करेगा।

**चौथा सत्र—**

1. स्त्री-विमर्श और स्त्री-लेखन।
2. दलित-विमर्श और दलित साहित्य।
3. भारतीय साहित्य।
4. अनुवाद सिद्धान्त और प्रयोग।

स्त्री-विमर्श और स्त्री-लेखन। केवल विमर्श ही नहीं होगा। स्त्री साहित्य भी होगा। कविता, कहानी आदि। पचास प्रतिशत सिद्धान्त होगा, बल्कि मैं कहूँगा पचीस ही प्रतिशत सिद्धान्त रहे। पचहत्तर प्रतिशत टेक्स्ट होना चाहिए स्त्री-लेखन का। दूसरा है दलित-विमर्श और दलित साहित्य। टेक्स्ट भी रहेगा और दलित-विमर्श भी रहेगा। यह पहले हमारे यहाँ नहीं था इसलिए मैंने कहा कि दो नये कोर्स आज की आवश्यकतानुसार हमारे यहाँ होने चाहिए। तीसरा है भारतीय यानी अन्तर्भारतीय साहित्य। भारत की अन्य भाषाओं के सन्दर्भ और उनकी पृष्ठभूमि हमें मालूम होने चाहिए। जैसे, रोमांटिसिज़्म या छायावाद हम पढ़ाते हैं, तो ऑल इंडिया लेवल पर रोमांटिसिज़्म था, हम लोग आमतौर से इसे छोड़ देते हैं। इस दृष्टि से रवीन्द्रनाथ भी छूट जाते हैं। अन्य भाषाओं के रोमांटिक लोग, मराठी के, गुजराती के, छूट जाते हैं। इसलिए जब भी रोमांटिक

मूवमेंट पढ़ाएँ तो जैसे यूरोप की भाषाओं में, अंग्रेज़ी में पढ़ाया जाता है, पूरे यूरोप के सन्दर्भ को सामने रखते हुए हम लोगों को अखिल भारतीय सन्दर्भ का अहसास एम.ए. से ही करा देना चाहिए। इसे भारतीय या अन्तर्भारतीय साहित्य कहिए और चौथा है अनुवाद। अनुवाद सिद्धान्त और प्रयोग। इसकी बहुत ज़रूरत पड़ती है और आमतौर से अनुवाद की पढ़ाई कहीं होती भी नहीं है। हिन्दी में आजकल बड़े पैमाने पर अनुवाद हो रहा है लेकिन इसका कोर्स नहीं होता है। तो यह चौथा सेमेस्टर और अन्तिम सेमेस्टर है, जिसमें मैंने ये कुछ नयी चीज़ें जोड़ने की कोशिश की है। बाक़ी में, लगभग जो पहले से चला आ रहा है, उसी में से चयन किया है। मैं सोचता हूँ और मेरा निवेदन है कि संगोष्ठी में इन चीज़ों को लेकर के और अगर आप इस लायक समझें तो इस पर कुछ बातचीत हो, जो कि अन्त में आप अपने सेंटर की कमेटी में और बाक़ी चीज़ों में, जब अपने पूरे कोर्स का पुनर्नवीकरण कर रहे हैं तो उसमें शायद यहाँ से आपको पृष्ठभूमि...। उद्घाटन के नाम पर फ़िलहाल इतना ही।

### अध्यक्षीय वक्तव्य

हिन्दी में एक मुहावरा है कि तीन बुलाये तेरह आये। यहाँ चार बुलाये और एक आया। इस विषय में कितनी रुचि है लोगों की...। दिल्ली विश्वविद्यालय के कई लोगों का नाम छपा हुआ है, आये ही नहीं। शायद मालूम हो गया हो कि अध्यक्ष कौन होगा तो बॉयकॉट कर दिया होगा। उन लोगों को सुनने का सौभाग्य नहीं प्राप्त हुआ।

अनुभव के आधार पर कह रहा हूँ कि आमतौर से हिन्दी की पढ़ाई जिस तरह से होती थी, वह पाठ केन्द्रित होती थी शुरू में। टेक्स्ट पढ़ाते थे। काशी हिन्दू विश्वविद्यालय के बारे में बताता हूँ। वहाँ, मेरे गुरु पण्डित केशव प्रसाद मिश्र, जो जयशंकर प्रसाद के गुरुओं में से थे, वे कामायनी पढ़ाते थे। टेक्स्ट पढ़ाते थे और टेक्स्ट के माध्यम से इतनी बातें बताते थे। कभी उन्होंने जयशंकर प्रसाद पर कोई व्याख्यान नहीं दिया, जिसको आलोचना कहते हैं, कहानी भी नहीं बतायी! (यहाँ संस्कृत की परम्परा की चर्चा है किन्तु रिकॉर्डिंग अस्पष्ट है)... कुमारसम्भव लेते थे और मल्लिनाथ की टीका थी। टीका को दरकिनार कर देते थे और वे स्वयं उसकी व्याख्या करते और व्याख्या में बहुत सारी चीज़ें बताते थे! साहित्य के पढ़ाने की ऊँचे स्तर पर अब तक यह जो परम्परा रही है, वह छूट रही है। आजकल लोग टेक्स्ट बिल्कुल नहीं समझते। साहित्य की पढ़ाई इतिहास, भूगोल आदि दूसरे विषयों से अलग होती है। साइंस की पढ़ाई का मूल उद्देश्य और आधार है टेक्स्ट, चाहे वह गद्य का टेक्स्ट हो, चाहे कविता का। बहुत से लोगों से पूछिए, थीसिस तैयार हो जायेगी कामायनी

पर, उनसे एक छन्द पूछ लीजिए...कोरे। साहित्य की पढ़ाई अलग होती है। लेक्चर कम हैं। एक्सपेरिमेंट। इसलिए पहली बात समझनी है हम लोगों को कि साहित्य की पढ़ाई धीरे-धीरे टेक्स्ट केन्द्रित नहीं हो रही है। पाठ नहीं मालूम है। पूरे उपन्यास के स्ट्रक्चर के बारे में, कथानक के बारे में चर्चा कम होती है। नाटकों की पढ़ाई दूसरे ढंग से होती है। कहानी, उपन्यास, नाटक कैसे पढ़ाया जाय, कविता कैसे पढ़ाई जाय, रीतिकाल की कविता और भक्तिकाल की कविता कैसे पढ़ाई जाय, छायावाद की कविता और आज की कविता कैसे पढ़ाई जाय, दोनों में फ़र्क़ है। इसलिए मुख्य प्रश्न साहित्य की पढ़ाई में है कि धीरे-धीरे संस्कृत की पढ़ाई से हिन्दी की पढ़ाई... उससे कुछ सीखना चाहिए। वे सबसे पहले टेक्स्ट पढ़ा देते हैं, इसके बाद बाक़ी चीज़ों के बारे में। टेक्स्ट समझ में आ गया तो फिर चाहे जो लिखो। कालिदास के कला-तत्त्व के बारे में लिखो। दुनिया भर की चीज़ों के बारे में लिख सकते हो। लेकिन दिन पर दिन हमारे यहाँ हिन्दी में, लोग एम.ए. कर जाते हैं, पर उस टेक्स्ट का अर्थ नहीं बता सकते हैं, चाहे रीतिकाल की कविता हो, चाहे भक्तिकाल की हो। इसलिए पढ़ाई के लिए बहुत ज़रूरी हो गया है कि टेक्स्ट केन्द्रित पढ़ाई होनी चाहिए। कैसे आप ब्रजभाषा की कविता पढ़ा रहे हैं और कैसे आप खड़ी बोली की कविता पढ़ा रहे हैं और कैसे आप नयी कविता की ओर देख रहे हैं? सबसे बड़ी समस्या इस समय, जिसे जितना आलोचना लिखना है, लेख लिखना है, अपनी जगह है, लेकिन मैं इसकी ओर ध्यान दिलाना चाहता हूँ, टेक्स्ट पढ़ाने के बारे में कि उपन्यास कैसे पढ़ाया जाय, कोई कहानी कैसे पढ़ाई जाय। कथानक बता देंगे तो क्या 'उसने कहा था' कहानी समझ में आ जायेगी। क्या है उसमें जो और कहानी से अलग है? कला-पक्ष, चरित्र-चित्रण ठीक है। कहाँ वह डंक है 'उसने कहा था' में, उसको नहीं समझायेंगे तो सारी की सारी... । इसलिए साहित्य की पढ़ाई की पद्धति अलग है।

सबसे ज़्यादा ज़रूरी है कि पुराने अध्यापकों की तरह टेक्स्ट पर अच्छी पकड़ हो। पण्डित केशव प्रसाद मिश्र कामायनी पढ़ाते थे, तो शुरू करते थे, 'हिमगिरि के उत्तुंग शिखर पर, बैठ शिला की शीतल छाँह, एक पुरुष, भीगे नयनों से, देख रहा था प्रलय प्रवाह' और एक घण्टे में एक छन्द पढ़ाते थे।... तो ज़रूरत इस बात की है और हमें इस पर विचार करना चाहिए कि टेक्स्ट बहुत कम पढ़ाया जाता है, लेक्चरबाज़ी बहुत होती है। यहाँ से पढ़कर बाहर जाते हैं, कविता का अर्थ पूछ दीजिए तो अर्थ नहीं बतायेंगे और उस पर व्याख्यान दे देंगे। इसलिए जे.एन.यू. के लिए ज़रूरी है कि टेक्स्ट केन्द्रित साहित्य की शिक्षा हो, लोग अर्थ समझें और अर्थ समझने का मतलब है अर्थ का सौन्दर्य समझें, कला समझें। मुख्य मुद्दा यह है हमारी पढ़ाई का। कैसे पढ़ें।

कैसे लिखें नहीं। एक अंग्रेज़ी की किताब है बहुत प्रसिद्ध–हाऊ टू रीड ए पोएम। इतनी मोटी किताब इस पर लिखी गयी है कि हाऊ टू रीड ए पोएम। ('ईगल्टन की'–मैनेजर पाण्डेय जी)। साहित्य कैसे पढ़ें। साहित्य पर लिखें बाद में। पण्डित केशव प्रसाद मिश्र ने लिखा बहुत कम। तीन-चार लेख लिखे थे। भाषा विज्ञान पढ़ाते थे। उस पर उन्होंने लेख लिखे हैं। तो यह हमारी पुरानी परिपाटी साहित्य के पढ़ने की है। हाऊ टू रीड ए पोएम। इस पर लिखा जाना चाहिए। विचार करना चाहिए। उदाहरण देकर के। इसीलिए आगे चलकर के पाठ केन्द्रित आलोचनाओं पर ज़ोर बढ़ा। दस कविताएँ उन्होंने चुन लीं और एक-एक कविता की व्याख्या की, समझाया। पूरी किताब–हाऊ टू रीड ए पोएम। उदाहरण देकर के बताया है।

ग़ालिब की पंक्तियाँ हैं–मुद्दत हुई है यार को मेहमाँ किये हुए, जोश-ए-कदह से बज्म-ए-चिरागाँ किये हुए–ये पन्द्रह शेर की पूरी की पूरी मुसल्सल ग़ज़ल है। फ़ैज़ अहमद फ़ैज़ ने इस पर लेख लिखा है। समझाया है। वह पूरी आलोचना पढ़ लीजिए और सारी आलोचना उसके सामने...। इसलिए हाऊ टू रीड ए पोएम, हाऊ टू रीड ए स्टोरी, हाऊ टू रीड ए नॉवेल। कैसे पढ़ें और पढ़ने की विधि भी अध्यापक ही लिखे तो ज़्यादा अच्छा है। क्लासरूप टीचिंग ख़ुद एक प्रयोगशाला है। हमारे लिए लेबोरेटरी यही है। हमें लेबोरेटरी जाना नहीं पड़ता है। क्लासरूप टीचिंग हमारे साहित्य को लोकप्रिय बनाने में, आकर्षक बनाने में ज़्यादा सहायक होती है। केशव जी ने कोई किताब ही नहीं लिखी। कामायनी ज़िन्दगी भर पढ़ाई कामायनी पर एक लेख नहीं लिखा। आज लोग ज़्यादा से ज़्यादा लिखे जा रहे हैं और पूछ दीजिए उन चीज़ों के बारे में जो लिखा है तो मालूम नहीं। दूसरों को समझा नहीं सकते। क्लासरूप टीचिंग हमारी प्रॉब्लम है। जैसे साइंस में प्रयोगशालाएँ होती हैं। एक्सपेरिमेंट होते हैं। इस एक प्रयोगशीलता के रूप में क्लासरूप टीचिंग साहित्य की समस्याओं के बारे में बात करने के लिए चाहिए। वह दिन पर दिन निस्सार होती जा रही है। अनाकर्षक होती जा रही है। इसलिए हाऊ टू रीड ए पोएम, हाऊ टू रीड ए नॉवेल, ये नहीं कि हाऊ टू राइट ऐन एस्से। यह मुख्य समस्या है। जो बहुत ही व्यावहारिक प्रश्न हैं, उनसे लाभ होगा। बाक़ी यहाँ व्याख्यान देकर के लोग चले जायेंगे और जिन चीज़ों पर बोल रहे हैं उसे कितना समझ रहे हैं...। साहित्य को लोगों ने लोकप्रिय बनाया उन कक्षाओं में। उस पढ़ने में, समझने में, रस हुआ करता था। साहित्य का सर्वोत्तम निचोड़ और निष्कर्ष तो रस ही है। अगर वह रस नहीं आ रहा है आपके पढ़ने-पढ़ाने में तो कभी आप हिन्दी साहित्य, उर्दू साहित्य को नहीं पकड़ सकते। यशपाल की कहानी है ज्ञानदान। हम अनुस्वाद करते हैं। अनुस्वाद लेते हैं, देते हैं।

यही साहित्य को पढ़ने-पढ़ाने की सार्थकता है। रस महत्त्वपूर्ण चीज़ है। हमारे यहाँ बुद्धि और ज्ञान महत्त्वपूर्ण नहीं है। कहानी का निष्कर्ष भी यही है। आनन्द सर्ग में कहानी समाप्त होती है। तो हमें पढ़ाने की भी एक थियरी तैयार करनी चाहिए। चिन्ता से शुरू करके अन्त में आप पहुँचें, आनन्द तक पहुँचें तब तो ठीक है, नहीं तो पढ़ने के लिए तमाम विषय पड़े हुए हैं। पढ़ो, ज्ञान प्राप्त करो। मेरी यह समझ इतने दिनों तक पढ़ाने के बाद बनी है।

(यह व्याख्यान ओम प्रकाश सिंह और शीतांश द्वारा सम्पादित पुस्तक 'पाठ और पाठ्यक्रम' से लिया गया है। साभार प्रकाशन संस्थान, नयी दिल्ली।)

# बच्चों के लिए लिखना बड़ी चुनौती है

आदरणीया मधु जी, श्रीविष्णु नागर जी, नासिरा जी, अनन्त पै जी और देवसरे जी, साथियो और मित्रो!

राष्ट्रीय बाल भवन की साहित्यिक संगोष्ठी के अवसर पर मुझे बुलाकर, आपने मुझे नयी दुनिया को देखने का अवसर दिया है। और इसके लिए मैं हृदय से कृतज्ञता व्यक्त करना चाहता हूँ।

मैंने निमन्त्रण स्वीकार तो कर लिया पर मेरे मन में दुविधा थी, संकोच भी था। संकोच इसलिए कि अभी तक बालसाहित्य लिखने और जो लिखा हुआ है उसे पढ़ने और पढ़ करके उसे जाँचने-परखने का अवसर नहीं मिला है। लेकिन सोचा कि यही वह समय है जब बालसाहित्य से सम्पर्क किया जा सकता है।

यही वह समय इसलिए है क्योंकि इसका सीधा सम्बन्ध मेरी उम्र से है। आमतौर से बच्चे अपना सीधा सम्बन्ध अपनी दादी, नानी, दादा-पड़दादी हो तो क्या कहने! से रखते हैं। बच्चे बूढ़ों से ज़्यादा खुलते हैं।

मैंने याद किया कि हमारे देश में बच्चों के लिए लिखी गयी जो पहली रचना थी वह विष्णु शर्मा की 'पंचतन्त्र' थी। जिसे उन्होंने अस्सी साल की उम्र में लिखा है—इसका ज़िक्र आता है कि राजा के लड़के आवारा निकल गये हैं—राजा के बाद राजपाट कौन सँभालेगा...उसी बीच सबसे बूढ़े पण्डित विष्णु शर्मा उठे और बोले कि मैं इन्हें छह महीने में इस लायक बना दूँगा कि सारी दुनिया इन्हें स्वीकार करेगी...।

लेकिन साहित्य में इस प्रकार का दम्भ मैं नहीं पालता और झूठा वादा भी नहीं करता। लेकिन मुझे 'पंचतन्त्र' की कहानी से प्रेरणा मिली।

मैंने डॉ. मधु पन्त द्वारा सम्पादित पहले की सातों पुस्तकें (त्रिविधा, त्रिधारा, त्रिपदा, त्रिपथगा, त्रिदिशा, त्रिवेणी और त्रिसन्ध्या) मँगवायीं। देखने के बाद दिल और बैठ गया कि इतनी लम्बी परम्परा है! उदाहरण के रूप में देवसरे जी से मैं परिचित हूँ—तब हौसला बढ़ा कि इतने लोगों ने इतना लिखा है—इतना विचार किया है—तो मैं कृतज्ञता ज्ञापित करने यहाँ आने की हिम्मत कर सका।

डॉ. मधु पन्त द्वारा सम्पादित इन पुस्तकों के जो तीन अंग हैं–लेखक, प्रकाशक और पाठक को मिलाकर–मैंने देखा कि नामकरण के लिए चुनौती भरा काम था। ...आज जो पुस्तक लोकार्पित हुई है उसका नाम है–'त्रिसंगम'।

संगम अपने आपमें ही तीन नदियों का संगम है–सरस्वती लुप्त है–मगर मधु जी ने संगम में भी 'त्रि' लगा दिया और 'त्रिसंगम' बना दिया। संस्कृत में ऐसे बहुत से शब्द आप बनाते चले जा सकते हैं–इसलिए आगे भी नामों की कमी मधु जी को नहीं आयेगी।

इस बार जो 'त्रिसंगम' निकला है वह विज्ञान सम्बन्धी है। यह चुनौती भरा काम है कि बालसाहित्य में विज्ञान सम्बन्धी लेखन कैसा हो।...

कार्यशालाओं का अपना महत्त्व है। मेरा कहना यह है कि जो कार्यशाला हम करते हैं, उसके विवरण प्रकाशित हों कि उसमें किस प्रकार की समस्याएँ आती हैं, किस प्रकार की चुनौतियाँ आती हैं–ख़ासतौर से आज के भूमण्डलीकरण के दौर में, ख़ासकर बाज़ार बच्चों में किस तरह की समस्याएँ उत्पन्न कर रहे हैं।... जो अभी बच्चों के बीच 'मोबाइल काण्ड' हुआ था, जिसकी मीडिया में काफ़ी चर्चा रही–उसके बारे में भी चर्चा हो। अब दृश्य माध्यमों पर चर्चा होनी चाहिए। इस तरह की गोष्ठियों में संगीतकारों, चित्रकारों को भी आमन्त्रित किया जाना चाहिए।

मेरे मन में जो सवाल उठते हैं, उनमें से कुछ का ज़िक्र आपके सामने करना चाहता हूँ :

जो शीर्षस्थ साहित्यकार हैं उन्होंने भी बालसाहित्य लिखने का प्रयास किया है। वे इसमें पीछे नहीं रहे हैं। मैथिलीशरण गुप्त और सुमित्रानन्दन पन्त ने भी बाल साहित्य लिखा है। बांग्ला में रवीन्द्रनाथ टैगोर ने कविताएँ और नाटक भी लिखे हैं।...

जब बालभवन नहीं थे, उस ज़माने में बड़े बालसाहित्यकारों ने बालसाहित्य लिखा। सीझ करके, शर्म के मारे उन्होंने लिखा। आज बड़े साहित्यकारों को यह अहसास कराना ज़रूरी है कि जब तक वे बच्चों के लिए नहीं लिखेंगे, वे साहित्यकार बड़े नहीं होंगे।

हमारे गुरुदेव (पण्डित हजारी प्रसाद द्विवेदी) कहते थे कि सीधी रेखा खींचना बड़ा काम है। बच्चों के लिए लिखना बड़ी चुनौती है–सरल भाषा में लिखना चुनौती है। इसे रचनात्मक चुनौती समझकर लिखना बड़ी बात है। जिसे पढ़कर बच्चा गर्व से कह सके कि हमने कुछ पढ़ा है। इसका स्वागत किया जायेगा।

आपका लक्ष्य निर्धारित होना चाहिए कि आप किस बच्चे के लिए लिख रहे हैं–पब्लिक स्कूल में जाने वाले बच्चे के लिए लिख रहे हैं कि गाँव में पढ़ने वाले

बच्चे के लिए लिख रहे हैं। आप लड़के के लिए लिख रहे हैं कि बालिका के लिए लिख रहे हैं। जब हम कहते हैं कि बच्चे के लिए लिख रहे हैं तो यह तस्वीर हमारे सामने स्पष्ट होनी चाहिए कि किस बच्चे के लिए लिख रहे हैं।

ध्यान रखें कि किस भाषा में लिख रहे हैं–पढ़ने वाले सिख, ईसाई, मुसलमान भी हो सकते हैं। इसलिए बहुत सावधानी से, इस विविधता भरी दुनिया में, इस अहसास के साथ, बिना बताये हुए–कि हम सब बच्चों को एक कर रहे हैं–ऐसा लगे कि यह लेखन सबके लिए हो। मुख्य उद्देश्य, जिस बच्चे के लिए आप लिख रहे हैं उसकी स्पष्ट छवि आपके मन में होनी चाहिए।

**तीसरी बात—**

आयुवर्ग स्पष्ट होना चाहिए। और सबसे संवेदनशील आयु जो कम उम्र की है–आजकल 7-8 साल की उम्र में बच्चे ज़्यादा सयाने हो जाते हैं। पहले 10 वर्ष की उम्र में बच्चे की बुद्धि कम विकसित होती थी। अब तीन-चार-पाँच वर्ष के बच्चे कम्प्यूटर हैंडल करते हैं! अब 1914-1916 में लिखी हुई किताबों की तरह किताब लिखने का समय नहीं है।...

मैंने देखा है–राधाकृष्ण प्रकाशन था, अरविन्द कुमार जी उसमें थे–अब गुड़गाँव में स्कालॉस्टिक विदेशी कम्पनी है–उसके अन्तर्गत स्वयं अपना प्रोडक्शन करते हैं। अब इंटरनेशनल मार्केटिंग का ज़माना है। बाज़ार में अब यह चुनौती है कि जो भाषायी पुस्तकें हैं–चाहे वह छपाई हो, चाहे साज-सज्जा हो–वह ऐसी हो कि बच्चा उन्हें देखकर ललक कर उठाने की चेष्टा करे। इसलिए प्रकाशकों को अच्छी पुस्तकों के प्रकाशन के बारे में चुनौती को स्वीकार करना चाहिए। जो स्कालॉस्टिक को चुनौती दे सके। चिल्ड्रेन बुक ट्रस्ट अकेले यह काम नहीं कर सकता।

आख़िरी बात यह है कि बालसाहित्य के लेखन के मामले में मैंने यह देखा कि अब भी बच्चों के ऐसे क्लासिक हैं दुनिया में–जिस पंचतन्त्र का मैंने नाम लिया, उसमें आमतौर पर पशुओं और पक्षियों की कहानियाँ हैं। बच्चों का ज़्यादा लगाव पशुओं, पक्षियों, पेड़-पौधों से होता है। जिस कल्पनाशीलता की–भूत-प्रेत वैसे ही जैसे परी-अगर परियों की कहानियाँ कही जाती हैं, जो अतिमानवीय हों–जो हवा में उड़ने वाले घोड़े भी हो सकते हैं–गुलिवर की कथाएँ आमतौर पर पढ़ने के लिए लिखाई गयी थीं। इस तरह की यात्रा की, सफ़र की ...अतिमानवीय हो–जो उड़ते हों–रामचरितमानस से... हनुमान का पहाड़ उठाकर ले आना–इस तरह की, ऐसी कहानियाँ या दुनियावी कहानियाँ–पशु-पक्षियों की–ऐसी किताबें ज़्यादा से ज़्यादा लिखी जायें।

स्वतन्त्रता संग्राम के दिनों में हम लोग वीरबाँके बनो–इस तरह की कहानियाँ पढ़ा करते थे। एक रोल मॉडल-बच्चों को हम बहुत बना चुके। देशप्रेम की कहानियाँ पढ़ा-पढ़ा के हम उसे भगतसिंह, गांधी, जवाहर बना देना चाहते हैं।...

बच्चा खेलता है और खेल-खेल में सीखता है। इसलिए वह गिनती भी गिने तो खेल-खेल में पढ़े। अगर बच्चे को यह पता चल जाय कि उसे गिनती पढ़ाया-सिखाया जा रहा है, वह गिनती गिनना छोड़ देगा।

उससे छिपाइए नहीं–उसे साफ़ कहिए कि वह खेले और मज़ा ले। उसे अपना नुस्खा मत दीजिए। अपने मन की गाँठें, अपने पूर्वाग्रह हम छोड़ दें।

आप क्या मूल्य देंगे!...हम लोग क़ीमत (प्राइज़) की दुनिया में जी रहे हैं–हम लोगों को प्राइज़ से मतलब है–मूल्य से क्या लेना-देना।

सबसे बड़ी बात–बच्चे की भाषा साफ़-सुथरी रहे। दादी/माँ बच्चे को बोलना सिखा देती हैं। इसके बाद वह सही से बोले–यह काम टीचर को करना होता है।

आज बच्चा पैदा होते ही खिचड़ी भाषा बोलना शुरू कर देता है। न वह शुद्ध हिन्दी बोल पाता है, न उर्दू, न संस्कृत, न अंग्रेज़ी। इसीलिए सरस्वती को शुभ्रधवला कहा गया है।...

बुढ़ापे में सारी इन्द्रियाँ शिथिल पड़ जाती हैं। अस्सी साल की उम्र में मेरी सिर्फ़ जीभ ही बची है। इसलिए बूढ़ों को सभाओं में मत बुलाया कीजिए–इसका उदाहरण यहाँ मैंने दे दिया है। धन्यवाद!

(18 मार्च, 2005 को राष्ट्रीय बाल भवन, नयी दिल्ली में आयोजित तीन दिवसीय साहित्यिक संगोष्ठी के उद्घाटन सत्र में दिया गया भाषण। प्रस्तुति श्याम सुशील। नन्ही कलम, अंक 15, सन् 2005)

# सहस्त्राब्दी पर भारी एक अकेली शताब्दी

यह शताब्दी राष्ट्रीय मुक्ति की शताब्दी थी जिन्होंने बीसवीं शताब्दी के भारत को बनाया था, वे सभी उन्नीसवीं शताब्दी के थे। बीसवीं सदी वालों ने जो कुछ बनाया है, उसका फ़ैसला शायद इक्कीसवीं सदी में होगा। यह शताब्दी कई शताब्दियों को अपने अन्दर समेटे हुए है। अकेले बीसवीं सदी में जितना कुछ हुआ, उतना पिछली कई शताब्दियों में नहीं हुआ था। एक ज़िन्दगी में कई जिन्दगियाँ जी लेने जैसी रही यह शताब्दी। बीसवीं सदी को एक कल्प अथवा युग कहें तो इस शताब्दी के कल्प पुरुष महात्मा गांधी से ही यह शताब्दी शुरू होती है। पहले दक्षिण अफ्रीका में और उसके बाद दूसरे दशक से भारत में गाधी की उपस्थिति से हमारा राष्ट्रीय मुक्ति आन्दोलन एक क्रान्तिकारी मुक़ाम पर पहुँचा। राष्ट्रीय मुक्ति की यह प्रवृत्ति सिर्फ़ भारत में ही नहीं, बल्कि तीसरी दुनिया के अधिकांश देशों में दिखी। राष्ट्र और राष्ट्रवाद की अवधारणाएँ इसी राष्ट्रीय मुक्ति से ही पैदा हुईं।

भारत का इसी शताब्दी में एक राष्ट्र के रूप में उदय हुआ। यह बात अलग है कि स्वतन्त्र राष्ट्र बनते ही उसके दो टुकड़े हो गये और हमें जो भारत मिला वह खण्डित था। सैकड़ों देसी रियासतें थीं। अपनी अलग-अलग पहचान रखने वाली कई क्षेत्रीय-प्रादेशिक-भाषायी अस्मिताएँ थीं। इन सबको संविधान के ज़रिये एक सूत्र में पिरो देना राष्ट्र निर्माण की दृष्टि से दूसरी महत्त्वपूर्ण परिघटना थी। लेकिन इस शताब्दी के अन्त आते-आते उस राष्ट्रवाद की सीमाएँ भी प्रकट हुईं। विभिन्न क्षेत्रीय-प्रादेशिक-भाषायी और सांस्कृतिक इकाइयों को यह राष्ट्रवाद दमनकारी लगने लगा। नतीजतन शताब्दी के पूर्वार्द्ध में जो राष्ट्रीय भावना उभार पर थी, उसमें उत्तरार्द्ध के अन्त आते-आते उतार दिखने लगा। केवल युद्ध के दौरान ही यह भावना दिखाई देती रही। शान्तिकाल में उसकें क्षीण होते जाने के पूरे संकेत मिलते रहे। उसमें वह भावावेग नहीं रहा जो पहले था। क्षेत्रीय अस्मिताएँ प्रबल हुईं और कहा जा सकता

है कि अब एक राष्ट्र-राज्य के रूप में भारत उतना प्रभावशाली नहीं रहा जितना स्वाधीनता प्राप्ति के पहले दशक में था।

राष्ट्रीय भावना क्षीण होने से एक छद्म राष्ट्रवाद की प्रवृत्ति भी दिखाई दी। सांस्कृतिक और हिन्दू राष्ट्रवाद जैसी अवधारणाएँ उसी का प्रतिनिधित्व करती हैं। कुछ लोगों को इसमें फासीवाद की छाया भी दिखाई पड़ती है। इसलिए ऐसा लग रहा है कि इस शताब्दी के शुरू में जो भारत एक धर्मनिरपेक्ष राष्ट्र के रूप में उदित हुआ था, वह राष्ट्र आज ख़तरे में नहीं तो दबाव में ज़रूर है। भूमण्डलीकरण और विश्व बाज़ार के कारण भी उस राष्ट्र का केन्द्र अब उतना नियामक एवं निर्णायक नहीं है जितना पहले था। शताब्दी के अन्त में यह प्रवृत्ति साफ़ दिख रही है कि हमारे राष्ट्र का अस्तित्व नहीं तो कम-से-कम उसका स्वरूप ख़तरे में अवश्य है।

धर्मनिरपेक्ष लोकतन्त्र भारत की अपनी अवधारणा है जिसका जन्म हमारे स्वतन्त्रता आन्दोलन से हुआ था। यूरोप या पश्चिम की देन लोकतन्त्र है धर्मनिरपेक्ष लोकतन्त्र नहीं। हमारे यहाँ हिन्दू ही नहीं बल्कि सिख, जैन, बौद्ध, पारसी, इस्लाम आदि धर्मों का अस्तित्व पहले से ही रहा है। पहली सहस्राब्दी के शुरुआत से ही ईसाई धर्म भी भारत में मौजूद रहा। ऐसी ढेरों आदिम जातियाँ रहीं जिनका अपना अलग धर्म था। इसलिए गांधी जी ने सभी धर्मों के महत्त्व को स्वीकारा और धर्मनिरपेक्ष लोकतन्त्र की बुनियाद डाली। यह अलग बात है कि धर्म के ही आधार पर भारत विभाजित हुआ और एक टुकड़ा पाकिस्तान इस्लामी देश बन गया। चूँकि हमारे लोकतन्त्र की जड़ें स्वतन्त्रता आन्दोलन में थीं इसलिए कुछ अपवादों को छोड़ दिया जाय तो वह जीवित रहा और है। 1992 में बाबरी मस्जिद तोड़ने वाली पार्टी भाजपा को भी राष्ट्रीय जनतान्त्रिक गठबन्धन बनाना पड़ा। तीसरी दुनिया के कुछ देशों में बड़ा देश अकेला भारत है जहाँ सैनिक तानाशाही की प्रवृत्ति नहीं दिखाई दी। आपातकाल लागू करने वाली इन्दिरा गांधी को भी अपनी ग़लती स्वीकारनी पड़ी। आज कोई एक धर्म के आधार पर भारत को संचालित करने की कल्पना नहीं कर सकता। यह धर्मनिरपेक्ष लोकतन्त्र की विजय है इसलिए कहा जा सकता है कि यह शताब्दी धर्मनिरपेक्ष लोकतन्त्र की थी।

लोकतन्त्र के साथ-साथ एक शब्द 'सामाजिक न्याय' भी चला। आरक्षण को सकारात्मक विभेद (पॉजिटिव डिसक्रीमिनेशन) कहा गया। सबने माना कि इस शताब्दी में भी जाति ने ही भारतीय समाज को सबसे ज़्यादा प्रभावित किया। जातिवाद घटने के बजाय बढ़ा ही नहीं बल्कि उग्र हुआ। जातियों के संस्कृतीकरण की चर्चा करते हुए समाजशास्त्री एम.एन. श्रीनिवास ने ठीक ही कहा था कि दलित और पिछड़ी जातियों का सम्पन्न तबका उच्च जातियों जैसा व्यवहार करने की होड़ में शामिल हुआ।

यह प्रवृत्ति नयी नहीं है। पहले भी जब कोई राजा हार जाता था तो उसे शूद्र या अछूत घोषित कर दिया जाता था और निम्न जाति का जब कोई राजा जीतता था तो वह अपने को उच्च जाति का प्रतिनिधि मानने लगता था। इस शताब्दी में जातियों के संस्कृतीकरण की प्रक्रिया और तेज हुई। समाज से लेकर राजनीति सब उसके इर्द-गिर्द घूमते नज़र आये। जाति के मुक़ाबले धर्म पीछे पड़ गया। इस परिघटना को ठीक-ठीक समझने के लिए शायद अगली सदी के शुरुआती दो दशकों का इन्तज़ार करना पड़ेगा।

बीसवीं शताब्दी की एक महत्त्वपूर्ण परिघटना नये प्रभु वर्ग का उदय और विकास है। भारत के विशाल मध्य वर्ग को इससे जोड़कर देखा जाना चाहिए। चार-पाँच हज़ार विधायक, एक हज़ार सांसद और मन्त्री, दस-बीस हज़ार नौकरशाह और ब्यूरोक्रेट औद्योगिक घरानों के मालिकान और उनके प्रबन्धकों की पूरी फ़ौज, बड़े वकील, डॉक्टर, पत्रकार और कुछ इसी तरह के अन्य लोग भारत के नये प्रभु वर्ग बने हैं। ऐसा उन्नीसवीं शताब्दी में नहीं था। चन्द व्यापरियों, ज़मींदारों और अंग्रेज़ी, हुकूमत के इशारे पर थिरकने वालों को छोड़ दिया जाय तो सारे हिन्दुस्तानियों की स्थिति तक़रीबन एक जैसी थी। पहले के सामन्ती कुलीन, भद्रलोक से बिल्कुल भिन्न है इस शताब्दी का प्रभु वर्ग। राजाओं, नवाबों, ज़मींदारों और पुराने बनियों, पुरोहितों-पण्डों की जगह आधुनिक शिक्षा प्राप्त उद्योगों में दक्ष पेशेवर लोगों का विशाल मध्य वर्ग अस्तित्व में आया, जिसका केन्द्र गाँव नहीं शहर हैं। जिसके पास सत्ता भी है और सम्पत्ति भी। अंग्रेज़ी में सी राइटमिल्स ने इसी वर्ग को 'पावर इलिट' कहा था। इस वर्ग की भाषा अंग्रेज़ी बनी और अंग्रेज़ियत उसकी संस्कृति। वह घर में अपनी मातृभाषा यहाँ तक कि बोलियों में बातचीत करता है लेकिन बाहर अंग्रेज़ी के अलावा वह कुछ नहीं बोलता। शासन के लिए एक ऐसी भाषा की ज़रूरत पड़ती है जो आम आदमी के पल्ले न पड़े। इसीलिए तुर्कों और मुग़लों की भाषा फ़ारसी थी। अंग्रेज़ों की अंग्रेज़ी और इस दौर के प्रभु वर्ग की भाषा भी अंग्रेज़ी बनी। जिसके विरुद्ध आज़ादी का आन्दोलन चला, अब उसी अंग्रेज़ी और अंग्रेज़ियत का वर्चस्व स्थापित हो गया है। हमारे महानगर अब यूरोप और अमरीका के शहर जैसे लगते हैं। हमारा रहन-सहन पश्चिम जैसा हो गया है। खपरैल के घरों की जगह बहुमंज़िली इमारतों ने ले ली है तथा सारे रिश्ते क्लब और होटलों में सिमट गये हैं। इस नये प्रभु वर्ग और उसके शागिर्द मध्य वर्ग का बड़े पैमाने पर पश्चिमीकरण हुआ है। वैभव की सारी सीमाएँ टूट गयी हैं। शायद इसीलिए जितना स्पष्ट वर्गभेद अब दिखाई दे रहा है उतना बीसवीं शताब्दी के पूर्वार्द्ध में नहीं था।

पश्चिमीकरण और आधुनिकता से उलट राजनीति के स्तर पर एक बिल्कुल भिन्न क़िस्म की सामन्ती प्रवृत्ति दिखाई दी। इसे राजनीति में परिवार अथवा वंशवाद का पुनरुत्थान भी कहा जा सकता है। राजा का बेटा ही राजा होगा ओर रानियाँ राजमाता कहीं जायेंगी–ऐसा पहले होता था। लोकतन्त्र के आने के बाद इसे समाप्त हो जाना चाहिए था लेकिन ऐसा नहीं हुआ। राजनीति वंश-केन्द्रित रही। महात्मा गांधी ने इस प्रवृत्ति के ख़िलाफ़ कुछ निर्णय लिए थे। अपने बेटों को उन्होंने राजनीति से दूर रखा। जवाहर लाल नेहरू ऐसा नहीं कर सके। अपने जीते जी इन्दिरा को कांग्रेस का अध्यक्ष बनवाया। बाद में संजय, राजीव और अब सोनिया-प्रियंका के ज़रिये स्वतन्त्रता आन्दोलन की सबसे बड़ी पार्टी एक परिवार की ओर हमेशा टकटकी लगाये है। वंशवाद की प्रवृत्ति भारतीय राजनीति में आम हो गयी है। मन्त्री का बेटा मन्त्री और सांसद का बेटा सांसद होने लगा है। यह प्रवृत्ति कमोबेश सभी दलों में दिखाई पड़ रही है। चूँकि परिवार या वंशवाद की राजनीतिक लोकतन्त्र की मूल आत्मा के विरुद्ध है, इसलिए इन दोनों में से किसी एक का ही अस्तित्व रह सकता है। लोकतन्त्र मर नहीं सकता इसलिए उम्मीद की जानी चाहिए कि वंशवाद का यह सामन्ती अवशेष धीरे-धीरे समाप्त होगा।

बीसवीं शताब्दी की एक विशिष्ट प्रवृत्ति यह भी रही कि इसने कई बेज़ुबान लोगों को ज़बान देने का काम किया। जिन बेज़ुबानों को ज़बान मिली, उनमें औरत प्रमुख है। स्वतन्त्रता आन्दोलन में औरतों की उपस्थिति नाममात्र की थी लेकिन इस सदी की आख़िर तक वह सब जगह मौजूद दिखी। रसोई और घर के चौखट से वह बाहर निकली। अनुशासन के हर क्षेत्र में उसने अपनी उपस्थिति दर्ज की। राजनीति से लेकर उद्योग तक और पृथ्वी से लेकर अन्तरिक्ष तक की उड़ान में हमारी आधी आबादी अब पुरुषों के बराबर नहीं तो साझीदार अवश्य है। हमारे देश में ग़रीब औरतें श्रम या कामकाज में बराबर की भूमिका निभाती रही हैं लेकिन अधिकार के मामले में हमेशा उनकी स्थिति दूसरे दर्ज के नागरिक की रही है। इस शताब्दी के आख़िरी दशकों में स्थिति बदली और औरत को अधिकार मिला। अब राजनीति और नौकरियों में उसके लिए एक-तिहाई जगह आरक्षित होने जा रही है। इससे तस्वीर बदलेगी और शायद अगली शताब्दी उस औरत की होगी, जिसे हमारा समाज लम्बे समय तक हाशिये की वस्तु मानता रहा है।

जब से भूमण्डलीकरण की हवा बही तब से भारत को एक बड़े बाज़ार के रूप में देखा जाने लगा है। बाज़ार ने सारी चीज़ों को ख़रीदने और बेचने तक सीमित कर दिया है। अठारहवीं और उन्नीसवीं शताब्दी में भी बाज़ार था। भारत में बड़ी-बड़ी

मण्डियाँ थीं। हमारा मलमल दुनिया भर में बिकता था। हम ख़रीदने से ज़्यादा बेचते थे लेकिन अब उल्टा दिख रहा है। ख़रीदने की होड़ लगी है। हम विश्व की बड़ी-बड़ी कम्पनियों के सबसे बड़े बाज़ार बन गये हैं। ख़रीदने और फेंक देने की प्रवृत्ति इस आख़िरी दशक की उपज है। ख़रीदो-ख़रीदो और ख़रीदो का इस कद्र शोर मचा है कि जो नहीं ख़रीद रहा, वह निरीह बनकर किनारे खड़ा है। काले धन की समानान्तर अर्थव्यवस्था के गर्भ से जन्मी ख़रीद-फरोख़्त की इस संस्कृति को इस सदी की एक ख़ास प्रवृत्ति कहा जा सकता है। इस 'शॉपिंग कल्चर' में संचय का कोई स्थान नहीं है। संचय दरिद्रता का और ख़रीदना-बेचना वैभव का पर्याय बन गया है। यहाँ संचार माध्यमों के विस्तार का ज़िक्र करना प्रासंगिक है। ख़रीदने और बेचने की प्रवृत्ति को बढ़ाने में मीडिया एवं जनसंचार माध्यमों की काफ़ी भूमिका है। सूचनाओं की मूसलाधार बारिश हो रही है। यह बारिश पानी की नहीं, ओलों की हो रही है। सूचना 'सत्ता का प्रतीक' बन गयी है। अत्यधिक सूचनाएँ संवेदनाओं को भोथरा बनाती हैं। आदमी के सन्न रह जाने का ख़तरा पैदा हो गया है!

(साभार 'राष्ट्रीय सहारा' 25 दिसम्बर, 1999 )

# तुलनात्मक साहित्य : दिशा और दृष्टि

इस राष्ट्रीय संगोष्ठी में शामिल होने का जो गौरव मुझे विश्वविद्यालय और हिन्दी विभाग से मिला है, उसके लिए मैं आभारी हूँ। हिन्दी विभाग का मेरे साथ रागात्मक सम्बन्ध है, इसकी चर्चा बहुत की गयी है। बहरहाल, इसे मैं स्नेह का सम्बन्ध मानता हूँ और सच पूछिए तो मैं तुलनावादी (कम्पेरिटिस्ट), आलोचक नहीं हूँ। इसलिए इस संगोष्ठी के शुभारम्भ की पात्रता, मैं अपने में नहीं पाता। मुझसे अधिक योग्य विद्वान स्वयं इस संगोष्ठी में उपस्थित हैं और उनमें से किसी को भी यदि शुभारम्भ के लिए चुनते तो अधिक उपयुक्त होता। किन्तु ऐसा प्रतीत होता है कि इसका गौरव यदि विभाग ने दिया है तो शायद एक कारण यह भी हो सकता है कि इस विश्वविद्यालय के हिन्दी विभाग में तुलनात्मक साहित्य का पीठ विश्वविद्यालय अनुदान आयोग ने दिया था, विशेष रूप से डी.एस.ए. योजना के अन्तर्गत, उसमें निमित्त मात्र के लिए मैं भी था। और, यह कहते हुए मुझे हर्ष का अनुभव होता है कि सरदार पटेल विश्वविद्यालय का हिन्दी विभाग समूचे भारत में पहला और अभी तक अकेला हिन्दी विभाग है जहाँ तुलनात्मक साहित्य के लिए पीठ दिया गया है। यह निर्णय करते हुए मेरे मन में यह चेतना थी और हर्ष भी है कि तुलनात्मक साहित्य का जो पीठ कायम हुआ वह हिन्दीतर क्षेत्र में हुआ, हिन्दी प्रदेश से बाहर हुआ। अच्छा है कि यह किसी हिन्दी भाषा-भाषी विश्वविद्यालय में स्थापित नहीं हुआ। हिन्दीतर क्षेत्र में सर्वप्रथम हमारी दृष्टि यदि गुजरात की ओर जाती है और गुजराती साहित्य-समाज और भाषा-भाषी क्षेत्र की ओर जाती है तो यह स्वाभाविक ही था। इस कारण, मुझे विशेष प्रसन्नता है कि इस विश्वविद्यालय के हिन्दी विभाग में, जहाँ का ठोस आधार गुजराती भाषा है, गुजराती साहित्य है, वहाँ तुलनात्मक भारतीय साहित्य के अध्ययन की व्यवस्था हो रही है। वह विशेष रूप से हमारे लिए हर्ष की बात है। जहाँ तक मेरी जानकारी है, इस क्षेत्र में जिस विद्वान ने व्यवस्थित ढंग से सबसे अधिक काम किया है, प्रो. भोलाभाई पटेल हमारे सौभाग्य से यहाँ उपस्थित हैं। वे हिन्दी के उन

बहुत थोड़े-से विद्वानों में से हैं जो भारत की कम-से-कम आधे दर्जन से अधिक भाषाएँ समर्थ रूप से जानते हैं। मेरा ख़याल है कि भले ही गुजरात विश्वविद्यालय इस मामले में अधिक परम्परागत विश्वविद्यालय है, लेकिन नये उभरते हुए, उदीयमान सरदार पटेल विश्वविद्यालय को भोलाभाई का प्रोत्साहन, सक्रिय सहयोग बराबर मिलता रहेगा और तुलनात्मक अध्ययन का विधिवत् विकास उनकी देख-रेख में हो सकेगा, इन शब्दों के साथ मैं आपके सम्मुख इस संगोष्ठी के शुभारम्भ स्वरूप कुछ बातें निवेदन करना चाहता हूँ।

मित्रो! सच पूछिए तो इस देश में अब तुलनात्मक साहित्य की हवा लगभग एक दशक से चल पड़ी है। अभी उसने आँधी व तूफ़ान का रूप नहीं लिया है, यह गनीमत है। लेकिन एक तुलनात्मक साहित्य का एसोसिएशन जो बहुत सक्रिय है और उसकी बैठकें, उसकी गोष्ठियाँ हुआ करती हैं। आप सभी लोग जानते होंगे कि पहले जाधवपुर विश्वविद्यालय में तुलनात्मक साहित्य का केवल एक विभाग पूरे भारत में था। कलकत्ता, जो इस देश के पूरब में है (और सूरज को पूरब में ही उगना चाहिए था) तुलनात्मक साहित्य का शुभारम्भ भी पूरब से ही हुआ है। लेकिन कभी-कभी सूरज पश्चिम से भी उगता है और शमशेर बहादुर जी ने तो एक कविता लिखी है, "सुना है कि मगरब में सूरज उगा है... ये पैग़ाम तो सिर के बल कोई लाये।" ये पक्तियाँ कवि ने तब कही थीं जब रूस में समाजवाद का उदय हुआ था। तो पश्चिम में एक नया सूरज उगा है और चूँकि यह उल्टी बात हुई है इसलिए इस पैग़ाम को पैर के बल लाना तो कोई ख़ास बात नहीं है। हक़ीक़त तो तब होगी जब इस पैग़ाम को कोई सिर के बल लाये। तुलनात्मक साहित्य का सूरज पश्चिम से, गुजरात से भी उगा है। अभी-अभी मुझे पता चला कि दक्षिण गुजरात यूनिवर्सिटी सूरत में भी स्वतन्त्र विभाग (तुलनात्मक साहित्य का) कायम हुआ है। ऐसी स्थिति में जब एक ओर सूरत में स्वतन्त्र विभाग है और यहाँ हिन्दी विभाग के अन्तर्गत एक पीठ है, मुझे उम्मीद है कि इस विश्वविद्यालय के कुलपति प्रो. जाडेजा, जिनको दूसरा टर्म (तीन साल का) मिला है, की देखरेख में कम-से-कम किसी-न-किसी रूप में तो तुलनात्मक साहित्य का विभाग सरदार पटेल विश्वविद्यालय में खुलेगा ही।

सचाई यह है कि अब तक तुलनात्मक साहित्य का अधिकांश कार्य आमतौर से अंग्रेज़ी विभाग के लोग करते रहे हैं, जो शुभ लक्षण है या फिर वे लोग जो अंग्रेज़ी माध्यम से भारतीय साहित्य के बारे में लिखते रहे हैं। हम सभी जानते हैं कि यद्यपि जाधवपुर यूनिवर्सिटी का तुलनात्मक साहित्य विभाग शुरू हुआ था तो उसके प्रथम अध्यक्ष मेरी जानकारी में बंगला के प्रसिद्ध कवि और आलोचक बुद्धदेव बोस थे।

किन्तु उस विभाग में बहुत दिनों तक अंग्रेज़ी माध्यम से, और विशेषतः बंगला किताब की तुलना फ्रेंच के साथ ज़्यादा की जाती थी अर्थात् वह यूरो-केन्द्रित विभाग था– पश्चिमोन्मुख था तथा उसमें भारतीय साहित्य से अपने आपको जोड़ने का प्रयास कम पाया गया था। यह शायद 1947 के पहले की औपनिवेशिक ज़हनीयत का असर था। शायद यह भी कारण हो सकता है कि चालीस के दशक में आधुनिकतावादी या मॉडर्निस्ट आन्दोलन के नये पढ़े-लिखे बुद्धिजीवी लोग आमतौर से भारतीय साहित्य को आधुनिक बनाने के लिए इतने व्याकुल थे कि वे इलियट-पाउंड की ओर ज़्यादा देखा करते थे और अपनी जड़ों की खोज या अपनी जड़ों से जुड़ने का प्रयास नहीं करते थे। शायद इन कारणों से चालीस के दशक में जो तुलनात्मक साहित्य हमारे यहाँ चला, वह पश्चिन्मोन्मुख ज़्यादा था और उसमें अग्रणी भूमिका निभाने वाले लोग ज़्यादातर अंग्रेज़ी साहित्य के पण्डित और विद्वान हुआ करते थे। इस समय भी तुलनात्मक भारतीय साहित्य के अन्तर्गत अधिक सक्रिय लोगों में आधे से अधिक अंग्रेज़ी साहित्य के अध्यापक हैं तथा उनका माध्यम भी अंग्रेज़ी ही है। भाषा न परायी है और न अस्पृश्य। चाहे कार्य जिस भाषा के माध्यम से करें, लेकिन एक अच्छी बात है कि जब से तुलनात्मक भारतीय साहित्य के प्रति रुझान हमारे देश में एक दशक से बढ़ा है, उसमें अंग्रेज़ी के माध्यम से काम करने वाले लोग भी अब केवल अंग्रेज़ी में लिखे जाने वाले भारतीय साहित्य तक अपने को सीमित न रखकर वे भारतीय भाषाओं में लिखे जाने वाले साहित्य में भी गहरी रुचि ले रहे हैं और इस दिशा में काफ़ी काम भी हुआ है। यह पृष्ठभूमि है। मुझे भी कभी-कभार ऐसी भारतीय तुलनात्मक साहित्य विषयक संगोष्ठियों में भाग लेने का मौक़ा मिला है किन्तु जैसा कि मैंने शुरू में कहा कि मैं तुलनावादी नहीं हूँ। यह मेरे इस कथन में कोई अहंकार नहीं, आप विनम्रता समझें। वैसे मेरे गुरुदेव आचार्य हजारी प्रसाद द्विवेदी, जो स्वयं तुलनात्मक साहित्यवादी नहीं थे, उन्हें तुलनात्मक आलोचक कोई नहीं कहता, कोई मानता भी नहीं किन्तु उनके चरणों में बैठकर दो-तीन बातें मैंने सीखीं। पहली महत्त्वपूर्ण बात मुझे मालूम हुई जो आज के तुलनात्मक साहित्य का अध्ययन करने वालों के लिए शायद ज़रूरी हो वह यह कि ठीक-ठीक और सार्थक तुलनात्मक अध्ययन वही व्यक्ति कर सकता है जो रूटेड हो और अपने साहित्य में जिसकी जड़ें बहुत गहरी हों। जिसकी जड़ें किसी भी साहित्य में नहीं हैं, वह तुलनात्मक साहित्य में उपरफट्टू क़िस्म का सतही काम करेगा। सच्चा तुलनात्मक अध्ययन वही व्यक्ति कर सकता है जिसकी कम-से-कम एक साहित्य में इतनी गहरी जड़ें हों कि वह उन जड़ों के आधार पर और उनके सहारे वह इधर-उधर अपनी पंखुड़ियाँ फैलाता हो या अपनी

टहनियाँ फैलाता हो तो कुछ सार्थक कार्य कर सकता है। जड़ों की गहराई के आधार पर ही सार्थक तुलना सम्भव है। इस दृष्टि से देखें तो उमाशंकर जोशी के कार्य का महत्त्व आपको मालूम होगा। इसी दृष्टि से यहाँ बैठे हुए हमारे मित्र समीक्षक और विवेचक शीतांशु जी का नाम भी यहाँ लेना होगा। इससे पहले सुरेश जोशी का कार्य भी है। तो एक भाषा के साहित्य में रूटेड होना ज़रूरी है। जर्मन-फ्रेंच लोगों ने इसलिए अच्छा कार्य किया है क्योंकि अपने साहित्य और अपनी भाषा में उनकी जड़ें गहरी थीं। अत: वे महत्त्वपूर्ण कार्य कर सके। माइमीसिस का प्रसिद्ध लेखक जर्मन परम्परा में रूटेड था। गुरुदेव हजारी प्रसाद द्विवेदी भी कई और भाषाएँ भी जानते थे, वे बंगाल से आये थे। उनके बारे में भ्रम फैलाया गया था–ख़ासतौर से काशी के पण्डितों द्वारा कि वे संस्कृत के पण्डित थे। संस्कृत में भी काव्य के नहीं, ज्योतिष के पण्डित थे, एक भ्रम यह भी था। काशी के पण्डित यह भी कहा करते थे कि वे हिन्दी के कब से हो गये? वे यह भूल जाते हैं कि इस दृष्टि से देखा जाय तो उनके पहले, आचार्य रामचन्द्र शुक्ल ने किस विश्वविद्यालय से हिन्दी की उपाधि प्राप्त की थी? वे कहाँ हिन्दी के थे? उनके पहले स्वयं आचार्य महावीर प्रसाद द्विवेदी क्या थे? लेकिन अपने संस्कार में, अभिरुचि में, साहित्य के बोध और मूल चेतना में, वह चेतना किस हद तक उन्होंने अपनी भाषा से प्राप्त की थी यह उनकी कसौटी है और यही परख का आधार बन सकता है। उनसे दूसरी चीज़ यह सीखी कि जो केवल हिन्दी जानता है, हिन्दी का साहित्य जानता है, वह कितना जानता है? वह कितना हिन्दी साहित्य जानता है? केवल हिन्दी का साहित्य जानकर आप पूरे हिन्दी साहित्य को नहीं जान सकते। हिन्दी के परम्परित विद्वान द्विवेदी जी को हिन्दी का विद्वान नहीं मानते थे, यह उन विद्वानों की सीमा थी जो समझते थे कि हिन्दी साहित्य का अच्छा विद्वान होने के लिए केवल हिन्दी साहित्य को जानना ज़रूरी है। द्विवेदी जी ने स्वयं भक्ति आन्दोलन पर कार्य करते हुए लिखा और अनुभव किया कि हिन्दी के भक्ति आन्दोलन को समझने के लिए केवल हिन्दी तक आप सीमित रहेंगे तो भक्ति आन्दोलन को नहीं समझ सकते। उस भक्ति की जड़ें सुदूर कहीं तमिलनाडु में हैं तो कहीं पश्चिम में, गुजरात में, सौराष्ट्र में, पूरब बंगाल में ही नहीं बल्कि असम-उड़ीसा में भी हैं। एक टाँका न जाने कहाँ छिपा हुआ है, श्रीलंका में भी पाया जा सकता है। द्विवेदी जी अपने एक निबन्ध में हिन्दी भाषा के अन्तरावलम्बन पर लिखते हुए, भारतीय साहित्य पर लिखा है कि जाने क्यों विधाता के अज्ञात हाथों ने हमारे भाग्य को इस तरह सी दिया है कि अकेले एक टुकड़े के आधार पर हम अपने आपको ही नहीं जान सकते हैं, समूचे भारत को जानना तो दूर की बात है। हमारे साहित्य को विधाता ने इस तरह

से रचा है कि वह एक ऐसी कथरी है जिसकी सिलाई इस तरह से की गयी है कि एक टाँका केरल में, तो एक श्रीलंका में या फिर एक कश्मीर में मिल सकता है। यह व्यावहारिक अनुभव के आधार पर उन्होंने जाना कि हिन्दी साहित्य के सम्यक् ज्ञान के लिए ज़रूरी है कि केवल हिन्दी साहित्य ही नहीं, बल्कि भारत की अन्य भाषाओं के साहित्य को भी पढ़ा जाय। जैसा कि मैंने कहा वे कम्पेरेटिस्ट नहीं थे लेकिन अनजाने ही यह एक दूसरा सूत्र उनके द्वारा मुझे मिला। और तीसरी चीज़ जो मुझे मिली वह यह कि लगभग कुछ लोगों के लिए तुलनात्मक साहित्य एक 'डिसिप्लिन' बन गया है जिसका ख़तरा बहुत ज़्यादा है। जब विभाग बन जाता है, पीठ कायम होता है तो चिन्ता होती है कि एक ऐसी 'डिसिप्लिन' हो जिसकी सीमा रेखाएँ इस तरह से बनायी जायें जो दूसरों से अलग हों। बार-बार ज़ोर दिया जाता है कि वह प्रॉपर डिसिप्लिन बने। तुलनात्मक साहित्य को एक प्रापर डिसिप्लिन, एक विशेष विद्याशाखा बनाने का जो प्रयास है, कुछ लोग इसीलिए कम्पेरेटेस्ट ही कहलायेंगे। आप जानते हैं कि जात-पाँत से बँटे हुए इस देश में जहाँ ज्ञान-विज्ञान की शाखाओं में विशेषीकरण बढ़ता चला जा रहा है, जिस दिन 'कम्पेरेटिव लिटरेचर' विशिष्ट विद्याशाखा बना, उसकी मृत्यु क़रीब होगी। विशिष्ट तुलनावादी होते ही आप 'विशिष्ट' ब्राह्मण हो जाते हैं। और फिर छुआछूत-चौका, नहाना-धोना आदि रिचुअल्स बनने शुरू हो जाते हैं। तुलनावादियों का एक रिचुअल बनना इस देश में आरम्भ हो चुका है। लोग कहते हैं–हम तो तुलनावादी हैं। इसलिए हम केवल तुलना ही करेंगे अर्थात् अपनी भाषा के किसी कवि को रुचि से पढ़ा है, यह काम हम नहीं करेंगे। जब तक 'और' नहीं लगायेंगे, (उमाशंकर जोशी और...) इस 'और' के बिना उनका काम नहीं चलेगा। इसलिए केवल उमाशंकर जोशी का अध्ययनकर्ता तुलनावादी नहीं हो सकता। 'और' के बाद जो भी जोड़िए और तुलनावादी हो जाइए। आचार्य हजारी प्रसाद द्विवेदी ने इसे 'डिसिप्लिन' के रूप में स्वीकार नहीं किया था लेकिन उनके लिए साहित्य का तुलनात्मक अध्ययन उतना ही नैसर्गिक, स्वतःस्फूर्त ज़रूरी था, जितना साँस लेना। वह उनकी डेली प्रेक्टिस थी। कबीर ने उच्च कोटि की साधना-समाधि की चर्चा करते हुए कहा है कि "साधो सहज समाधि भली।" 'जो सिद्ध होता है उसे अलग से एक-डेढ़ घण्टा पूजा के लिए नहीं निकलना पड़ता। कबीर के शब्दों में–"जहाँ-जहाँ डोलौं सोई परिकरमा जो कछु करौं सो सेवा। जब सोवौं तो करौं दण्डवत पूजौं और न देवा।" इसलिए मेरा डोलना ही परिक्रमा है, सोना ही दण्डवत् है, मुझे अलग से किसी देवता की दण्डवत् या परिक्रमा नहीं करनी पड़ती। तुलना

जब इस प्रकार दैनन्दिन अभ्यास का विषय बन जाये तो शायद इसके बीच से सही तुलनात्मक अध्ययन निकलता है वरना तुलना के लिए 'तुलना' करना एक तरह की खानापूर्ति होगी, रिचुअल होगा, तुलनात्मक साहित्य में उसका कोई सार्थक योगदान नहीं दे सकेगा। यही तीन बातें मैंने गुरुदेव के चरणों में बैठकर सीखीं। ये बातें उन्होंने कभी स्पष्ट रूप से कही नहीं लेकिन उनके आचार-व्यवहार और लेखन को देखकर मुझे लगा कि यह आदमी (जिसे यदि कहा जाय कि आप तो तुलनावादी हैं, तो शायद उसे आश्चर्य होगा) ज़िन्दगी भर गद्य बोलता रहा लेकिन नहीं जानता था कि गद्य किसे कहते हैं। लगभग उसी तरह के हम में से शायद अनेक लोग हैं। तुलनात्मक साहित्य के अध्येताओं को यह अहसास कराने की ज़रूरत है और यह उनका दायित्व होना चाहिए वे किसी को डराएँ नहीं (कि तुम तुलनावादी नहीं हो–जब तक 'और' नहीं लगाओगे) अनजाने, प्राकृतिक रूप से जो भी विवेचक, विमर्शक, समीक्षक है वह यदि अपने आलोचना-कर्म में सचमुच सार्थक कार्य कर रहा है तो वह तुलना किये बिना रह नहीं सकता और कहीं-न-कहीं वह किसी-न-किसी रूप में तुलनात्मक साहित्य का अभ्यास करता रहा है। वह एक लम्बी परम्परा है। भारतीय आलोचना का इतिहास यदि देखा जाय तो 19वीं सदी के अन्तिम वर्षों में और बीसवीं सदी के आरम्भ में यदि रवीन्द्रनाथ के लेखों को पढ़ें तो स्वयं 'क्लासिक्स' पर लिखे उनके लेखों में, तुलनात्मक साहित्य की छाया भरी पड़ी है। शाकुन्तल पर लेख लिखा है, 'कादम्बरी चित्र' लेख लिखा है, रामायण-महाभारत पर लिखा है। इनमें उस दौर की प्रमुख चिन्ता, पश्चिम-पूर्व का साक्षात्कार-मुठभेड़ है। और दोनों के बीच–कहाँ पश्चिम से भारतीय साहित्य अपनी विशिष्ट रेखाएँ खींचता है, रवीन्द्रनाथ अपनी प्रत्येक आलोचना में दिखाते हैं। शकुन्तला त्रासदी है कि नहीं है, और क्यों शकुन्तला का अन्त भारतीय इतिहास के सर्वथा अनुकूल है? यह ग्रीक त्रासदी नहीं हो सकता था, शेक्सपिरियन ट्रेजेडी नहीं हो सकता था, नहीं हो सका। इस वैशिष्ट्य को अलगाते हुए रवीन्द्रनाथ ने एक तरह से तुलनात्मक साहित्य की नींव डाली है, जिसे हम भारतीय परम्परा का तुलनात्मक साहित्य कहते हैं। इसलिए मैं समझता हूँ कि गोष्ठियों में हमारे जैसे लोग तुलनावादी न होते हुए भी इसमें शामिल हुए हैं और हममें से अनेक लोग शामिल हुए हैं। ऐसे लोगों को कम-से-कम आश्वस्त करने की ज़रूरत है। आप यह भी कह सकते हैं कि अपनी कमज़ोरियों के लिए मैं औचित्य ढूँढ़ रहा हूँ। परन्तु शायद इसमें एक ऐसी सम्भावना है, जो हमारी आलोचना के विकास में योगदान दे सकती है।

एक बात की ओर और संकेत करना चाहूँगा कि तुलनात्मक साहित्य के सम्मुख (यूरोप-अमेरिका में भी) एक संकट की घड़ी उपस्थित हो गयी है। यह आज ही नहीं है बल्कि जब इंटरनेशनल कम्पेरेटिव लिटरेचर एसोसिएशन की एक दूसरी कांग्रेस अमेरिका में हुई थी तो 1958 में रेने वेलेक में एक लेख–'क्राइसिस इन कम्पेरेटिव लिटरेचर' पढ़ा था। अभी तो अमेरिका में इसकी शुरुआत ही हो रही थी लेकिन उस दूसरी कांग्रेस में एक बम के धमाके के समान रेने वेलेक ने 'क्राइसिस इन कम्पेरेटिव लिटरेचर' लेख पढ़ा था और मेरे विचार से उस संकट का हल बहुत वर्षों तक नहीं ढूँढ़ा जा सका था। वह हमारे यहाँ भी है और वह एक सैद्धान्तिक संकट है। हमें नहीं भूलना चाहिए कि 1958 का वर्ष, जब अमेरिका में अभी तक मोटे तौर से न्यू क्रिटिसिज़्म का वर्चस्व समाप्त नहीं हुआ था, सूर्यास्त की ओर वह ज़रूर उन्मुख था। ख़ासतौर से, नोर्थोपफ्राय ने 'एनेटोमी ऑफ़ क्रिटिसिज़्म' लिखा और फ्रेंक कर्मोड, इन दो आदमियों ने न्यू क्रिटिसिज़्म की बुनियाद पर ही हमला किया था। यह 1956-57 की घटना होनी चाहिए। मोटे तौर से यहाँ नयी आलोचना का वर्चस्व था। जैसा कि हम जानते हैं नयी आलोचना में क्रोचे की जो पुरानी मान्यता थी यानी कांस्यकृति या साहित्यिक कृति के बारे में जिसकी धारणा 'ऑर्गेनिक' थी और टेक्स्ट पोयम ऑन द पेज के बाहरी अध्ययन पर बल न देकर उस रचना को अखण्ड इकाई माना जाता था और रचना को अखण्ड ऑर्गेनिक के रूप में स्वीकार किया गया था। ज्यों ही आप इसे तोड़कर रचना के मूल स्रोतों को ढूँढ़ते हैं, प्रभावों को ढूँढ़ते हैं, दूसरी कृतियों से साम्य ढूँढ़ते हैं या वैषम्य ढूँढ़ते हैं तो आप कृति के 'बाहर' जाते हैं। अंग्रेज़ी में 'इंट्रैजिक' कहा जाता था। इसलिए साहित्यिक कृति का स्वयं का अपना काव्यार्थ क्या है, उसको समग्रता में आप ग्रहण करें। कृति को छोड़कर मूल स्रोतों की खोज, बाहरी प्रभावों की खोज, यन्त्र कृतियों से साम्य-वैषम्य ढूँढ़ना, यह बहिरंग समीक्षा है और यह स्थापना ऐसी थी जिसमें तुलनात्मक साहित्य के लिए कोई गुंजाइश ही नहीं थी और तुलनात्मक साहित्य यही काम करता था। तुलनात्मक साहित्य आमतौर से ठोस ढंग से मूल स्रोतों की खोज, किसी साहित्यिक कृति का निर्माण किन-किन कृतियों से हुआ है आदि-आदि। इस प्रकार मूल स्रोतों का अध्ययन करके आप साबित करना चाहते हैं कि आप तुलनात्मक अध्ययन कर रहे हैं? एक कृति का प्रभाव किन-किन कृतियों पर पड़ा। आधुनिक काव्य में छायावादी कविता का अध्ययन करते समय अनेक लोगों ने पन्त के बादल पर शैली के 'क्लाउड' का प्रभाव देखा या साम्य-वैषम्य की ओर निर्देश किया था।

अब नयी समीक्षा ने एक चुनौती रखी। चुनौती रखी थी इलियट ने। वह रचना प्रक्रिया का विवेचन करते हुए कहता है, "कवि के मानस में उसके अनजाने, न जाने कितने प्रकार के परस्पर विरोधी अनुभव एकत्र होते रहते हैं और एक विशेष सर्जनात्मक क्षण में वे ऐसा रूप लेते हैं कि आप उनके टुकड़े-टुकड़े नहीं कर सकते। नयी समीक्षा की इस चुनौती ने वर्षों तक तुलनात्मक साहित्य अथवा उसके अध्ययन को एक 'एक्सट्रिंजिक' (फालतू) खाते में डाला कि सच पूछा जाय तो यह तो आलोचना ही नहीं है अर्थात् यह साहित्यिक समीक्षा नहीं है और कुछ है।" यह चुनौती और इसी को आधार बनाकर रेने वेलेक ने पूरे तुलनात्मक साहित्य को 'गम्भीर प्रयास नहीं है' कहकर ख़ारिज कर दिया था। यह सतही बहिरंग अध्ययन है, अन्तरंग नहीं क्योंकि अन्तरंग अध्ययन का मूलाधार होना चाहिए–उस सर्जनात्मक क्षण की पकड़ जिसमें विभिन्न अनुभव एक ऐसा समग्र, पुंजीभूत रूप ग्रहण करते हैं कि कृति (चाहे कविता हो या उपन्यास) एक 'ऑर्गेनिक' होल बन जाती है। इसी कारण, मेरा ख़याल है कि इसका जवाब भी तुलनात्मक साहित्य के पास नहीं था। ख़ासतौर से तुलनात्मक साहित्य में जब तक 'फ्रेंच पॉजिटिविज़्म' का ज़ोर था जहाँ आमतौर से वह तथ्यपरक हुआ करता था। पत्रों-डायरी, लेखक की आत्मकृतियों के माध्यम से हम आमतौर से ऐतिहासिक सम्पर्कों का अध्ययन किया करते थे किं कब, किस लेखक ने दूसरी भाषा की विदेशी कृति पढ़ी। मलार्मे या बॉदलेयर ने फ्रेंच के अलावा क्या पढ़ा? और क्या ग्रहण किया? जैसे मैंने कहा, ऐतिहासिक सम्पर्क, उदाहरण के लिए 19वीं सदी के ही नहीं, बीसवीं सदी के भी और आज के भी समकालीन भारतीय साहित्य का अध्ययन करते हुए, हम उन ऐतिहासिक सन्दर्भों का विश्लेषण करें कि पश्चिम के सम्पर्क में कौन लेखक, किस रूप में, किस तरह आता है? उन ऐतिहासिक सम्पर्कों का विश्लेषण करें। 19वीं सदी में, उदाहरण के तौर पर हिन्दी (और गुजराती में भी हुआ होगा) और बंगला में भी हुआ। शेक्सपियर के नाटकों से प्रभावित होकर (चाहे वह ट्रेजेडी या कॉमेडी रही हो जो उन दिनों के पाठ्यक्रम में चला करते थे) 'मार्चेंट ऑफ़ वेनिस' पर तरह-तरह के नाटक और उपन्यास लोगों ने लिखे। कुछ ने 'मैकबेथ' से लिया क्योंकि वह ज़्यादा चलता था। 'लियर' का भी प्रभाव पड़ा होगा। तो लोगों ने उनके प्रचलित नाटकों से प्रभाव ग्रहण किये। किसी ने अनुवाद किया तो किसी ने छायानुवाद किया, भावानुवाद किया। किसी ने उसे अनुवाद न कहकर उसके आधार पर मौलिक कृति की रचना की। उदाहरण के लिए हिन्दी में पहली कहानी किशोरीलाल गोस्वामी की 'इन्दुमती' 1900 में छपी थी।

वह टेम्पेस्ट से प्रेरित पूरा आख्यान है। फ़र्क़ यह किया गया है कि वह हिन्दू-मुसलमानों में बदल दिया गया है। वह प्रेम-कहानी न होकर प्रतिशोध की कहानी बन गयी है।

सारांश यह कि फ्रेंच पॉजिटिविज़्म के असर के कारण इस तरह के सटीक तथ्यात्मक अनुसन्धान के आधार पर तुलनात्मक साहित्य का अध्ययन किया जाता था और वह इस हद तक बाहरी था कि नयी समीक्षा की चुनौती को स्वीकार करने की स्थिति में नहीं था।

1970 के बाद एक नया मोड़ आया। पश्चिम में वही फ्रांस जो 'पॉजिटिविज़्म' का गढ़ था, उसी में थियरी–'सो कॉल्ड, थियरी चली जो संरचनावाद के नाम से शुरू हुई। वे पॉजिटिविज़्म के घोर विरोधी थे, दूसरे छोर पर थे। कहा गया कि (पॉजिटिविज्म) तो एक 'मेथड' है–विदआउट थियरी। इसलिए संरचनावाद के विविध रूप चलें यह वही दौर है जब 1920 के आसपास रूसी रूपवादियों वी. श्लोवस्की, तन्यानोव आदि ने एक विशेष प्रकार का संरचनावाद प्रस्तुत किया था। इग्लैंड में कम, अमेरिका में बहुत ज़्यादा इसका प्रभाव मानविकी की यन्त्र शाखाओं के साथ-साथ साहित्य पर भी पड़ा (अब तो ख़ैर उत्तर-संरचनावाद की चर्चा की जा रही है)। इस संरचनावादी अध्ययन के साथ ही नयी समीक्षा की उस बुनियाद को पहली बार चुनौती मिली जिसे हम 'ऑर्गेनिक होल' कहते हैं वह क़ायदे से 'स्ट्रक्चर' है, और वह दिया हुआ (प्रदत्त) नहीं हुआ करता बल्कि आप प्रत्येक संरचना को पुनर्निर्मित करके टेक्स्ट को अर्थों की विविध संरचनाओं के रूप में निर्मित कर सकते हैं–जिसका कोई अन्त नहीं। एक नया हमला और हुआ। आप लोगों ने पढ़ा होगा, जर्मन विद्वान फ्रांस राबर्ट (जो रिसेप्शन थियरी के लिए प्रसिद्ध थे) ने नयी समीक्षा द्वारा निर्धारित टेक्स्ट की कल्पना या परिकल्पना को चुनौती दी और कहा–जिसे आप टेस्क्ट कहते हैं वह फिक्स तो है नहीं। यह तो इस पर निर्भर है कि वह टेक्स्ट किस रूप में ग्रहण किया गया और ग्रहण की प्रक्रिया में मालूम हुआ कि जिन कृतियों को आप साहित्यिक कृति कहते हैं, इतिहास से मालूम होता है कि उन कृतियों को आरम्भ में साहित्यिक कृतियों के रूप में ग्रहण नहीं किया गया। बहुत दिनों बाद एक ग़ैर-साहित्यिक कृति साहित्यिक कृति बन गयी और साहित्यिक कृति ग़ैर-साहित्यिक हो गयी। बाइबिल धर्मग्रन्थ था। इस क्रम में उसे कविता के रूप में पढ़ा जाने लगा। रामचरितमानस आज भी बहुतों के लिए धर्मग्रन्थ है। और, हिन्दी के एक बड़े साहित्यकार ने कहा है कि रामचरितमानस को यदि आप काव्य के रूप में पढ़ते हैं तो आप उसे नहीं पढ़ते हैं, और नहीं समझते हैं। रामचरितमानस का 'रिसेप्शन' तो क़ायदे से धर्मग्रन्थ के रूप में किया जाता है इसलिए इसे धर्मग्रन्थ के रूप में पढ़ने की ज़रूरत है। इस

रिसेप्शन ने यह साबित किया कि जिसे आप साहित्य का टैक्स्ट कहते हैं वह वस्तुतः एक सम्प्रेषण-संकेत प्रणाली (कम्युनिकेशन कांटेक्स्ट) की देन है। एक सम्प्रेषण-सन्दर्भ है, जिसमें टेक्स्ट निर्मित होता है और ग्रहण किया जाता है। ऐसी स्थिति में, स्वाभाविक है कि नयी समीक्षा ने जो 'ऑर्गेनिक होल' की बात की थी वह 'टेक्स्ट' अब उस 'जेली' के समान हो गया जो पहले जमा हुआ बर्फ़ थी और यह जेली वह है जो बार-बार 'क्रिएट' और 'रिक्रिएट' की जाती है और की जा सकती है, और वह अस्थिर है। आप जानते हैं कि कोई भी चीज़ जब स्थिर न रहे, पिघलने लगे या गतिशील होती है तो उसी के आधार पर उसके अध्ययन की प्रणालियाँ बदलती हैं। पद्धतियाँ और सिद्धान्त बदलते हैं। यह पहली चुनौती थी जिसने तुलनात्मक साहित्य को जड़ विधेयवाद (पॉजिटिविज़्म) से उबारकर फिर उस जगह पहुँचाया जहाँ हम साहित्य का अध्ययन एक बड़े क्षेत्र में कर सकते हैं, जिसे मैंने 'फेक्चुअल कम्युनिकेशन' सिचुएशन कहा है। जहाँ उत्पादन तथा ग्रहण दो छोरों की बीच और जहाँ अर्थ ही संदिग्ध हो तो कविता अपने पृष्ठ पर नहीं रही, पोयम ऑन द पेज नहीं रह गयी–पृष्ठ से हटकर कविता एक बृहत्तर सन्दर्भ में चली गयी। उस सम्प्रेषण का गहरा सम्बन्ध संस्कृति से है, पाठक से नहीं बल्कि पाठक-समुदाय से जो निरन्तर बदलता रहता है, परिवर्तनशील है। इस तरह, साहित्य का अध्ययन संस्कृति के एक बड़े दायरे में चला गया। केवल शब्द और अर्थ का विधान नहीं रह गया बल्कि टेक्स्ट अपने आप में एक बृहत्तर संकेत प्रणाली का अंग बन गया।

मित्रो! मेरा ख़याल है, इस चुनौती से स्वयं हमारे भारतीय 'कम्पेरेटिस्ट' अनजान नहीं हैं। यह हमारे लिए इसलिए ज़रूरी है कि भारतीय साहित्य का अध्ययन करते समय भारतीय साहित्य एक है, यद्यपि अनेक भाषाओं में लिखा गया है। पवित्र वाणी डॉ. राधाकृष्णन दे गये थे लेकिन यह पवित्र होते हुए भी और सर्वथा निर्दोष होते हुए मैं यह कहने की धृष्टता कर रहा हूँ कि निरर्थक है। यह अध्ययन का कोई सूत्र प्रदान नहीं करती। इसके चलते हमारे राष्ट्रवादी लोग व्यवहार में आजकल ज़बरदस्ती भारतीय साहित्य की एकता-एकात्मता जैसे भारत टुकड़े-टुकड़े हो रहा है वैसे-वैसे उस एकता की टूटी हुई नैया को गह के पकड़ कर रखना चाहते हैं। किसी क़ीमत पर और तमाम भारतीय साहित्यों में मिलने वाला एक 'कॉन पॉइंट' है यानी लगभग हम लोग इस समय गणित के एल.सी.एम. और जी.सी.एम. के दौर से गुज़र रहे हैं और लघुतम समापवर्तक और महत्तम समापवर्तक निकाल रहे हैं। सारे भारतीय साहित्य को निचोड़कर जो अर्क है, उस तत्त्व की एकता पर हम ज़्यादा ज़ोर दे रहे हैं। दूसरी ओर इसकी प्रतिक्रिया में लोग प्रत्येक भारतीय भाषा में लिखे हुए साहित्य

की विशिष्टता को इस हद तक रेखांकित करेंगे कि कहेंगे कि दोनों में कोई सम्बन्ध ही नहीं है। तमिल वाले रास्ता दिखा रहे हैं और आश्चर्य नहीं है कि इस दिशा में दूसरी भाषाएँ प्रगट करते हुए कहेंगी कि हम इतने विशिष्ट हैं कि सामान्य कोई बिन्दु ही नहीं है। यह राधाकृष्णन वाले कथन की प्रतिक्रिया है। मैं समझता हूँ यह 'डायकॉटमी' यह अखण्डता या अखण्ड भारत और दूसरी ओर खण्ड-खण्ड का पाखण्ड भारत, इन दोनों के बीच तुलनात्मक साहित्य को ख़तरों से बचाने का कोई सैद्धान्तिक आधार होना चाहिए और जैसा कि मैंने कहा, वह सैद्धान्तिक आधार है कम्युनिकेशन कांटेक्स्ट। वह एक्चुअल कम्युनिकेशन कांटेक्स्ट जहाँ साहित्य का सृजन होता है और साथ ही साहित्य का ग्रहण भी होता है, अभिग्रहण नहीं, एप्रोप्रिएशन नहीं।

अंग्रेज़ी के प्रसिद्ध आलोचक एफ.आर. लीविस को यद्यपि अंग्रेज़ी के अलावा यूरोप की और भी तीन-चार भाषाएँ अच्छी आती थीं—जर्मन, फ्रेंच और अंशत: रशियन, लेकिन उन्होंने अंग्रेज़ी के अलावा किसी भी साहित्यिक कृति पर नहीं लिखा। अन्तिम दिनों में उन्होंने 'अन्ना करनिना' पर लेख लिखा है और जो अन्ना करनिना एंड अदर एसेज' नाम से छपा है। तोल्स्तोय में उनकी बहुत गहरी रुचि थी। आधुनिकतावादी आन्दोलन का समर्थन करने के बाद टी. एस. इलियट का अतिक्रमण करते हुए जब वे डी.एच. लारेंस की ओर उन्मुख हो रहे थे, उस दौर में जहाँ उनके लिए लाइफ शब्द बड़ा पारिभाषिक शब्द था, वहीं सबसे बड़ा मूल्य भी था और केपिटल लेटर से 'लाइफ' लिखते थे। वह 'जीवन' उन्हें इलियट में नहीं दिखाई पड़ता था। वह रक्तहीन साहित्य लगता था। उनको लारेंस और तोल्स्तोय में जीवन्तता दिखाई पड़ती थी, तब शायद लिखा। अंग्रेज़ी के अलावा किसी भाषा में नहीं लिखा। क्यों? इतनी भाषाओं के जानने पर भी तुलनात्मक साहित्य तो लिखा ही नहीं, किसी अन्य भाषा के साहित्य पर भी कोई टिप्पणी नहीं की। उनका कहना था कि 'महत्त्वपूर्ण' और सार्थक सर्जनात्मक साहित्य उस भाषा के साथ इतना जुड़ा रहता है और उसकी सही समीक्षा केवल इनसाइडर ही कर सकता है। मैं केवल अपनी भाषा अंग्रेज़ी में ही इनसाइडर हूँ और इतना संवेदनशील होने के कारण मैं समझता हूँ कि शायद एक हद तक मैं अंग्रेज़ी की कृतियों के बारे में तो कुछ कह सकता हूँ लेकिन इसके बाहर की कृतियों के बारे में उन भाषाओं को जानते हुए भी (अनुवाद तो दूर मूल मैं पढ़ सकता हूँ) मैं यह धृष्टता कभी नहीं करूँगा। बालचन्द्र राजन जो अंग्रेज़ी के प्रोफ़ेसर हैं और बहुत दिनों तक केम्ब्रिज में, ऑक्सफोर्ड में रहे हैं, अमेरिकन विश्वविद्यालयों में रहे हैं। बहुत अच्छी अंग्रेज़ी जानते थे और उनकी इतनी मान्यता थी कि टी.एस. इलियट पर आलोचनाओं की प्रथम प्रकाशित पुस्तक का सम्पादन उन्होंने किया था।

उस पुस्तक पर लीविस ने टिप्पणी करते हुए कहा कि अच्छी अंग्रेज़ी जानता है पर इनसाइडर नहीं है। अंग्रेज़ी भाषा की उन संवेदनाओं से, सूक्ष्मताओं से, सूक्ष्म अर्थछायाओं से परिचित नहीं है। मैंने यह उदाहरण इसलिए दिया की पारमार्थिक धरातल पर शंकर के देश में हम लोग रहते हैं इसलिए परमार्थ सत्य तो यही है कि आप जिस भाषा के इनसाइडर हैं उसी की समीक्षा आपको करनी चाहिए। दूसरी भाषा को जानते हुए भी उस जगह क़दम नहीं रखना चाहिए। आप पैदा हुए हैं गुजरात में, इसलिए गुजराती आती है, मैं हिन्दी प्रदेश में पैदा हुआ हूँ इसलिए हिन्दी मुझे आती है, यह ग़लत है। अर्जित करना पड़ता है और हमें नहीं भूलना चाहिए कि सर्जक कथाकार भाषा अर्जित करते हैं इसलिए आलोचक के नाते जब हम गुस्ताख़ी करते हैं तो हमें समझना चाहिए। मुझे याद है कि घूमते हुए यात्रा के दौरान गार्सिया मार्खेस दिल्ली आये थे। एक हफ़्ते ठहरे। अचानक लोगों को पता लगा और घेर लिया। कहा कि बोलिए, कुछ बोलिए। अंग्रेज़ी उनको आती है। कुछ लोग अंग्रेज़ी में सवाल पूछ रहे थे। बहरहाल कुछ लोग जो स्पेनिश जानते थे वहाँ पहुँच गये। वे कुछ बोले ही नहीं। लोग सवाल पूछते रहे। उन्होंने कहा, मैं पेशे से पत्रकार हूँ और मैंने बहुत-सी पत्रकारिता के काम किये हैं लेकिन साहित्य के बारे में मैं आपसे कोई बात नहीं कर सकता। लोगों ने कहा यदि आपको अंग्रेज़ी बोलने में कठिनाई हो तो आप स्पेनिश में बोलिए। स्पेनिश का एक वाक्य बोलते हुए उन्होंने कहा-"इतना द्वन्द्व मेरे मन में होता है, आप मुझसे अंग्रेज़ी में बोलने की बात कर रहे हैं। मैं लेखक हूँ।"

मैं भाषा के प्रति संवेदनशीलता की बात कह रहा हूँ गार्सिया मार्खेस ने कही। इसलिए परमार्थ सत्य तो मुझे यही प्रतीत होता है कि वहाँ किसी भी प्रकार की उच्चकोटि के तुलनात्मक साहित्य की सम्भावनाएँ क्षीण हैं कम हैं, कुछ स्तर का नहीं हो सकता। हर बड़ा आलोचक जो भी है, अपनी भाषा का आलोचक होता है। रामचन्द्र शुक्ल बंगला बहुत अच्छी जानते थे और बंगला का अनुवाद किया है, प्रसंगवश बंगला-साहित्य के बारे में उल्लेख भी किया है। उस समय के अन्य लोगों की तरह भारत की कुछ भाषाएँ भी लोग जानते थे। लेकिन आधिकारिक रूप से उनकी समीक्षा हिन्दी के बारे में ही मानी जाती है। यही बात गुजराती के लोगों और मराठी के लोगों के बारे में भी होगी। लेकिन शंकर ने पारमार्थिक सत्य के अलावा एक व्यावहारिक सत्य की भी बात की है। और व्यावहारिक सत्य के स्तर पर तुलनात्मक साहित्य, हमारे देश में बहुत आवश्यक है—अत्यन्त आवश्यक है। व्यवस्थित ढंग से उनका अध्ययन-अध्यापन और अनुसन्धान आवश्यक है। यह पैदा ही हुआ है : 'अन्य' की खोज से। 'एन्थ्रोपोलॉजी' के लोग यूरोपीय सभ्यता के एक विशेष वातावरण में रहते थे।

19वीं सदी की औद्योगिक क्रान्ति होने के बाद जब ओद्योगिक पूँजीवादी समाज बना तो 'एंथ्रोपोलोजी' व एंथ्रोपोलॉजिस्ट उन सभ्यताओं के अध्ययन की ओर गये जो तथाकथित आदिम कहलाती हैं। 'अन्य' की खोज में गये और उससे दोनों तरह के विकास हुए, जिसे सांस्कृतिक सापेक्षतावाद (कल्चरल रिलेटिविज़्म) कहते हैं। इसी दृष्टि से तुलनात्मक सभ्यताओं का तुलनात्मक अध्ययन शुरू हुआ, संस्कृतियों का तुलनात्मक अध्ययन शुरू हुआ, विभिन्न धर्मों का तुलनात्मक अध्ययन शुरू हुआ और इन चीज़ों के कारण एक विशेष प्रकार की लिबरल वैल्यूज-लिबरल एजुकेशन बनी। इस देश में इतनी कूपमण्डूकता भाषा के स्तर पर, धर्म के स्तर पर, संस्कृति के स्तर पर बढ़ती जा रही है। उसके साथ ही, अहंमन्यता, असहिष्णुता और दूसरे को हीन समझने की भावना भी बढ़ती जा रही है। यद्यपि 19वीं सदी का वह उदारतावाद था जिसने बताया कि इतने प्रकार की नैतिकताएँ होती हैं। इतनी सापेक्षताएँ हैं कि आप किसी एक को श्रेष्ठ कहें यह सम्भव ही नहीं। बल्कि लोगों ने इतनी दूर तक कहा कि लेविस्ट्रोक का जो यह पूरा का पूरा काम है जिसमें लातिन अमेरिकी सभ्यताओं का अध्ययन करते हुए उन्होंने यह निष्कर्ष निकाला कि हम लोग पेरिस वाले अपने आपको इतना सभ्य और ज्ञानी, स्वप्नद्रष्टा आदि-आदि समझते हैं, हमसे ज़्यादा इस मामले में ह्यूमन इन तमाम चीज़ों के बावजूद वे हैं, जिनको हम आदिवासी कहते हैं। एक मूल्य भी इससे प्रतिष्ठित हुआ। मैं यह इसलिए कह रहा हूँ कि मैंने उड़िया के एक छोटे-से उपन्यास का अनुवाद पढ़ा तो मेरा वह अहंकार चूर हो गया जब मैं समझता था कि प्रेमचन्द जैसा ग्राम्यजीवन का चित्रण करने वाला भारत में कोई हुआ ही नहीं। तब मुझे लगा कि यह छोटी-सी भाषा यानी बोलने वालों की कम संख्या, पिछड़ा प्रदेश 19वीं शताब्दी में इतनी उच्चकोटि की रचना कि जिस बंगला में बंकिम हो चुके हों, उसी समय उस सदी के अन्त में फ़क़ीर मोहन जैसा अद्‌भुत मेधावी कथाकार पैदा हुआ। इसलिए तुलनात्मक साहित्य की शुरुआत में हम अन्य को जानें, दूसरों को जानें, अनुवाद के माध्यम से भी जानें। जानने से स्वयं हमारे साहित्यिक दृष्टिकोण पर एक ऐसा गहरा असर पड़ेगा कि जिसका लाभ पूरे देश को तो होगा ही स्वयं अपने साहित्य के लिए होगा, इसके बारे में कोई दुविधा नहीं है।

सच पूछिए तो मेरी यह आकांक्षा है कि समस्त भारतीय विश्वविद्यालयों में जितने भाषा विभाग हैं, उन सभी में कम-से-कम एक-दो तुलनात्मक साहित्य के कोर्स अनिवार्य हों। इससे इन भाषाओं का कल्याण होगा वरना हम लोग स्थिरता और जड़ता के दौर से गुज़र रहे हैं। हम लोग जो पाठ्यक्रम बना रहे हैं, उसके बारे में संक्षेप में टिप्पणी करूँगा। दक्षिण गुजरात विश्वविद्यालय, सूरत में साहित्य के

अलावा अन्य दो शास्त्रों को आपने जोड़ा है—दर्शन यानी तत्त्वज्ञान और मनोविज्ञान। मेरी अपनी समझ यह बनी है कि समाजशास्त्र के बिना यह अधूरा ही रहेगा। बल्कि सच पूछिए तो विदेशों में भी तुलनात्मक साहित्य का समाजशास्त्र अनिवार्य अभिन्न अंग है। और गुजरात के लिए बहुत ज़रूरी है। यह धारणा भ्रान्त होगी कि यहाँ इस प्रदेश (गुजरात) पर सामाजिक-आर्थिक-सांस्कृतिक कारणों से शुद्ध साहित्यवाद, शुद्ध कलावाद, रूपवाद की इतनी गहरी छाया है जिसने आलोचना का अहित किया हो या न किया हो, स्वयं सर्जनात्मक साहित्य का बहुत अहित किया है। वह ऐसा समाज-निरपेक्ष साहित्य है, जबकि भाषा उसकी समृद्ध है, अखा की परम्परावाला साहित्य, सरस्वतीचन्द्र की परम्परा वाला साहित्य केवल कलावाद को ही अपना पैमाना मान ले तो वह रक्तहीन साहित्य है। सब कुछ है लेकिन आपने इतना पक्का कुआँ खोद रखा है जिसमें संगमरमर की सीढ़ियाँ लगी हैं, पानी नहीं है। इसलिए यहाँ तुलनात्मक साहित्य के साथ, साहित्य के समाजशास्त्र के सन्दर्भ में बिना अध्ययन केवल रूपात्मक या रूपवादी तुलनात्मक साहित्य का अध्ययन बनकर रह जायेगा। अत्यन्त विनम्रता से कहना चाहूँगा कि यहाँ 'अवश्य' अवश्य जोड़ा जाय। जाधवपुर का तुलनात्मक साहित्य विभाग यदि विकास नहीं कर सका तो बुद्धदेव की उस विरासत के कारण, जहाँ साहित्य के समाजशास्त्र की कमी थी। दुर्भाग्य से अमियदेव भी लगभग वैसे ही रूपवादी हैं। मेरे मित्र हैं। हमें उस दायरे से निकलना होगा। रूपवाद के दायरे को छोड़ने का अर्थ यह नहीं कि आप मार्क्सवाद की ओर लपककर चले जायँ। साहित्य का समाजशास्त्र मार्क्सवाद नहीं है। अनेक धाराएँ हैं। सच पूछिए तो गुजरात ने तो भारत में समाजशास्त्र की दिशा में रास्ता दिखाया है। जहाँ आई.वी. देसाई हुए हों जहाँ ए.आर. देसाई हुए हों। इन दोनों ने तो भारत में समाजशास्त्र की नींव रखी है। उस भाषा में, साहित्य में, समाजशास्त्र अध्ययन का विषय न बने, साहित्यकार को सहारा न दे तो एक विडम्बना की बात होगी, यह दूसरी टिप्पणी है।

तीसरी टिप्पणी यह है कि दो कृतियों को आमने-सामने (जक्स्टापोजीशन) करके हम आलोकित करते हैं। बुनियादी प्रश्न यह था कि यदि एक साहित्यिक कृति अखण्ड अविभाज्य है तो उसके मूल स्रोतों को खोजना या प्रभाव ढूँढ़ना एक बात है। रचना-प्रक्रिया मूल चीज़ है। किसी कृति का समग्रता में आस्वाद लेना और फिर (समीक्षा तो विश्लेषण है) उस क्रिएटिव मोमेन्ट को पकड़ना (उस सर्जनात्मक क्षण को) और सर्जनात्मक प्रक्रिया का विश्लेषण करते हुए हम यदि स्रोतों की ओर भी जायँ, प्रभावों की ओर भी जायँ, रूढ़ियों की ओर भी जायँ, तो यह एक दूसरी बात है।

यह ठीक-ठीक स्रोत-खोज नहीं है, ठीक-ठीक प्रभावान्वेषण नहीं है बल्कि रामचरितमानस को समग्रता में लेते हुए उसके मूल कथ्य को ग्रहण किया है और इस क्रम में फिर हम यह देखते हैं कि यह आदमी न जाने कहाँ-कहाँ से लेते हुए कैसे रचता है? महत्त्वपूर्ण यह नहीं कि क्या लिया? क्योंकि स्रोत-खोज और प्रभाव-खोज आमतौर से जिन दिशाओं की ओर ले गयी है। आप देखें तो स्रोत-प्रभाव खोज वालों ने यह किया कि लेखक का अपना कुछ नहीं है। मौलिकता का सवाल जो आप कर रहे हैं, स्रोत-खोज प्रभाव-खोज कृति की मौलिकता के सामने प्रश्नचिह्न लगता है। विचित्र बात है कि जिस इलियट ने सारे यूरोप के सन्दर्भ में ऑर्गेनिक कंसेप्ट की बात की, साथ ही स्रोत और इंफ्लुएंस को लेकर 'वेस्टलैंड' में उसको एक लम्बी टिप्पणी देनी पड़ी थी और यह भी कई लोगों ने कहा कि वे टिप्पणियाँ गुमराह (मिसलीड) करती हैं, वे न होतीं तो अच्छा था। इसलिए महत्त्वपूर्ण है उस सर्जनात्मक क्षण और किसी कृति की सृजन-प्रक्रिया का विश्लेषण करते हुए जो विधि आप अपनाते हों, वह अपनाएँ। यह तुलनात्मक साहित्य नहीं है। यह न स्रोत खोज है बल्कि उस कृति का विश्लेषण ही है अर्थात् तुलना का विश्लेषण है। यह तुलना के अन्तर्गत नहीं आता, विश्लेषण के अन्तर्गत आता है।

जैसा कि कहा जाता है, दो हीरे रखे जायँ तो नया प्रकाश आता है, मैं इस क्रम में दो कृतियाँ आलोकित करना चाहूँगा। सुनने में काफ़ी अच्छा लगता है लेकिन स्थिति यह है कि एक कृति पढ़ते समय आलोचक या पाठक के दिमाग़ में कोई और याद आता रहे, तो वह तो एस्थेटिक एक्सपीरियंस के ख़िलाफ़ है। यह तो लगभग वही बात हुई कि आप अपनी प्रेमिका के साथ बैठे हैं, उसका मुँह निहार रहे हैं और पूर्ववर्ती दो प्रेमिकाएँ आपको याद आ रही हैं। मेरा ख़याल है कि आपका तत्काल सम्बन्ध विच्छेद हो जायेगा, वह लड़की भाग खड़ी होगी कि यह मुझे नहीं देख रहा है तमाम छायाएँ ही देख रहा है। साहित्य के आस्वाद के लिए यह बड़ी ख़तरनाक चीज़ है। जैसा कि हम चर्चा करते रहे हैं, एकमेव अद्वितीय यूनिकनेस में हम विश्वास करते हैं इसलिए दूसरी कृतियों का आलोक इतना ज़्यादा प्रकाश डालेगा कि मूल ही ग़ायब हो जायेगा।

एक बार मैं अहमदाबाद से दिल्ली जा रहा था। सौभाग्य से विमान में उमाशंकर जी थे और एक अद्भुत बात उन्होंने बतायी। उन्होंने कहा, "जानते हो। हेमचन्द्र ने उपमा अलंकार का क्या लक्षण बताया है? उपमा अलंकार के लक्षण मम्मट, भामह, सबके बहुत-से लक्षण दोहराये गये हैं। (क्षमा कीजिएगा, हेमचन्द्र के बारे में मेरी धारणा बहुत ख़राब रही है, यद्यपि अपभ्रंश का विद्यार्थी रहा हूँ वे कलिकाल सर्वज्ञ थे।

12 सौ विद्वान उनके साथ काम करते थे। उन्होंने शब्दानुशासन, काव्यानुशासन लिखा तथा स्वयं कवि भी थे। तो हेमचन्द्र ने कोई मौलिक बात लिखी होगी, यह मैं सोच ही नहीं सकता था।) उन्होंने उपमा का लक्षण बताया–हृद्यं साधर्म्यं उपमा। हम लोग अभी तक यही जानते हैं कि उपमान और उपमेय, प्रस्तुत-अप्रस्तुत दो चीज़ों का साधर्म्य दिखाना ही 'उपमा' है। हेमचन्द्र ने हृद्य शब्द जोड़कर मौलिकता दिखाई है।" हेमचन्द्र ने उदाहरण दिया कि 'कुंभ ही मुख' तो क्या यह उपमा होगी? साम्य तो है। गोल-गोल घड़े जैसा है। रोटी भी गोल ही होती है। तवा भी गोल होता है। साधर्म्य तो है, रूप साम्य तो है। कहीं-कहीं धर्म-साम्य भी दिखाई पड़ जायेगा। हेमचन्द्र ने उसमें 'हृदय' जोड़ा। आज तुलनात्मक साहित्य पर चर्चा करते हुए उमाशंकर जी का वह कथन याद आ जाता है। किन्हीं भी दो कृतियों की तुलना क्या तुलनात्मक साहित्य हो जायेगी? 1951 में शचीरानी ने पहली किताब प्रकाशित की जो हिन्दी में बड़े पैमाने पर तुलनात्मक साहित्य की कृति थी, जिसमें सूरदास के साथ मिल्टन की तुलना की गयी थी। कारण यह था कि दोनों अन्धे थे। आप देखें, आंचलिक उपन्यास रेणु ने लिखे हैं, आंचलिक उपन्यास बहुत से लोगों ने लिखे हैं। अब आंचलिक के सन्दर्भ में रेणु के साथ किसकी-किसकी तुलना नहीं की गयी है? हिन्दी में इस समय तुलनात्मक साहित्य, शोध प्रबन्ध जो प्रकाशित हुए हैं, निन्यानवे प्रतिशत वाहियात हैं, किसी लायक नहीं हैं (कहने के लिए क्षमा चाहता हूँ) दुर्भाग्य से सभी छपे हैं। प्रश्न है कि तुलना के लिए जब चीज़ों का चयन आप करते हैं, वह निर्णायक है। आप क्यों चुनते हैं? एक हाइपोथिसिस के तहत आप चुनते हैं। एक उदाहरण देना चाहता हूँ–प्रेमचन्द का नाम आते ही गोर्की के साथ हम तुलना करते हैं तो प्रगतिशील आन्दोलन को लेकर लगभग दोनों की मृत्यु एक साथ हुई थी, किसान मज़दूरों के दोनों ही पक्षधर थे। गोर्की की समाजवाद में आस्था थी, प्रेमचन्द की भी थी, कहा जाता है। रूस के प्रसिद्ध नेस्कोविन को बहुत ही दुःख-आश्चर्य हुआ, भारत वालों के अज्ञान पर और कहा कि यदि प्रेमचन्द की सार्थक तुलना आपको करनी है तो तोल्स्तोय के साथ करनी चाहिए, गोर्की के साथ तुलना अनुचित है। उससे कुछ नहीं निकलने वाला है। गोर्की का आरम्भिक साहित्य घुमक्कड़ी वाला है। बाद का 'माँ' और मज़दूरों की ज़िन्दगी के बारे में है। प्रेमचन्द का साहित्य किसान का है और जिस रूप का चित्रण तोल्स्तोय ने किया है जो खेतिहर रूस था। मार्क्सवादी लोगों ने लेनिन को भी नहीं पढ़ा है। हालाँकि तोल्स्तोय में किसानों की क्रान्ति का दर्शन है फिर भी प्रेमचन्द के साथ गोर्की की तुलना कर दी है।

महत्त्वपूर्ण यह है कि तुलना ज़रूर हो—दो के बीच। दो चुनें कैसे? किस प्रकार चुनें और वह हृद्य हो। इन तुलनाओं के बीच भोलाभाई ने एक लम्बी सूची दी है। अच्छी सूची है और ज्ञानवर्धक भी है। उदाहरण के लिए टी.एस. इलियट इन इंडिया, इंडिया एंड टी.एस. इलियट विषय उन्होंने बताया था। आप देखें आंचलिक वाले आधार पर, बहुत सावधानी बरतने की ज़रूरत है कि रेणु के साथ व्यंकटेश माडगूलकर, गोपीनाथ महन्ती और तीनों बन्द्योपाध्याय हैं। उन्होंने भी आंचलिक उपन्यास लिखे हैं, किसी के भी साथ तुलना कीजिए, कोई एतराज़ नहीं है। सवाल यह है कि क्या खोजने के लिए आप तुलना करने जा रहे हैं? हाइपोथिसिस क्या है? तुलना के मूल में ओनली कनेक्ट, दो असम्बद्ध चीज़ों में सम्बन्ध सूत्र ढूँढ़ लेना एक बड़ी डिस्कवरी हुआ करती है। यदि वह डिस्कवरी नहीं तो तुलनात्मक साहित्य कुछ भी नहीं है। किस सत्य की खोज कर रहे हैं, कहाँ वह पेड़, सेब कहाँ धरती—दोनों के बीच गुरुत्वाकर्षण के सम्बन्ध को ढूँढ़कर एक नयी थियरी ढूँढ़ी थी, विज्ञान ने। इसी प्रकार, कहाँ ग्रीक, कहाँ संस्कृत। दोनों में पहली बार विलियम जोंस को लगा कि यह सम्बन्ध सूत्र है, जो आकस्मिक नहीं बल्कि ऐतिहासिक है मूल स्रोत से निकला हुआ है। भाषा विज्ञान के क्षेत्र में यह एक क्रान्तिकारी चीज़ है। सारी तुलनाओं के दौरान साहित्य का कोई सत्य ढूँढ़कर आप ले आते हैं या नहीं, यह बड़ी चीज़ है। क्या ढूँढ़ते हैं आप? और यदि यह तुलनाएँ, चाहे दूर नितान्त भिन्न वस्तुओं में हो, उनमें कोई साम्य न दिखाई पड़ता हो, प्रतीति न होती हो, उनमें उस सत्य की खोज करके यदि आप तुलनात्मक पद्धति के द्वारा ले आते हैं तो मैं समझता हूँ कि तुलनात्मक साहित्य सार्थक होगा। वरना, उसके रूप विधान की, बाक़ी चीज़ों की तुलना करके आप कुछ नहीं कर सकते। अब उन खोजों के सिलसिले में मैं केवल दो उदाहरण देकर समाप्त करूँगा।

मेरे मन में एक बात आयी कि तीन लेखकों की तुलना करनी चाहिए अज्ञेय, बुद्धदेव बोस और मरढेकर। 1940 के आसपास हमारे साहित्य में तथाकथित आधुनिकतावाद या प्रयोगशीलता और रोमांटिक धारा-छायावाद जैसी प्रवृत्ति थी, उनसे भिन्न एक नयी प्रवृत्ति का प्रवर्तन मराठी के मरढेकर, बंगला के बुद्धदेव और हिन्दी के अज्ञेय ने किया। इन तीनों के कारण हमारे साहित्य में, भारत में आधुनिकता का क्या रूप बना? और इन तीनों की वह कौन-सी शक्ति थी तथा दुर्बलता थी, जिसके कारण हमारे यहाँ आधुनिकतावाद ने जो रूप लिया, उसमें वे कमज़ोरियाँ रह गयीं जिसने बहुत दूर तक हमारे साहित्य को प्रभावित किया यानी इस मॉडर्निज़्म को क्रिटिकली देखने का सवाल है। ये कौन-से इंटेलेक्चुअल्स थे, कितने रूटेड थे, कितने पश्चिमोन्मुख थे, अपनी परम्परा से कितने परिचित थे? इनके कारण हम

कहते हैं कि हमारा आधुनिकतावाद भारतीय है। कितना भारतीय हो सका है? इनकी परिणति अन्ततः क्या हुई? इन तमाम चीज़ों को देखने के लिए एक हाइपोथिसिस है जिसके आधार पर तीनों की तुलना करते हुए उनसे एक चीज़ निकलती हुई दिखाई पड़ती है। इस क्रम में मैं कहना चाहूँगा कि और जैसा कि मैंने पहले संकेत किया कि एक भाषा में रूटेड होना बहुत ज़रूरी है। केवल अज्ञेय की समीक्षा करते हुए मैं यह दिखा सकता हूँ, हालाँकि बुद्धदेव और मरढेकर प्रसंगवश ही आयेंगे। मैं इतना ही कर सकता हूँ। और मौजूदा स्थिति में मैंने कोशिश की कि कोई ऐसा आदमी मिले-सन्निष्ठ प्रयास करनेवाला। अज्ञेय की आधुनिकता के अध्ययन के लिए बंगला, मराठी वाले को पकड़ो। और फिर इसी पैटर्न पर हम देखें कि अन्य भारतीय भाषाओं के आधुनिकतावाद का प्रवर्तक कौन था? क्या किया है उसने?

पिछले सत्र में यह सवाल उठा था कि संस्कृत या प्राकृत, अपभ्रंश के साथ हिन्दी को जोड़कर देखें या नहीं? मैंने और प्रमोद भाई ने यह सवाल उठाया। मैं सिर्फ़ यह कहना चाहता हूँ कि उसे तुलनात्मक कहें या न कहें? साहित्य के समाजशास्त्र के अध्ययन के क्रम में मैंने पाया है कि साहित्य एक ऐसा संस्थान (इंस्टीट्यूशन) है जिसकी अपनी कुछ रूढ़ियाँ होती हैं। गुरुदेव हजारी प्रसाद द्विवेदी जी ने हिन्दी साहित्य के जो आदिकाल की कथानक रूढ़ियों का काम किया है, उसमें बताया है कि हम बहुत-सारी चीज़ों को मौलिक समझते हैं लेकिन हमें मालूम होता है कि उनके पीछे हज़ारों साल का समय है। ये रूढ़ियाँ केवल उपमा वाली ही रूढ़ियाँ नहीं हैं बल्कि एक ऐसी सामूहिक अवचेतन (कलेक्टिव कॉन्शियसनेस) हैं जिसके कारण सती सावित्री आदि जो नारी चरित्र हैं, वे आज भी रूप बदलकर नये उपन्यासों में दिखाई पड़ते हैं अर्थात् राधा या उर्वशी के नाम पर लिखे हुए काव्य ही तुलनीय नहीं हैं बल्कि आपको आश्चर्य होगा कि आधुनिक उपन्यास हमारे प्राचीन मिथकीय समयों और रूढ़ियों के ही प्रकार भेद हैं। नार्थेपफ्राइ ने अपने एनेटोमी ऑफ़ क्रिटिसिज़्म में दिखाने की कोशिश की कि सारी दुनिया के साहित्य को देखें तो उनका निगेटिव स्ट्रक्चर एक है। कुछ मिथ हैं जो बार-बार रिकरिंग रूप में आते हैं। इसका एक भाषा वैज्ञानिक आधार है। चॉम्स्की ने जब कहा कि भाषाओं के सरफेस के स्ट्रक्चर पर तो बड़ी बहस हुई है लेकिन मानस कोष (सेल्स) इस तरह की बनी हुई है कि सबका ग्रामेटिकल स्ट्रक्चर तो एक है, जो डीप स्ट्रक्चर है कुछ ही कॉमन स्ट्रक्चर है और अंग्रेज़ी पढ़ाने वालों ने यह स्ट्रक्चरल मेथड लागू किया। बुनियादी चीज़ देखने की यह है कि वह कौन-सी भीतरी संरचनाएँ हैं, जो शताब्दियों तक एक जाति के अन्तर्गत रहीं, उनकी खोज हम करें जिसके आधार पर समूचा साहित्य रचा जाता हो।

ज़रूरी नहीं कि 'राम' पर लिखा उपन्यास ही राम का अनुसरण करता हो, कहीं-न-कहीं एक राम, एक रावण, एक सीता हमारे मन में ऐसी बैठी हुई हैं कि आधुनिक नॉवेल लिखते समय हम वही राम ढूँढ़कर ले आयेंगे। एक पैटर्न बना हुआ है। तुलनात्मक साहित्य का पाठ्यक्रम बनाने में, रूस वालों ने बहुत काम किया है, रूसी रूपवादियों ने। हाइपोलोजी खोलना ज़्यादा ज़रूरी है, बजाय फुटकल तथ्यों की खोज करने और उनमें समानताएँ दिखाने के। रूढ़ियों-समयों का अध्ययन तुलनात्मक साहित्य का एक बहुत बड़ा हिस्सा होना चाहिए जिससे आज के दौर में जहाँ रोज़-ब-रोज़ साहित्यिक प्रवृत्तियाँ बदलती हैं, और हम समझते हैं कि हर प्रवृत्ति नयी है इनके बीच कम-से-कम हम एक नैरन्तर्य का अहसास करा सकेंगे कि साहित्य सचमुच बुनियादी रूप में साहित्य है। उन तमाम परिवर्तनों के बावजूद उस नैरन्तर्य की खोज आज के युग में बहुत ज़रूरी हो गयी है। वरना हम लोग एक विच्छेदवादी युग के दौर से गुज़र रहे हैं जहाँ हर दशक एक नयी शुरुआत की घोषणा करता हुआ दिखाई पड़ता है और लगता है कि पहले से हमारा कोई लेना-देना नहीं है। इन शब्दों के साथ मैं हृदय से आपके प्रति आभार व्यक्त करता हूँ।

(सरदार पटेल विश्वविद्यालय, वल्लभ विद्यानगर के हिन्दी विभाग द्वारा आयोजित राष्ट्रीय संगोष्ठी में तुलनात्मक साहित्य विषय पर दिया गया उद्घाटन व्याख्यान है। साभार डॉ. महावीर सिंह चौहान द्वारा सम्पादित पुस्तक : तुलनात्मक साहित्य : सिद्धान्त और समीक्षा।)

# अपभ्रंश का राम-साहित्य

रामकथा अपभ्रंश के मुख्यतः दो काव्यग्रन्थों में मिलती है–स्वयंभूकृत पउमचरिउ (8वीं और 9वीं सदी के बीच) और पुष्पदन्तकृत महापुराण (660 ई.)। स्वयंभू के विवरण से अपभ्रंश के दो अन्य रामकवि कीर्तिधर और चतुर्मुख का पता चलता है, लेकिन अभी तक उनके काव्य नहीं मिल सके हैं, इसलिए उनसे लाभ उठा सकने में हम असमर्थ हैं।

पउमचरिउ में 12 हज़ार ग्रन्थाग्र हैं, जो 1369 कडवकों, 90 सन्धियों और 5 काण्डों में विभाजित हैं। काण्डों के नाम क्रमशः विद्याधरकाण्ड, अयोध्याकाण्ड, सुन्दरकाण्ड, युद्धकाण्ड और उत्तरकाण्ड, हैं। आरम्भ की 82 सन्धियों में से प्रायः सभी के अन्त में कवि स्वयंभूदेव ने अपना नाम दिया है, परन्तु अन्तिम आठ सन्धियों में इस आशय के वाक्य आये हैं कि महाकवि स्वयंभूदेव के लघु पुत्र त्रिभुवन उनके शेष कार्य को सम्पूर्ण कर रहे हैं। मतभेद इस पर हो सकता है कि स्वयंभू ने अपनी समझ से 82वीं सन्धि में ही रामकथा समाप्त कर दी थी और त्रिभुवन ने उसे पूरा नहीं किया, बल्कि अपनी समझ तथा रुचि के अनुसार ऊपर से जोड़ दिया है, लेकिन इस विषय में तनिक भी सन्देह नहीं है कि वर्तमान पउमचरिउ स्वयंभू और त्रिभुवन दोनों महाकवियों की सम्मिलित रचना है।

सन्धियों का अन्त स्वयंभू ने प्रायः इस प्रकार किया है, जैसे प्रथम सन्धि का अन्त-

*इय एत्थ पउमचरिए धणञ्जयासिय-सयम्भुएव कए।*
*'जिण-समुप्पत्ति' इमं पढमं चिय साहियं पव्वं।।*

अर्थात् 'धनंजयाश्रित स्वपूर्वभूदेवकृते पचरिते' अमुक नाम का पर्व। सन्धि के लिए 'पर्व' नाम ध्यान देने योग्य है, अपभ्रंश के अन्य प्रबन्धकाव्यों में सन्धि के लिए 'पर्व' का नाम शायद ही कहीं आया हो। सम्भवतः यह महाभारत का प्रभाव है।

परन्तु काण्ड के अन्तर्गत सन्धियों के विशिष्ट नाम का उल्लेख स्वयंभू ने सर्वत्र नहीं किया है। विद्याधरकाण्ड में केवल पाँच सन्धियों के अन्त में ही ऐसा मिलता है।

प्रथम सन्धि का नाम 'जिण-समुप्पत्ति', द्वितीय सन्धि का 'जिणवर-णिक्खमंण', तेरहवीं सन्धि का 'कइलासुद्धरण', सत्रहवीं सन्धि का 'रावण-विजय' और अठारहवीं सन्धि का 'पवणंजणविवाहो'।

इसके विपरीत त्रिभुवन ने सभी सन्धियों का विशिष्ट नामोल्लेख स्पष्ट रूप से किया है। तिरासी से नब्बे तक उनकी सन्धियों के नाम क्रमशः ये हैं–सीयदीव, स-परियण हलीस-भव, सीया-सण्णास, मारुइणिव्वाण, हरि-मरण, राहव-णिक्खमण, वल-णाणुपपत्ति और राहव-णिव्वाण।

अपने वंशपरिचय, राजाश्रय तथा कार्य का उल्लेख करते समय त्रिभुवन ने 'वन्दइ-आंसिय' और 'महकइसयम्भु-लहु-अगंज' तथा 'पोमचरिय-सेसोणिस्सेसो' जैसे पदों का प्रयोग किया है, जो पर्याप्त संकेतगर्भी हैं।

महापुराण में रामकथा केवल 214 कडवकों और 11 सन्धियों (69-79) में है। प्रत्येक सन्धि को समाप्त करते हुए सन्धि का नामोल्लेख करने से पहले पुष्पदन्त ने 'इय महापुराणे तिसट्ठिमहापुरिसगुणालंकारे महाभव्वभरहाणुमण्णिए महाकइ पुपफयन्त विरइए महाकव्वे' अवश्य लिखा है। महापुराण के इस रामचरित वाले अंश की सन्धियों के नाम क्रमशः इस प्रकार हैं:

1. रामलक्खणुप्पत्ती जागणिवारण, 2. सीयाविवाहकल्लाण, 3. णारयआगमणं, 4. सीयाहरणं, 5. सुग्गीवहणुमंतागमणं सीयादंसणं, 6. हणुमन्तदूयगमणं, 7. वालिणिहणणं रामलक्खणं विज्जा-साहणं, 8. णंदणवणमोडणं लंकाडाहं, 9. राहवरामबल संणहणं, 10. रावणणिहणणं विहीसण-पट्टबन्धो, 11. रामलक्खणगुणकित्तणं हरिसेणचककवट्टि कहन्तर।

पउमचरिउ की तरह महापुराण काण्डों में विभक्त नहीं है और न सन्धि के लिए कहीं पर्व शब्द का ही उल्लेख है।

अपभ्रंश रामकथा की विशेषता यह है कि वह जैन-परम्परा के अनुसार वर्णित हुई है। अभी तक अपभ्रंश में जो राम-साहित्य प्राप्त हुआ है, उसमें कोई भी रचना ब्राह्मण-परम्परा के अनुसार रामकथा नहीं कहती।

जैन-पुराण में चरित-वर्णन के लिए तिरसठ शलाका-पुरुष मान्य हैं, जिनमें ऋषभदेव से लेकर महावीर तक 24 तीर्थंकर, भरत से ब्रह्मदेव तक 12 चक्रवर्ती, 6 बलदेव, 6 वासुदेव और 9 प्रतिवासुदेव परिगणित होते हैं। इस चक्र में राम आठवें बलदेव हैं और उनके साथ ही लक्ष्मण आठवें वासुदेव हैं तथा रावण आठवें प्रति-वासुदेव हैं। ध्यान देने योग्य यह है कि परम्परा में रावण राम के विपरीत प्रतिबलदेव नहीं, बल्कि लक्ष्मण के विपरीत प्रतिवासुदेव है, इसीलिए जैन रामकथा में रावण का वध लक्ष्मण करते हैं, राम नहीं। इसी तरह ब्राह्मण-परम्परा में वासुदेव संज्ञा जहाँ विष्णु

के अवतार कृष्ण और सम्भवत: राम को दी गयी है और बलदेव संज्ञा लक्ष्मण की हो सकती है, वहाँ जैन-परम्परा में इस क्रम को उलट दिया गया है। जैन-परम्परा में राम ही बलदेव और लक्ष्मण वासुदेव। इस प्रकार जैन-कवियों का राम के चरित पर काव्य-रचना करना उनकी पौराणिक परम्परा का एक आवश्यक अंग है।

यों तो ब्राह्मण-परम्परा के राम-काव्यों की तरह अपभ्रंश के जैन-कवि स्वयंभू और पुष्पदन्त ने भी अपने-अपने काव्य को 'रामायण' कहा है, परन्तु इस परम्परा में राम-काव्य के लिए 'पउमचरिउ' नाम ही विशेष प्रचलित दिखाई पड़ता है।

ग्रन्थ समाप्त करते हुए स्वयंभू ने लिखा है–इति रामायणपुराण समाप्तम्। त्रिभुवन ने 88वीं और 86वीं सन्धि के अन्त में पुराण छोड़कर केवल 'रामायण' शब्द का भी प्रयोग किया है; 18र्वी और 84वीं सन्धि के अन्त में इस काव्य को 'रामएवचरिए' (रामदेव-चरित) तथा 86वीं सन्धि में 'राम-चरित्र' (राम-चरित) भी कहा गया है। बीच में रामायण काव (काव्य) संज्ञा भी मिलती है और विषय का उल्लेख करते समय स्वयंभू ने प्राय: इसे 'रामकह' (राम-कथा) बताया है।

इसी तरह पुष्पदन्त ने भी महापुराण में रामकथा का आरम्भ करते ही इसे 'रामायण' कहा है :

*मुणि-सुव्वय-जिणतित्थि तोसिय-सुर-रामायणु।*
*हरिहलहर-गुणथोत्तु जं जायउं रामायणु।।*

फिर भी प्रचलन 'पउमचरिउ' या 'पोम-चरिउ' (पद्म-चरित) का ही अधिक है। इसका कारण यह है कि जैन-परम्परा में राम का 'प' नाम रूढ़ हो गया है। इसीलिए जैन-परम्परा में राम प-वर्ण अर्थात् गौरांग माने जाते हैं, जबकि ब्राह्मण-परम्परा उन्हें बराबर नीलोत्पल की तरह श्यामवर्ण मानती आयी है।

ऐसा प्रतीत होता है जैन-परम्परा में राम-लक्ष्मण का जो नाम-विपर्यय हुआ, उसके साथ ही वर्ण-विपर्यय भी हो गया। इसी के फलस्वरूप जैन-लक्ष्मण श्याम वर्ण हैं।

स्वयम्भू और पुष्पदन्त की रामकथा में कुछ बातें ऐसी हैं, जो स्पष्टत: ब्राह्मण-परम्परा की रामकथा से भिन्न ही नहीं, बल्कि विपरीत भी हैं। जैन-कवियों के विवरण से पता चलता है कि ऐसा उन्होंने जान-बूझकर सोद्देश्य किया है। बहुत सम्भव है, रामकथा को इस प्रकार विकृत करने के पीछे उनका अपना धार्मिक दृष्टिकोण भी रहा हो। अपने दृष्टिकोण और उद्देश्य के अनुसार कवि परम्परा-प्राप्त कथा को विकृत करते ही रहते हैं। स्वयं ब्राह्मण-परम्परा के कवियों ने भी रामकथा में समय-समय पर परिवर्तन किया है। रामकथा के प्रति जैन-कवि स्वयंभू और पुष्पदन्त ने अपना दृष्टिकोण कथारम्भ में ही प्रकट कर दिया है।

महावीर की वन्दना करने के बाद राजा कोणिक उनसे रामकथा कहने का अनुरोध करते हैं और साथ ही जिज्ञासा के रूप में (ब्राह्मण-परम्परा की) रामकथा में दिखाई देने वाली असंगतियों को भी प्रस्तुत करते हैं :

*वणवेप्पिणु जिणु तग्गय-मणेण। पुणु पुच्छिउ गोत्तमसामि तेण।।*
*परमेसर पर-सासणेहिं सुव्वय विवरेरी।*
*कहे जिण-सासणे केम थिय कह राहव-केरी।।*
*जगे लोएंहि ढक्करिवन्तएहिं। उप्पइउ भन्तिउ भन्तएहिं।।*
*जइ कुम्में धरियउ धरणि-वीढु। तो कुम्भु पउन्तउ केण गीढु।।*
*जइ रामहो तिहुअणु उवरे माइ। तो रावणु कहिं तिय लेवि जाइ।।*
*अण्णु वि खरदूसरण-समरे देव। पहु जुज्झइ सुज्झइ भिच्चु केंव।।*
*किह तियमइ-कारणे कविवरेण। वाइज्जइ वालि सहोयरेण।।*
*किह वाणर गिरिवर उव्वहन्ति। वन्धेवि मयरह समुत्तरन्ति।।*
*किह रावणु दहमुह वीस हत्थु। अमराहिव-भुव-वन्धण समत्थु।।*
*वरिसद्ध सुअइ किह कुम्भयण्णु। महिसा-कोडिहिमि ण धइ अण्णु।।*
*जें परिसेसिउ दइवयणु, पर-णारीहिं समणु।*
*सो मन्दोवरि जणणि-सम, किह लेइ विहीसणु।*

—पउमचरिउ, विज्जाहरकाण्ड, सन्धि 6-10

इसी तरह पुष्पदन्त के 'महापुराण' में भी श्रेणिक गौतम गणधर से प्रश्न करते हैं :

*किं दहमुहु सहुं दहमुहहिं हुउ। किर जम्में गरुयउ तासु सुउ।।*
*जो सुम्मइ भीसणु अतुलबलु। किं रक्खसु कि सो मणुय खलु।।*
*किं अंचिउ तेण सिरेण हरु। किं वीसणयणु कि वीसकरु।।*
*कि तहु परणावह रामसर। किं दीहर थिर सिरि रमणकर।।*
*सुग्गीव पमुह णिसियासिधर। कि वाणर किं ते णरपवर।।*
*किं अज्जु वि देव विहीसणहु। जीविउ ण जाइ जमसासणहु।।*
*छम्मासइ णिद्द णेय मुयइ। कि कुम्भयणणु घोरइ सुयइ।।*
*किं महिससहासंहि धउ लहइ। लइ लोउ असच्चु सव्वु कहइ।।*
*वम्मीय वास वयणिहिं णडिउ। अण्णाणु कुम्मग्ग कू वि पाडिउ।।*

69/3/3-11

परन्तु स्वयंभू और पुष्पदन्त की शंकाओं में थोड़ा अन्तर है। यह शंका तो दोनों कवियों को है कि रावण को दशमुख और बीस हाथ कैसे थे और कुम्भकर्ण किस प्रकार छह महीने सोता था तथा करोड़ों महिष खाता था। परन्तु स्वयंभू को आश्चर्य

इस बात पर है कि कूर्म ने यदि पृथ्वी को अपनी पीठ पर धारण किया, तो स्वयं वह कहाँ था? राम यदि त्रिभुवन भर माप करके भी अधिक होते हैं, तो रावण सीता को कहाँ ले जा सकता है? खरदूषण के समर में देव-प्रभु तो जूझें और मृत्यु नहीं दिखाई पड़े। स्त्री के कारण वालि अपने सहोदर भाई से किस प्रकार मारा गया? दशानन की पत्नी मन्दोदरी को विभीषण ने अपनी पत्नी कैसे बना लिया?

पुष्पदन्त को आपत्ति है कि रावण का पुत्र इन्द्रजित उम्र में अपने पिता से किस प्रकार बड़ा है, क्या वह रावण से पहले पैदा हुआ था? रावण राक्षस था और मनुष्य नहीं था? रावण ने शिव की उपासना अपने सिर देकर की थी? रावण राम के शरों से मरा? लक्ष्मण के बाण दीर्घ और स्थिर थे? सुग्रीव इत्यादि मनुष्य नहीं, वानर थे? विभीषण आज भी जीवित है?

इन शंकाओं में-से बहुत-सी साधार हैं। पुष्पदन्त ने इन सभी भ्रान्तियों के लिए वाल्मीकि और व्यास को दोषी ठहराया है, परन्तु स्वयंभू ने किसी कवि-विशेष पर दोषारोपण न करके केवल इतना ही कहा है कि मिथ्याभाषी और भरमाने वाले लोगों ने जगत् में भ्रान्ति फैला रखी है। स्वयंभू की शालीनता चाहे उनके निजी स्वभाव का अंग हो, चाहे उनके सम्प्रदाय की धार्मिक सहिष्णुता का परिणाम हो, परन्तु इस तरह के संयम और सौजन्य का दर्शन उनकी रचनाओं में अन्यत्र भी दिखाई पड़ता है। जान-बूझकर ब्राह्मणों को चिढ़ाने अथवा ठेस पहुँचाने के लिए उन्होंने कुछ नहीं कहा है।

जैन-कवियों ने इन भ्रान्तियों से बचने का प्रयत्न किया है। रावण के दशानन कहलाने के लिए स्वयंभू ने अत्यन्त काव्यात्मक युक्ति दी है। बचपन में खेलते-खेलते रावण एक बार भाण्डार में पहुँच गया और वहाँ उसे तोयदवाहन का हार मिल गया। इस हार में नौ मणियाँ जड़ी हुई थीं, जिनमें से प्रत्येक में पहनने वाले का मुख प्रतिबिम्बित होता था। रावण ने भी उसे गले में पहन लिया और तभी से लोग उसे दशानन कहने लगे।

*परिहिउ णव-मुहइँ यमुद्दियहं। णं गहबिम्बइँ सु-परिट्ठियइँ।*
*पेक्खेप्पिणु ताइँ दहाणणइँ थिर-तारइँ लोयणइँ।*
*तें दहमुहु दहसिरु जणेण किउ पंचाणणु जेम पसिद्धि गउ।। 1/9/4*

जहाँ तक रावण आदि के राक्षसत्व और सुग्रीवादि के वानरत्व का सम्बन्ध है, उसका हल स्वयंभू और पुष्पदन्त ने अपने जैनधर्म के कठोर कर्मफलवाद और पुनर्जन्मवाद से निकाल लिया है। स्वयंभू ने राक्षसों की उत्पत्ति (विद्याधरकाण्ड, पाँचवीं सन्धि) और वानरों की उत्पत्ति (विद्यान्धरकाण्ड, छठी सन्धि) का वर्णन काफ़ी विस्तार और युक्तिसंगत ढंग से किया है। पूर्व जन्म में ये भी मनुष्य ही थे,

परन्तु अपने कर्मों के फलस्वरूप उन्हें इस योनि में आना पड़ा। इसी के सादृश्य में स्वयंभू ने राम और लक्ष्मण के भी पूर्ववर्ती जन्मों की कथा कही है, जिसमें उनका चरित्र अत्यन्त सामान्य मनुष्यों की तरह मानवीय दुर्बलताओं से युक्त दिखाया गया है। इस विषय में पुष्पदन्त ने भी स्वयंभू का ही अनुसरण किया है और यही जैन-पुराण की परम्परा है। विमलसूरि, रविषेण, जिनसेन, गुणभद्र, हरिभद्र आदि सभी जैन-कवियों ने पुनर्जन्म और जन्म-चक्र का विस्तृत वर्णन किया है। जैन-परम्परा में इस प्रवृत्ति का इतना महत्त्व है कि स्वयंभू ने 'पउमचरिउ' का समूचा 'विद्याधरकाण्ड' रामकथा के पात्रों का पूर्वजन्म बताने में ही लगा दिया है और अयोध्याकाण्ड की पहली सन्धि भी जनक तथा दशरथ के ऐसे ही पुनर्जन्मों, राम-लक्ष्मण आदि के पूर्व-जन्म वाले वृत्तान्तों में ही समाप्त हो गयी है। पुष्पदन्त ने भी अपनी रामकथा की छोटी-सी परिधि में पात्रों के पुनर्जन्म पर काफ़ी ध्यान दिया है।

इस प्रकार जैन-परम्परा की रामकथा अवतारवाद की आदर्श भावना से मुक्त यथार्थ एवं युक्तिसंगत कथा-प्रसंगों पर आधारित शुरू मानवीय कहानी है।

इस प्रकार जैन-परम्परा की रामकथा के अनेक रूप प्रचलित दिखाई पड़ते हैं, स्वयंभू और पुष्पदन्त की रामकथा में भी समानता की अपेक्षा विषमता कहीं अधिक है। इस विभिन्नता और विषमता का कारण क्या हो सकता है? पुष्पदन्त के कथन से प्रमाणित है कि वे स्वयंभू को जानते थे और इस अनुमान के लिए पूरी गुंजाइश है कि उन्होंने स्वयंभू की रामायण भी अवश्य देखी होगी, फिर भी रामकथा लिखते समय उन्होंने स्वयंभू की लीक छोड़कर अनेक स्थानों पर स्वतन्त्रता दिखलाई है। इसे या तो व्यक्तिगत रुचि कहा जाय अथवा साम्प्रदायिक अन्तर। द्वितीय सम्भावना में बल अधिक प्रतीत होता है, क्योंकि पुष्पदन्त दिगम्बर मत के थे और स्वयंभू यापनीय संघ के (जो किसी समय काफ़ी प्रबल था, परन्तु अब नामशेष ही है)। इसीलिए पुष्पदन्त ने अपने मत के आचार्य गुणभद्र का अनुसरण किया है, जबकि स्वयंभू ने बहुत कुछ विमलसूरि और रविशेष को ही मुख्य आधार माना है। इसके अतिरिक्त स्वयंभू की रामकथा पुष्पदन्त की अपेक्षा वाल्मीकि की रामकथा के अधिक निकट है। इसका कारण या तो यह हो सकता है कि स्वयंभू के समय आसपास के समाज में वाल्मीकि की रामकथा अधिक प्रचलित रही होगी या फिर यह हो कि स्वयंभू में ब्राह्मणत्व विरोधी प्रवृत्ति अपेक्षाकृत कम थी इसीलिए उन्होंने वाल्मीकि की कथा को अपनाने में संकीर्णता नहीं दिखाई।

यहाँ ऐसे मुख्य प्रसंगों को ले सकते हैं, जहाँ स्वयंभू पुष्पदन्त की अपेक्षा वाल्मीकि के अधिक निकट हैं :

1. वाल्मीकि की तरह स्वयंभू के लक्ष्मण भी सुमित्रा के पुत्र हैं तथा भरत कैकेयी के, परन्तु पुष्पदन्त के लक्ष्मण कैकेयी के पुत्र हैं। राम की माँ कौशल्या का नाम दोनों ही जैन-काव्यों में नहीं मिलता। स्वयंभू ने राम की माँ का नाम अपराजिता लिखा है और पुष्पदन्त ने सुबला।
2. वाल्मीकि की तरह स्वयंभू ने भी सीता को जनक-तनया माना है, लेकिन पुष्पदन्त ने उन्हें मन्दोदरी से उत्पन्न रावण-कन्या बताया है। स्वयंभू ने तो वाल्मीकि से भी एक क़दम आगे बढ़कर, सीता को जनक की पाणिगृहीता भार्या से उत्पन्न कहा है, न कि खेत में मिली हुई।
3. वाल्मीकि की तरह स्वयंभू के राम का भी जनक के धनुषयज्ञ में केवल एक विवाह हुआ, जबकि पुष्पदन्त ने राम के सात विवाह और कराये हैं। लक्ष्मण के अनेक विवाह के वृत्तान्त तो स्वयंभू में भी मिलते हैं, लेकिन पुष्पदन्त ने राम को भी उन्हीं के साथ रख दिया।
4. राम का राज्याभिषेक तथा कैकेयी की आपत्ति पर उनका वन-गमन यह पूरा प्रसंग पुष्पदन्त के यहाँ लुप्त है, लेकिन स्वयंभू ने वाल्मीकि की तरह इस प्रसंग पर समुचित ध्यान दिया है। वाल्मीकि की तरह स्वयंभू के भी भरत राम को वन लौटाने के लिए जाते हैं।
5. सीताहरण का कारण पुष्पदन्त ने नारद को बताया है, क्योंकि नारद के ही उत्तेजित और प्रेरित करने पर रावण ने सीताहरण का संकल्प किया। लेकिन स्वयंभू ने दिखाया है कि दूषण से लक्ष्मण-युद्ध और सीता जैसी परम सुन्दरी का समाचार पाकर रावण विमान से घटनास्थल पर पहुँचा। वहाँ पहुँचने पर रूप-लुब्ध होकर उसने सीता को हर लिया।
6. रावणवध और सीता-उद्धार के बाद सीता की अग्निपरीक्षा का प्रसंग पुष्पदन्त ने छोड़ दिया है, लेकिन इस मार्मिक प्रसंग का वर्णन 'पउमचरिउ' की 83वीं सन्धि में अत्यन्त मार्मिक ढंग से हुआ है, जो स्वयंभू की नहीं, तो उनके पुत्र त्रिभुवन की रचना तो है ही।

इतना होते हुए भी स्वयंभू की रामकथा में ऐसी बहुत-सी बातें हैं, जो ब्राह्मण-परम्परा से परिचित पाठकों के लिए सर्वथा नयी प्रतीत हो सकती हैं।

1. सीता का एक सगा भाई भामण्डल भी था, जो जन्म से ही अन्यत्र पालित-पोषित हुआ और आगे चलकर सीता से विवाह करने वाले उम्मीदवारों में से एक बनकर आया, परन्तु सफल न हो सका। अन्त में जब राम से सीता का विवाह हो गया और नवदम्पति अयोध्या चले गये, तो भामण्डल ने सीता को हर लेने का प्रयत्न किया, परन्तु इसी समय उसे सीता के साथ अपने वास्तविक सम्बन्ध का पता चल गया और प्रायश्चित्त-स्वरूप उसने संसार छोड़कर संन्यास ले लिया।
2. राम और सीता की सगाई जनक ने बहुत पहले कर दी थी, क्योंकि राम-लक्ष्मण ने मिथिला में आक्रामकों से जनक की रक्षा की थी, जिसके पुरस्कार-स्वरूप दशरथ ने सीता को राम की वाग्दत्ता बना दिया था। आगे चलकर नारद के उत्तेजित करने पर जब भामण्डल ने राम-सीता के विवाह में हस्तक्षेप किया, तो जनक ने धनुष-यज्ञ और स्वयंवर का निश्चय किया। उस यज्ञ में वज्रवार्त और समुद्रावत दो धनुष रखे गये। उन धनुषों को चढ़ाने में केवल राम और लक्ष्मण सफल हो सके। इसलिए जनक ने दोनों का विवाह कर दिया। साथ ही उनके अन्य दो भाइयों का भी विवाह वहीं सम्पन्न हुआ।
3. राम ने स्वेच्छा से वनवास स्वीकार किया और यह वनवास वाल्मीकि की तरह चौदह वर्ष का नहीं, बल्कि सोलह वर्ष का था।
4. राम के वन-गमन पर दशरथ की मृत्यु नहीं हुई, बल्कि उन्होंने जैन-धर्म में दीक्षा लेकर संन्यास में प्रवेश किया।
5. राम को वापस ले आने के लिए भरत चित्रकूट से पहले ही मिले थे। भरत को सन्तुष्ट करने के बाद राम चित्रकूट गये।
6. राम-वन-गमन-प्रसंग में वज्रकरण तथा सिंहोदर, कल्याणमाल, रुद्रभूति तथा कपिल, वनामाला, अन्नतवीर्य, जितपा, कुलभूषण तथा देशभूषण, लक्ष्मण द्वारा सूरहास तथा चन्द्रहास की प्राप्ति आदि अनेक आनुषंगिक प्रसंग हैं, जो वाल्मीकि में नहीं मिले, परन्तु जिनका वर्णन स्वयंभू ने बड़े विस्तार से किया है। यहाँ तक कि एक-एक अवान्तर प्रसंग के लिए पूरी सन्धि लगा दी है।
7. शूर्पणखा के लिए जैन-कवियों ने 'चन्द्रनखी' संज्ञा का प्रयोग किया है। चन्द्रनखी रावण और खरदूषण की बहन नहीं, बल्कि खरदूषण की पत्नी है।

चन्द्रनखी की नाक कटने का प्रसंग न तो स्वयंभू में है और न पुष्पदन्त में ही। इस तरह सीता-हरण में भगिनी के अपमान वाली युक्ति स्वभावतः ही नहीं उठती।

8. मारीच को स्वर्ण-मृग बनाकर सीता-हरण की कल्पना भी जैन-काव्यों में नहीं है। राम-लक्ष्मण का ध्यान नकली सिंह-गर्जना से आकृष्ट किया गया है।
9. हनुमान एक साथ ही खर और सुग्रीव दोनों के दामाद थे और जब उन्हें पता चला कि राम ने खर को मार डाला, तो वे स्वभावतः राम से रुष्ट हुए। लेकिन जब उन्हें पता चला कि राम ने बालि को मारकर सुग्रीव को राज्य दिया है, तो वे प्रसन्न हुए। इसलिए जब उन्हें सीता को खोजने में राम की सहायता करने के लिए बुलाया गया, तो अपनी पत्नियों के कारण कुछ असमंजस में पड़ गये। फिर भी वे सुग्रीव के निमन्त्रण पर गये और राम के प्रभाव में आ गये।
10. सीता-वियोग की स्थिति में राम ने राजा दधिमुख के अनुरोध पर उनकी तीन पुत्रियों से शादी कर ली।
11. लंका में प्रवेश करने के लिए हनुमान ने द्वाररक्षक आशाली को मारा, फिर वज्रायुध को; और अन्त में वज्रायुद्ध की पुत्री लंकासुन्दरी हनुमान के शौर्य पर इतनी मोहित हो गयी कि दोनों ने विवाह कर लिया। एक रात उसके साथ बिताकर हनुमान दूसरे दिन विभीषण के घर गये।
12. त्रिजटा का अनिष्ट-भरा स्वप्न, हनुमान का अक्षयकुमार को मारना, फिर इन्द्रजित के नाग-पाश में बँध जाना आदि बातें तो वाल्मीकिवत् ही हैं, परन्तु हनुमान द्वारा लंका-दहन का प्रसंग जैन-रामायण में नहीं दिखाई पड़ा।

इसी तरह और भी विशेषताएँ गिनाई जा सकती हैं।

कथा का विभाजन स्वयंभू ने इस प्रकार किया है कि अयोध्याकाण्ड में ही 'अरण्य' और 'किष्किन्धा' काण्ड की बहुत-सी घटनाएँ आ गयी हैं। किष्किन्धाकाण्ड की कुछ घटनाएँ जैसे, हनुमान-राम-मिलन बालि-सुग्रीव युद्ध, बालि-वध आदि सुन्दरकाण्ड में मिला ली गयी हैं। यद्यपि राम की दण्डक-यात्रा और किष्किन्धा-प्रवास का वर्णन स्वयंभू ने भी किया है, तथापि उन घटनाओं को अलग काण्डों में रखने की आवश्यकता शायद महसूस नहीं की।

स्वयंभू-रामायण के कथा-प्रसंग से एक बहुत ही मनोरंजक तथ्य पर प्रकाश पड़ता है और वह है सुन्दरकाण्ड नाम पड़ने के कारण पर। बालयुद्ध और उत्तर तथा अयोध्या, अरण्य और किष्किन्धाकाण्डों के नामकरण का कारण तो समझ में आ जाता है, क्योंकि वह काफ़ी स्पष्ट है, परन्तु 'सुन्दरकाण्ड' के नामकरण का कारण बहुत कुछ रहस्य ही है। लोगों की सामान्यतः यही धारणा है कि यह काण्ड दूसरों की अपेक्षा अधिक सुन्दर है, इसलिए इसका नाम सुन्दरकाण्ड पड़ा। परन्तु यह व्याख्या किसी प्रकार सन्तोषजनक नहीं कही जा सकती, क्योंकि अन्य काण्डों के साथ इस व्याख्या वाले नाम का मेल नहीं बैठता।

सही व्याख्या की कुंजी स्वयंभू-रामायण के 'विद्याधरकाण्ड' में मिलती है:

*'सुन्दरु' जगे सुन्दरु भणेवि, 'सिरिसइलु' सिलायलु चुण्णुणिउ।*
*हणुरुह-दीवे पवड्ढिउ, 'हणुवन्तु' णामु तें तासु किउ।।* 1/19/11

हनुमत् के अनेक नामों में से एक नाम 'सुन्दर' भी था। इसलिए जिस काण्ड में सुन्दर के शौर्य का वर्णन हो, उसका 'सुन्दरकाण्ड' नाम न होगा, तो क्या होगा? रामकथा के पाठक जानते हैं कि 'सुन्दरकाण्ड' में आदि से लेकर अन्त तक हनुमान के ही पराक्रम का वर्णन है। हनुमान का लंका-प्रवेश, सीता का पता लगाना, सीता को आश्वासन देना, लंका को उजाड़ना, रावण को दहलाना, विभीषण से मैत्री-सम्बन्ध स्थापित करना आदि सभी कार्यों के नायक हनुमान हैं और रामकथा में इन कार्यों का कितना महत्त्व है, इसे बताने की ज़रूरत नहीं है। ऐसे पराक्रम पूर्ण कार्यों के नायक सुन्दर के नाम पर एक सम्पूर्ण काण्ड का नामकरण उचित ही कहा जायेगा।

इस प्रकार यदि अपभ्रंश के राम-साहित्य का अध्ययन केवल कथा की दृष्टि से किया जाय, तब भी अनेक आलोकदायिनी बातों का पता चलेगा। अपभ्रंश रामकथा के अनेक स्तरों के विश्लेषण से प्रचलित लोक-कथाओं तथा तत्कालीन ऐतिहासिक घटनाओं के साथ ही भारतीय संस्कृति की एक महत्त्वपूर्ण इकाई-सम्बन्धी काफ़ी तथ्य प्रकाश में आ सकते हैं। हिन्दी रामकथा के अध्येताओं के लिए विशेष रूप से स्वयंभू की रामायण में पर्याप्त सामग्री मिल सकती है। जो लोग रामकथा की केवल ब्राह्मण-परम्परा तथा उस परम्परा के भी केवल एक टुकड़े से परिचित हैं, वे यदि अपभ्रंश की जैन-रामकथा से परिचय प्राप्त करें, तो उनकी आँख खुल जायेगी और आँखों के सामने पौराणिक आख्यानों के क्रमिक निर्माण की सारी प्रक्रिया तथा उसके पीछे काम करने वाली प्रवृत्तियों का सम्पूर्ण चित्र स्पष्ट हो जायेगा।

भिन्न कथा-परम्परा को अपनाते हुए भी अपभ्रंश के इन राम-कवियों ने जगह-जगह अपनी कथा में ऐसी-ऐसी अनेक कथानक-रूढ़ियों और प्रतीक-प्रसंगों का

उपयोग किया है, जो उन्हें भारतीय संस्कृति की परम्परा का अभिन्न अंग प्रमाणित करती है। इस तरह 'मोटिफ़' की दृष्टि से भी अपभ्रंश का राम-साहित्य विशेषत: 'स्वयंभू-रामायण' अत्यन्त महत्त्वपूर्ण है।

उदाहरण के लिए राम की वनयात्रा में ऐसे बहुत से कथा-प्रसंग आते हैं, जिनका उद्देश्य किसी-न-किसी 'मोटिफ़' का निर्वाह करने के सिवा और कुछ नहीं मालूम होता। इन कथा-प्रसंगों का रामकथा से सीधा सम्बन्ध नहीं है और न ये रामकथा की किसी अन्य परम्परा में ही मिलते हैं। कथा में उपकथाओं की यह शृंखला कथासरित्सागर की याद दिलाती है। इस दृष्टि से अयोध्याकाण्ड के वज्रकर्ण-सिंहोदर-उपाख्यान, कल्याणमाल उपाख्यान, रुद्रभूति और कपिल उपाख्यान, वनमाला उपाख्यान, अनन्तवीर्य उपाख्यान, जितपा उपाख्यान और लक्ष्मण द्वारा सूरहास तलवार की प्राप्ति का उपाख्यान विशेष महत्त्वपूर्ण हैं।

ध्यान देने की बात यह है कि सभी उपाख्यानों का सम्बन्ध राम से नहीं, बल्कि लक्ष्मण से है। सभी लक्ष्मण के शौर्य और प्रेम को उद्घाटित करते हैं। अक्सर इन उपाख्यानों में लक्ष्मण को राजकुमारियाँ प्रदान की गयी हैं और यदि कुल मीजान मिलाया जाय, तो लक्ष्मण की रानियों की संख्या हज़ार से ऊपर पहुँच जाती है। लक्ष्मण से ही ये उपाख्यान क्यों सम्बद्ध हैं, इस पर विचार करने के लिए सम्भवत: यह तथ्य भी कुछ सहायक हो कि जैन-परम्परा की रामकथा में लक्ष्मण का स्थान विशिष्ट है, उनका जीवन राम से कहीं अधिक कर्म-संकुल है। यहाँ तक कि रावण का वध भी लक्ष्मण के ही हाथों होता है।

इन उपाख्यानों के कुछ विचित्र मोटिफ़ ये हैं:

1. नर-वेश में प्रच्छन्न नारी का दर्शन (26वीं सन्धि)।
2. लक्ष्मण आदि के साथ राम का स्त्री-वेश में अनन्तवीर्य की राजसभा में प्रवेश (30वीं सन्धि)।
3. राम-लक्ष्मण द्वारा क्षेमांजलि नगर के पास विशाल अस्थि-राशि का दर्शन, जो राजकुमारी जितपा के असफल प्रेमियों की बतायी जाती थी। (31वीं सन्धि)।
4. प्यासी सीता के लिए लक्ष्मण का जल ढूँढ़ने निकलना और दूर से सहसा वन में सरोवर-दर्शन, परन्तु पास पहुँचने पर उसमें मंचस्थ और क्रीड़ारत राज-समाज का दर्शन (26वीं सन्धि)।
5. वंशस्थल नगर पर सहसा पाषाण-वर्षा का दर्शन (32वीं सन्धि)।

6. लक्ष्मण को सहसा बाँस से लटकी हुई एक सुघर तलवार का दिखाई पड़ना। लक्ष्मण द्वारा असि-ग्रहण और उससे बाँस पर प्रहार। देखते-देखते आँखों के सामने बाँस की जगह स-मुकुट और स-कुण्डल एक नर-मुण्ड का गिरना। इस प्रकार लक्ष्मण को माया-असि सूरहास की प्राप्ति (36वीं सन्धि)।

इस तरह के 'मोटिफ़' कथासरित्सागर तथा यन्त्र कथा-संग्रहों में मिलते भी हैं और विद्वानों ने इनमें निहित प्रयोजनों की व्याख्या भी की है। 'पउमचरिउ' के ये तथा ऐसा ही अन्य कथाखण्ड 'मोटिफ़' के रूप में लिए जा सकते हैं और फिर इनकी व्याख्या से कुछ नये तथ्य सामने आ सकते हैं।

परन्तु कवि की कल्पनाशक्ति और भावुकता का पता कथा में निभाये गये इन रूढ़-प्रतीकों से उतना नहीं चलता, जितना प्रसंगोद्भावना से अथवा मार्मिक प्रसंगों की पहचान से। जैसा कि आचार्य रामचन्द्र शुक्ल ने कहा है, "प्रबन्धकार कवि की भावुकता का सबसे अधिक पता यह देखने से चलता है कि वह किसी आख्यान के अधिक मर्मस्पर्शी स्थलों को पहचान सका है या नहीं।" मार्मिक प्रसंग भिन्न-भिन्न कवियों के लिए भिन्न हो सकते हैं। सम्भव है कि एक कवि के लिए जो प्रसंग अत्यन्त मार्मिक हो, दूसरे कवि को वह बिल्कुल ही मार्मिक न लगे। उदाहरण के लिए रामकथा का सबसे मर्मस्पर्शी प्रसंग राम का वनगमन पुष्पदन्त की 'रामायण' में है ही नहीं। इसी प्रकार पुष्पदन्त का राम-काव्य राम का अयोध्या-त्याग और पथिक रूप में वनगमन, राम को लौटाने के लिए भरत की चित्रकूट-यात्रा और फिर राम-भरत का मिलना आदि प्रसंगों से वंचित हो गया। परन्तु इसके लिए पुष्पदन्त को दोष नहीं दिया जा सकता, क्योंकि बहुत सम्भव है, उनके सामने रामकथा के माध्यम से कुछ और कहने का उद्देश्य रहा हो और इसलिए उन्होंने कथा का कोई दूसरा ही रूप अपनाना अधिक अच्छा समझा हो और उस दृष्टिकोण से अपनायी हुई रामकथा के मार्मिक प्रसंग दूसरे ही प्रतीत हुए हों। इस प्रकार कथा के स्थल-विशेष में मार्मिकता भरना कवि की अपनी रुचि और अपने दृष्टिकोण की उपज है।

उदाहरण के लिए सीता-विवाह का वर्णन स्वयंभू ने सरसरी तौर से संक्षेप में समाप्त कर दिया है, लेकिन पुष्पदन्त ने विरम कर नर-नारियों से सौन्दर्य का अलंकृत वर्णन भी किया है, फिर भी सीता-विवाह को जो विस्तार और महत्त्व तुलसी के 'मानस' में दिया गया है, वह अपभ्रंश के किसी रामकाव्य में नहीं है। परन्तु विवाह के बाद वाराणसी के उपवन में पुष्पदन्त ने राम-लक्ष्मण-सीता तथा पूरे रनिवास की उद्यान-क्रीड़ा का जैसा मनोरम वर्णन किया है, वह न तो स्वयंभू के यहाँ है और न वाल्मीकि या तुलसी के यहाँ ही। इसके बाद जिस समय राम वाराणसी से अयोध्या

पहुँचते हैं, उस समय पुरनारियों में राम को देखने के लिए जो हलचल मची, उसका भी वर्णन केवल पुष्पदन्त के ही यहाँ मिलता है। इस वर्णन की एक छटा देखें:

*जणु बोल्लइ दसरहजेट्ठसुउ इहु स-सहोयरु आवइ।*
*कंचोकलाव गुप्पन्त पहि पुरणारीयणु धावइ।।*
*कवि मेल्लइ कोन्तल-फुल्ल-दामु णीससइ, का वि जोयन्ति रामु।*
*काइ वि थणजुयलउं विहलु गणिउं हा एउ ण लक्खण णहहिं वणिउं।*
*कवि दावइ कंकणु का वि हारु कवि ऊयलु कवि मुहबिम्ब यारु।*
*पयलन्तउं कवि परिहाणु पराइ कवि कट्ठदिट्ठि जोयन्ति मरइ।*
*कवि सिंचइ पेम्पजलेण भूमि कवि चितइ एवहिं घरु ण जामि।*
*दारें भत्तारु ण जाहुँ देह पायारु किं पि अन्तरु करेइ।*
*मणि का वि विसूरइ चन्दवयण तलहत्थि ण जाया मज्झु णयण।*
*कवि णेउरु पहि णिवडिउ ण वेइ कवि भिक्खाचारिहि भिक्ख देइ।*

70/18-19

सहोदर के साथ दशरथ के ज्येष्ठ सुत आ रहे हैं, यह सुनते ही पुर-नारीगण पथ पर काँची-कलाप फेंकता हुआ दौड़ता है। कोई अपने कुन्तल का फुल्लदाम फेंकती हैं, तो कोई कंकण और कोई हार। कोई चलते-चलते ही परिधान पहन रही है, तो किसी का नूपुर ही पथ पर गिरा जा रहा है और उसे ख़बर ही नहीं है। ऐसी भी स्त्रियाँ हैं, जो अपनी हथेली में ही नयन होने की आकांक्षा करती हैं। काम-पीड़िता इतर शारीरिक चेष्टाओं का तो कहना ही क्या?

पुष्पदन्त का यह सम्पूर्ण वर्णन रघुवंश और कुमारसम्भव के उन स्थलों की याद दिलाता है, जहाँ रघु और शिव को देखने के लिए उत्सुक पुरनारियाँ ऐसी ही विह्वल शारीरिक चेष्टाएँ करती हैं।

राम के अयोध्या-त्याग वाले प्रसंग को यदि पुष्पदन्त ने नहीं लिया है, तो उस क्षति की पूर्ति स्वयंभू की रामायण में हो जाती है। इस प्रसंग में स्वयंभू ने जो मार्मिकता भर दी, वह केवल लोकगीतों में ही मिलती है—राज्याभिषेक के प्रभातकाल में वनवास का निर्णय कर के जब राम नितान्त सामान्य वेशभूषा में अपनी माँ के पास आते हैं, तो राम-जननी विलाप करती हुई कहती हैं:

*दिवे दिवे चडहि तुरंगम-णाएहिं अज्जु कांइ अणुवाहण पायेहिं।*
*दिवे दिवे वन्दिण-विन्देहिं थुव्वहि अज्जु काइं थुव्वन्त ण सुव्वहि।*
*दिवे दिवे धुव्वहि चमर-सहासेहिं अज्जु काइं तउ को विण पासेहि।*
*दिवे दिवे लोयहिं वुच्चहि राणउ अज्जु काइं दीसहि विद्दाणउ।*

हे पुत्र, अन्य दिन तो तुम हाथी चढ़े आते थे, आज बिना सवारी के पैदल क्यों हो? अन्य दिन तो बन्दीजन तुम्हारी स्तुति करते थे, आज क्यों नहीं करते? अन्य किसी दिन तो तुम्हारे ऊपर सहर्ष चामर डुलते थे और आज तुम्हारे पास कोई क्यों नहीं है? और जब माँ को वास्तविक बात का पता चल जाता है, तो उसका वत्सल हृदय इन शब्दों में फूट पड़ता है, जिनकी प्रतिध्वनि आज भी लोकगीतों में सुनाई पड़ती है—

*पइं विणु को पल्लंके सुबेसइ पइं विणु को अत्याणे वईसइ।*
*पईं विणु को हय-गयहुँ चड़ेसइ पई विणु को झिन्दुएण रमेसइ।*
*पईं विणु रायलच्छि को माणइ पई विणु को तम्बोल समाणइ।*
*पईं विणु को पर-वलु भंजेसइ पई विणु को मई साहारेसइ। 2/23/4*

तुम्हारे बिना पलँग पर कौन सोयेगा? तुम्हारे बिना अथाई में कौन बैठेगा? तुम्हारे बिना हाथी-घोड़ा कौन चढ़ेगा? तुम्हारे बिना गेंद कौन खेलेगा। तुम्हारे बिना राजलक्ष्मी को कौन मानेगा? तुम्हारे बिना ताम्बूल को सम्मानित कौन करेगा? तुम्हारे बिना शत्रु-सैन्य को कौन भाँजेगा? तुम्हारे बिना मुझे कौन हर्षित करेगा? इस प्रकार माँ की सम्पूर्ण व्यथा मार्मिक चित्रों से मूर्तिमान हो उठी है। स्वयंभू का यह चित्रण संक्षिप्त होते हुए भी अत्यन्त प्रभावशाली है।

जब पुत्र के जाने की इतनी व्यथा है, तो पुत्री के समान प्रिय पुत्र वधू के जाने से माँ को कितनी व्यथा हो सकती है–इसका अनुमान सहज ही लगाया जा सकता है। राजभवन से सीता का निकलना स्वयंभू की दृष्टि में ऐसा है, जैसे हिमवत से गंगा का, छन्द से गायत्री का और शब्द से विभक्ति का निकलना।

*णिय-मन्दिरहो विणिग्गय जाणइ णं हिमवंतहो गंग महा-णइ।*
*णं छन्दहो णिग्गय गायत्री णं सद्दहो णिसरिय विहत्ती।* 2/23/6

राम के वन जाने पर सूनी अयोध्या का स्वयंभू ने जो मार्मिक चित्रण किया है (2/24/2) वह राम-काव्य के उत्कृष्ट स्थलों में से एक है।

दूसरी ओर राम की वनयात्रा में स्वयंभू ने जिन प्राकृतिक और वन्य-दृश्यों का वर्णन किया है, वह तो अनूठा ही है। वनवासियों के शोभन-द्वार से युक्त गोष्ठ नरपतियों के राजभवन की याद दिलाते हैं। कहीं टकराती हुई लहरें नलिनी के मृणाल-खण्ड को तोड़ती दिखाई हैं, कहीं शृंगहीन छोटे-छोटे बछड़े शृंगहीन पर्वत के समान मालूम होते हैं, कहीं दधि-चर्चित जनपद हैं, तो कहीं लोग सिर पर प्रथम धान्य की मंजरी धारण करके नाच रहे हैं, तो कहीं विलासिनियों के सुरत-व्यापार का वर्णन–इस तरह के कुछ और भी दृश्य देखकर राम-लक्ष्मण को अपना बचपन याद आने लगा—2/24/13

राम-वनवास का सबसे करुण प्रसंग है सीता-हरण। सीता-हरण के कारण को लेकर मतभेद होने पर भी स्वयंभू और पुष्पदन्त ने इस प्रसंग को अधिक-से-अधिक मार्मिक ढंग से उपस्थित करने का प्रयत्न किया है। पुष्पदन्त ने तो अपनी 11 सन्धियों की रामायण में सीता-हरण के लिए एक सम्पूर्ण सन्धि लगा दी है। काम-मोहित रावण जब मारीच के साथ राम-सीता के कीड़ा-वन में पहुँचा, तो वन्य-प्रकृति की सुन्दर पृष्ठभूमि में सीता के विश्व-विमोहन रूप को देखकर मुग्ध हो उठा। पुष्पदन्त के शब्दों में वन और सीता के यौवन का तुलनात्मक चित्र देखिए:

*वणु दीसइ णच्चिय-णील गलु सीयहि गलु सीयहि जोव्वणु मणु-मीणगलु।*<br>
*वणु दीसइ णिम्मल-भरिय-सरु सोयहिं जोव्वणु णिरु महुरसरु।*<br>
*वणु दीसइ संचरन्त-कमलु सीयहि जोव्वणु वर-मुह-कमलु।*<br>
*वणु दीसइ ललिय-लया हरउं सीयहि जोव्वणु बिबाहरउं।*<br>
*वणु दीसइ कालालिंगियउं सीयहि जोव्वणु सालिंगियउं।*<br>
*वणु दीसइ फुल्लासोय-तरु सीयहि जोव्वणु परसोययरु।*<br>
*वणु दीसइ दुग्गउं कंचयहिं सीयहि जोव्वणु घर-कंचुइहिं।*<br>
*वणु दीसइ तरु-कीलन्त-कइ सीयहि जोव्वणु वण्णन्ति कइ।*<br>
*वणु दीसइ मूल-णिरुद्ध-रसु सीयहि जोव्वणु कय-मयण-रसु।*

पुष्पदन्त के इस वर्णन में श्लेष और यमक का सौन्दर्य देखने योग्य है। वस्तुत: सीता-हरण जैसे करुण प्रसंग को और भी करुणोत्पादक बनाने के लिए ही पुष्पदन्त ने उसके पूर्व क्रीड़ा और सुखोपभोग का रागपूर्ण वर्णन किया है। सीता-हरण की ऐसी पृष्ठभूमि अन्यत्र नहीं मिलती। पुष्पदन्त ने प्राय: ऐसे ही प्रसंगों को काव्यात्मक विस्तार दिया है, जिन पर अन्य कवियों का ध्यान नहीं गया है।

राम को अपनी ओर आते देख स्वर्णमृग ने किस प्रकार की मोहक चेष्टाएं कीं, इसे स्वयंभू तथा अन्य कवियों ने दो-चार पंक्तियों में चलता कर दिया है। लेकिन पुष्पदन्त इस अवसर को हाथ से जाने देने के लिए तैयार नहीं हैं। राम के हाथ वह मृग आते-आते भी निकल जाता है और थोड़ी दूर जाकर–

*णव-दूवा-कन्द-कवलु भरइ तरुवर-किसलय-पल्लव चरइ।*<br>
*कच्छतरि सच्छ सलिल पियइ वंकिय गलु पच्छाउहुँ णियइ।*<br>
*सुय-चंचु-घाय-'परियखिग' फलि खणि खीसइ चंपय-चूय-तलि।*<br>
*खणि वेल्लिणि हेलणि पइसरइ अण्णण्ण-पएसहिं अवयरइ।*<br>
*ओहच्छइ अइ-कोड्डावणउ लइ माणमि णयण-सुहावणउ।* 72/4

इसके बाद तो रावण के द्वारा हरी जाती हुई सीता का करुण विलाप और राम की विरह-दशा ही रह जाती है। एक ओर त्रैलोक्यजयी रावण की धमकियों और प्रलोभनों के सामने निष्कम्प दीपशिखा के समान सीता के चरित्र की उठान और दूसरी ओर विरही राम का अधीर विलाप। मनोभावों के कुशल पारखी स्वयंभू तथा विदग्धता के भावक पुष्पदन्त–दोनों कवियों ने इस स्थिति का सफल चित्रण किया है। स्वयंभू के राम 'हा-हा सीय' कहते हुए वन-वन भुजंग की तरह भ्रम रहे हैं:

*राहउ भमइ भुअंगु जिह वण 'हा हा सीय' भणन्तउ।*

और पागलपन की दशा में सामने जाते हुए वन-गयन्द को देखकर बोल उठते हैं:

*हे कुंजर कामिणि गइ-गमण कहे कहि मि दिट्ठ जइ मिग-णयण।*
*णिय-पडिर वेण वेयारियउ जाणइ सीयए हक्कारियउ।*
*कत्थइ दिट्ठइं इन्दीवरइं जाणइ धण-णयणइं दीहरइं।*
*कत्थइ असोय तरु हरुलवियउ जाणइ धण-वाहा-डोल्लियउ। 2/39/12*

दूसरी ओर पुष्पदन्त के राम भी इसी प्रकार वन के पशु-पक्षियों और वृक्षों से सीता का पता पूछते हुए प्रलाप कर रहे हैं:

*सइं काणणि रहुवइ हिण्डमाणु पुच्छइ वणि मिगइं अयाणमाणु।*
*रे हंस हंस सा हंस गमण पइं दिट्ठी कत्यइ विउल-रमण।*
*चंगउं चिम्मक्कहुँ सिक्खओ सि महुँ अकहंतु जि खल किं मओ सि।*
*रे कुंजर तुह कुम्भत्थलाई णं मह महिलाइ थणत्थलाइं।*
*सारिक्खउँ लइयंउ एउ काइं भणु कन्तइ कहि दिण्णइं पयाहं।*
*सारंग कहहि महु जणयधीय णयणहिं उवजीविय पइं मि सीय।*
*अलि घरिणि-केस-णिद्धत्त-चोर णिसि सररुह-दल-कय-बन्धणार।*
*रे कीर ण लज्जहि जंपमाणु जइ दिट्ठ पइ मुद्धहि पमाणु। 73/4*

सारा उपालम्भ 'विक्रमोर्वशीयम्' के चतुर्थ अंक के उन अपभ्रंश छन्दों की याद दिलाता है, जो विरह-कातर पुरुरवा के हृदय से प्रलाप की तरह फूटे हैं। कालिदास की परम्परा का बोध अपभ्रंश के इन कवियों में इतना था कि इसके बाद ही पुष्पदन्त के विरही राम सीता के पास मेघदूत भी भेजते हैं:

*मेह दुश्रय तुहुं वच्चहि। 72/4*

रावण के नन्दनवन में बन्दिनी सीता को जब हनुमान पहले-पहल देखते हैं और फिर सीता से उनकी जो बात-चीत होती है, वह भी रामकथा के मार्मिक प्रसंगों में से एक है। सुंदरकाण्ड की 49 सन्धि में स्वयंभू ने इस प्रसंग का विस्तृत वर्णन किया है। सम्भवतः सीता के अनिंद्य सौन्दर्य का चित्रण इतने विस्तार से स्वयंभू ने पहली

बार किया है। हनुमन्त इस रूप से अभिभूत हो जाते हैं, परन्तु भ्रमण-ताड़ित सीता की यह स्थिति उन्हें सबसे अधिक प्रभावित करती है। 3/49/9

भ्रमर-पीड़ित सीता का यह रूप कालिदास की शकुन्तला की याद दिला देता है, परन्तु स्वयंभू ने इस चित्र को प्रस्तुत प्रसंग में उपस्थित करके उसमें एक नयी व्यंजना भर दी है। सीता के मुख के आसपास मँडराने वाला यह भ्रमर रूप-लोभी रावण का प्रतीक बन जाता है।

ऐसे ही समय सीता को समझाने के लिए मन्दोदरी भी आती है और मन्दोदरी को जिस ओजस्वी वाणी में सीता उत्तर देती हैं, वह सती-चरित्र का मानदण्ड है। सीता-मन्दोदरी के कलह पर स्वयंभू की उत्प्रेक्षा देखने योग्य है:

*मन्दोयरि-सीयाएविहिं कलहे पवड्डिए भुवण-सिरि।*
*णं उत्तर-दाहिण भूमिहिं मज्झे परिंदिट्ठउ विंझइरि।*

यह कलह क्या है, मानो उत्तर दक्षिण-भारत के मध्य में विन्ध्यगिरि!

परन्तु सीता-मन्दोदरी-मिलन पुष्पदन्त की कथा-परम्परा में और ही प्रकार की मार्मिक छटा के साथ होता है, क्योंकि वहाँ सीता मन्दोदरी की पुत्री है और यह मिलन एक प्रकार से मन्दोदरी द्वारा सीता का अभिज्ञान है। स्थिति की जटिलता का अनुमान सहज ही किया जा सकता है। मन्दोदरी आती है अपने रावण की ओर से सीता को समझाने, परन्तु आने पर उसे पता चलता है कि यह तो उसकी पुत्री है—हृदय की धारा पलट जाती है, माँ-बेटी एक हो जाती हैं और मन्दोदरी पुरुष की स्वेच्छाचारिता के विरुद्ध ये वाक्य कहती है:

*हा पुरिस हुंति सयल विणिहीण घरघरिणि जइ वि उव्वसि-सयाण।*
*कामेण तइ वि ते खयहु जन्ति पर घर-दासिहि लग्गिवि मरंति।।*

पुरुष के प्रति नारी की ऐसी कटु-सत्यपूर्ण उक्ति उस युग के किसी अन्य काव्य में शायद ही कहीं मिले।

सचमुच काव्य की दृष्टि से पुष्पदन्त के रामायण की 'सीयादंसणं' (73) अनूठी रचना है।

इसी प्रकार का मार्मिक प्रसंग है सीता की अग्नि-परीक्षा, जो पुष्पदन्त के काव्य में तो नहीं है, परन्तु स्वयंभू के 'पउमचरिउ' में वाल्मीकिवत् ही नारी-पराधीनता के प्रति विद्रोह की भावना के साथ व्यक्त हुआ है। 'पउमचरिउ' की 83वीं सन्धि इस दृष्टि से पठनीय है।

राम के मुख से नारी जाति के प्रति कटु वचन सुनकर भी शान्त संयत स्वर में सीता ने जवाब दिया कि पुरुष गुणवन्त होकर भी गुणहीन होते हैं, वे मरती हुई स्त्री का भी विश्वास नहीं करते हैं। पुरुष उस रत्नाकर की तरह हैं, जो समर्पणशीला नदियों को भी क्षार ही देता है:

*पुरिस णिहीण होंति गुणवन्त वि तियहे ण पत्तिज्जन्ति मरैत वि।*
*खडु लक्कडु सलिल वहन्तिहे पउरणियेहे कुलग्गयहे।*
*रयणायरु खार इ देंतउ तो विण थक्कइ णं णइहे।।*

कुल मिलाकर अपभ्रंश के राम-काव्य की विशेषता उसके चरित्रों के यथार्थ मानवीय चित्रण, मार्मिक प्रसंगों की अनुभूतिपूर्ण अभिव्यक्ति, व्यंजक दृश्य-वर्णन, प्रभावशाली संवाद-योजना तथा कथा के आख्यानक-रस में है। इस प्रकार संस्कृत, हिन्दी आदि आधुनिक भाषाओं के राम-काव्य की तरह अपभ्रंश के राम-काव्य की भी कुछ अपनी निजी विशेषताएँ हैं, जो भारतीय-साहित्य को समृद्ध बनाने में योग देती हैं।

(साभार : डॉ. वासुदेवशरण अग्रवाल द्वारा सम्पादित राष्ट्रकवि मैथिलीशरण गुप्त अभिनन्दन ग्रन्थ, बड़ा बाजार पुस्तकालय, कोलकाता, 1959)

# स्वतन्त्रता

'स्वतन्त्रता' पर 'स्वतन्त्र ढंग से' विचार करने की आवश्यकता है। 'स्वतन्त्र विचार' स्वभाषा में ही सम्भव है। परायी भाषा कभी-कभी सही विचार में बाधक हो जाती है। इस प्रसंग में मुझे अपने गुरुदेव आचार्य हजारी प्रसाद के एक निबन्ध की बरबस याद आ रही है। बात 1953 की है। स्वतन्त्रता प्राप्ति के छह वर्ष बीत चुके थे। उन्होंने कहा था : "अंग्रेज़ी में हम 'इंडिपेंडेंस' शब्द का व्यवहार करते हैं जिसका मतलब है 'अनधीनता' परन्तु देशी भाषाओं में सर्वत्र 'स्वाधीनता' या स्वतन्त्रता शब्द का व्यवहार होता है। स्वतन्त्रता या स्वाधीनता शब्द में अपने अधीन रहने की बात है! यह 'इंडिपेंडेंस' की अपेक्षा अच्छा शब्द है; क्योंकि इसमें अपने-आपको अपने ही वश में रखने की इच्छा का प्राधान्य है।" फिर उन्होंने प्रश्न किया : "क्या हम सब प्रकार से अपने को अपने नियन्त्रण में रखने में समर्थ होते जा रहे हैं?"

पहले चिन्तन को ही लें। "विदेशी भाषा में सोचने और कार्य करने के अभ्यस्त देशवासियों में देशी भाषा के माध्यम से सोचने और कार्य करने का उत्साह नहीं दिखाई दे रहा है। कुछ लोगों में तो प्रतिक्रिया की मात्रा बढ़ गयी है और यह कहने लगे हैं कि अंग्रेज़ी भाषा के हटते ही हम अनाथ हो जायेंगे और हर क्षेत्र में हमारा मान नीचा हो जायेगा।" स्पष्ट ही इस क्षेत्र में हम 'स्व' के अधीन नहीं हो सके हैं। यही नहीं, ऐसा होने की ओर हमारा उत्साह भी मन्द ही है।

इसका प्रभाव विचार-क्षेत्र पर भी पड़ा है। विचार के क्षेत्र में भी 'स्व' की प्रतिष्ठा नहीं हो पायी है। स्वदेशी विचार का अभाव इस हद तक है कि विकास का मॉडल भी हम विदेश से आयात कर रहे हैं।

हमें यह नहीं भूलना चाहिए कि 'स्व' का अर्थ समग्र भारत है–बहुभाषी, बहुधर्मी, बहुजातीय! यदि हम देश के केवल एक भाग चाहे वह कितना ही शक्तिशाली और महत्त्वपूर्ण क्यों न हो–के इतिहास को देश का इतिहास समझते रहे तो हम समस्या का ठीक-ठीक अन्दाज़ा नहीं लगा सकते। सैकड़ों जातियों और उपजातियों में विभक्त

अनेक प्रकार की भाषाओं में अपनी आशा-आकांक्षा को रूप देने वाली, सभ्यता की विभिन्न सीढ़ियों पर खड़ी, इतिहास के स्रोत में बहते हुए बहुविध संस्कारों को ढोती हुई यह विशाल जनता ही भारतवर्ष का 'स्व' है और 'स्व' स्वतन्त्रता ही सच्ची स्वतन्त्रता है।

स्वाधीनता-संग्राम के दौरान हमारे श्रेष्ठ कवियों ने इसी स्वतन्त्रता के गीत गाये थे। जयशंकर प्रसाद ने इसी स्वतन्त्रता देवी के उद्‌बोधन में वह प्रसिद्ध गीत गाया हिमाद्रि तुंगश्रृंग से.......

स्वतन्त्रता का मूल आधार है 'निर्भयता'। डरा हुआ मनुष्य स्वतन्त्र हो ही नहीं सकता है। इसीलिए महाकवि 'निराला' ने 1924 की अपनी 'स्वाधीनता पर' लिखी हुई कविता में कहा है:

*समझा मैं,*
*भय ही व्यवस्था का जनक है,*
*निर्भय अपने को*
*और दुर्बल समाज को*
*करके दिखाना है–*
*'स्वाधीन' का ही*
*एक और अर्थ 'निर्भय' है।*

निर्भयता का यही सन्देश रवीन्द्रनाथ ने अपने उस प्रसिद्ध गीत में दिया है, जिसकी प्रथम पंक्ति है:

*'चित्त जेथा भय शून्य, उच्च जेथा शिर।'*

"चित्त जहाँ भय शून्य और माथा उन्नत है।"

रवीन्द्रनाथ ने 'स्वतन्त्रता' को एक और अर्थ प्रदान किया जो पश्चिम की स्वातन्त्र्य-परिकल्पना से भिन्न है और जो भारत की अपनी विशिष्टता है। बंग-भंग के विरुद्ध स्वत:स्फूर्त उच्छलित 'स्वदेशी आन्दोलन' के दौरान 1906 में रवीन्द्रनाथ ने 'तत:किम्' शीर्षक एक निबन्ध लिखा था। उस निबन्ध में कवि कहते हैं:

"यूरोप में सर्वदा स्वाधीनता का स्तुति गान गाया जाता है। योरोपवासियों के लिए इस स्वाधीनता का अर्थ है खाने-पीने की आज़ादी, उपभोग की आज़ादी, काम करने की आज़ादी माना कि यह स्वाधीनता भी कोई उपेक्षणीय वस्तु नहीं है, इसकी रक्षा करने के लिए भी बड़ी शक्ति और काफ़ी सोच-विचार की आवश्यकता है। लेकिन प्राचीन भारत ने इसके बाद यह प्रश्न उठाया कि तत:किम्?"

"हम स्वाधीन हो गये" कहने से ही तो स्वाधीन नहीं हुआ जा सकता। राष्ट्रीय आज़ादी को यदि हम बहुत बड़ी बात समझें, तो भी सैनिक की हैसियत से, या वणिक् की हैसियत से, हम अधीन रहेंगे। कुछ विदेशी राष्ट्रों के पास लाखों सैनिक हैं क्या वे सचमुच स्वाधीन हैं? वे तो साँस लेने वाली तोप-बन्दूक मात्र हैं। मनुष्यत्व वहाँ मनुष्य के संहार की मशीन बन गया है। वहाँ के लक्षावधि मज़दूर अँधेरी खानों में, कारख़ानों की धधकती भट्ठियों में राज्यश्री के पैरों में अपने ख़ून का महावर लगा रहे हैं। क्या उन्हें हम स्वाधीन कहेंगे? वे तो एक बहुत निर्जीव यन्त्र के छोटे-छोटे सजीव पुर्जे हैं। यूरोप और अमरीका में स्वाधीनता के वास्तविक फल का उपभोग कितने लोग कर पाते हैं? ऐसा होते हुए स्वाधीनता कैसी? व्यक्ति स्वातन्त्र्य वहाँ साधना का विषय हो सकता है। लेकिन व्यक्ति जितना यूरोप में परतन्त्र है उतना और भी कहीं है?

कवि धूमिल की 'बीस साल बाद' कविता की ये पंक्तियाँ इस सन्दर्भ में कितना मौजूं हैं:

*बीस साल बाद और इस दोपहर में*
*सुनसान गलियों से चोरों की तरह गुज़रते हुए*
अपने आप से सवाल करता हूँ—
*क्या आज़ादी सिर्फ़ तीन थके हुए रंगों का नाम है*
*जिन्हें एक पहिया ढोता है*
*या इसका कोई ख़ास मतलब होता है?"*

अन्त में स्वतन्त्रता एक प्रक्रिया है—लम्बी प्रक्रिया स्वतन्त्रता घटना नहीं हैं।

(स्वतन्त्रता पर लिखा यह विचार उनकी नोट बुक में मिला है।)

# 'हिन्द स्वराज और आज का भारत'

अपने विश्वविद्यालय में पहली बार, अकेले इस तरह आने और आपसे बातचीत करने का मौक़ा मिला। इसके लिए कुलपति जी और विश्वविद्यालय परिवार के प्रति मैं हृदय से आभारी हूँ। राकेश जी ने अभी कहा कि विषय का चुनाव मैंने स्वयं किया है। शायद लोग समझते होंगे कि मुझे तो कुछ मार्क्सवाद वग़ैरह के बारे में बात करनी चाहिए लेकिन मैंने गांधी को क्यों चुना? अकबर इलाहाबादी का मशहूर शेर है, जो आप जानते हैं:

*'रकीबों ने रपट लिखवाई है जा-जा के थाने में,*
*कि अकबर नाम लेता है ख़ुदा का, इस जमाने में'*

इस ज़माने में जब ख़ुद कांग्रेसी ही गांधी जी का नाम नहीं ले रहे हैं तो ऐसे जमाने में मैं सिर्फ़ इसलिए नहीं नाम ले रहा हूँ कि गांधी जी के नाम पर स्थापित यह विश्वविद्यालय है, यह न भी होता उनके नाम पर स्थापित, तब भी आपके सामने मैं आज इस दौर में, इस क्षण में उनका ही नाम लेता जिसकी ओर इशारा किया गया। कुछ बचपन के संस्कार ऐसे थे जिनके बारे में लोग नहीं जानते थोड़ा-सा जिक्र उसका करना मैं जरूरी समझता हूँ। मैं जब बहुत छोटा था, बच्चा था, और नमक सत्याग्रह आन्दोलन शुरू हुआ था। उसकी याद अब भी है। तब मैं बहुत छोटा था, बच्चा था, तब कन्धे पर रख करके हमारे चचेरे भाई ले गये, वहाँ जहाँ मेरे गाँव से करीब एक किलोमीटर पर हेतमपुर नाम का गाँव है और जहाँ हमारे पिता के घनिष्ठ मित्र लेकिन सचमुच मेरे पिता के समान कान्ता प्रसाद विद्यार्थी थे वो गांधी जी के भक्तों में थे, कांग्रेस में भी रहे। बाद में एक विद्यालय अमर शहीद विद्यमन्दिर कायम किया। उनके तो बगीचे में नमक सत्याग्रह हो रहा था। उनके घर पर सस्ता साहित्य मण्डल से जो छपने वाली किताबें थीं जिसमें 'विश्व इतिहास की झलक भी देखी थी, जवाहरलाल नेहरू की आत्मकथा का हिन्दी अनुवाद भी देखा था, वहाँ तोल्स्तोय की कुछ किताबों का हिन्दी अनुवाद था और जिसमें 'हिन्द स्वराज' भी था पर उस

समय मैं क्या समझता? पर धीरे-धीरे जब पढ़ने लगा, प्राइमरी स्कूल पास किया, जब मिडिल में गया तो उनके घर आमतौर पर पिताजी मुझे लेकर जाते थे। गांधी जी तोल्स्तोय को पसन्द करते थे इसलिए भारत में तोल्स्तोय के प्रति लगाव जो पैदा हुआ उनकी रचनाओं के साथ तो गांधी जी के साथ पैदा हुआ, क्योंकि गांधी जी का तोल्स्तोय से बहुत गहरा सम्बन्ध था और नाम इसलिए ले रहा हूँ कि उसका 'हिन्द स्वराज' से भी सम्बन्ध था। 'हिन्द स्वराज' मैंने बहुत बाद में पढ़ा लेकिन 'हिन्द स्वराज' कैसे लिखा गया है? इसकी तरफ़ राकेश जी ने कुछ इशारा किया है।

गांधी जी दक्षिण अफ्रीका अफ्रका से 1909 के आस-पास लन्दन गये थे। आप लोगों में से कुछ लोग जानते होंगे इस घटना को, और लन्दन में उन दिनों सावरकर थे। और जो लोग क्रान्तिकारी कहलाते थे वे सशस्त्र क्रान्ति करने में विश्वास करते थे। गांधी जी की डायरी से यह वाक़या स्पष्ट होता है। बहुत व्यस्त कार्यक्रम था। वो दक्षिण अफ्रीका की समस्या लेकर ट्रांसवाल से गये थे। फिर भी गांधी जी उन लोगों से लगातार मिलते रहे, संवाद उनका होता रहा, बहस होती रही; उनसे जो सशस्त्र क्रान्ति करने वाले लोग थे। सावरकर सशस्त्र क्रान्ति वाले लोग थे। उसमें हिंसा और अहिंसा को लेकर उन लोगों से उनकी काफ़ी बहस हुई थी और वे इतने उत्तेजित हुए थे कि उस लम्बी बहस को उन्होंने विचार-शृंखला की शक्ल दी। पानी के जहाज़ से लौटते हुए। 13 नवम्बर से 22 नवम्बर तक पानी के जहाज़ में, काग़ज़ नहीं था, तो जहाज़ में जो कागज़ मिलता था ठप्पा मारा हुआ, लिखने का कागज़ वह था और वे कलम से दायें हाथ से लिखते थे और जब थक जाता था दायाँ हाथ, तो बायें हाथ से लिखते थे और ये प्रैक्टिस उन्होंने जीवन के अन्त तक रखी और वे दोनों हाथ से लिखते थे, इस मामले में सव्यसाची थे। सव्यसाची सव्य माने बायाँ हाथ जो अर्जुन को कहा जाता है।

वे आवेश में थे इसलिए आप देखें कि 'हिन्द स्वराज' बहस है—सम्पादक और पाठक के बीच में। पूरी पुस्तक बहस के रूप में लिखी गयी है। उसका अत्यन्त आकर्षण है यह उपदेश के रूप में नहीं है, भाषण के रूप में नहीं है 'वक्तव्य के रूप में नहीं है, चिन्तन के रूप में नहीं है, वह बहस के रूप में लिखी गयी है। और वो बहस उत्तेजना में लिखी गयी है। लगभग 30 हज़ार शब्द हैं। और 10 दिन में लिखी गयी किताब है। पानी के जहाज़ पर लिखी गयी। जब उतरे उस किताब को उन्होंने इंडियन ओपिनियन में लगातार दो अंकों में छपवाया, छपी सन् 1910 में लेकिन इंडियन ओपिनियन में धारावाहिक रूप से छपी और उसकी एक प्रति उन्होंने तोल्स्तोय के पास भेजी—किताब में 20 छोटे-छोटे उसके अध्याय हैं और वे प्रश्नोत्तर

और बहस के रूप में हैं और इसलिए उस किताब का अत्यन्त आकर्षण हैं। बाद में मैंने जो पढ़ा तो मुझे एक और बात याद आयी जो प्रसंगवश आपके सामने कह रहा हूँ। भगवती बाबू से मैंने एक बार पूछा 'चित्रलेखा' उपन्यास जिसके कारण आप इतने प्रसिद्ध हुए अपना मकान बनवाया तो उसका भी नाम 'चित्रलेखा' ही रखा। भगवती बाबू से हमने पूछा इसका क्या रहस्य है। वह प्रेम की कहानी है इसलिए? उन्होंने कहा नहीं-नहीं, बोले वकालत पास करके ताज़ा-ताज़ा निकला था। एल.एल.बी. करके वकालत चल नहीं रही थी। इलाहाबाद में था। उस पूरे उपन्यास में बहस है और जो मैं कचहरी में बहस नहीं कर सकता था तो मैंने सोचा कि साहित्य में उपन्यास के रूप में ही बहस करूँ, और ऐसी बहस जिस बहस का कोई अन्त नहीं हैं, कोई जवाब नहीं है कोई फ़ैसला उस पर दिया नहीं जा सकता। पाप-पुण्य पर बहस है, तो बोले कि तुम जानते नहीं हो कच्ची उम्र में पाप-पुण्य का बड़ा गहरा अहसास लोगों को हुआ करता है। छोटी-छोटी चीज़ें हो जाती हैं, चढ़ती जवानी में। तो चढ़ती जवानी में कुछ गुनाह हो जाता है, 'कुछ खताएँ हो न पायें कुछ खताएँ हो गयी' तो कुछ खताएँ जो नहीं हो पायीं तो उसका भी अहसास होता है, तो वे बोले कि उस उमर में बूढ़े बुजुर्ग लोगों में पाप-पुण्य का कोई अहसास नहीं होता, पके हुए लोग जो होते हैं वे पाप-पुण्य से परे हो जाते हैं। यह गहरा अहसास उस कच्ची उमर में, चढ़ती जवानी में आदमी को होता है। किसी स्त्री से, लड़की से मिलना, कुछ उछल-कूद करना सब पाप-पुण्य के दायरे में आ जाते हैं। पर आजकल तो आप उससे भी बड़ा पाप कर जायें। बलात्कार करें और कोई पाप का बोध न हो। लेकिन था, एक ज़माना और एक उम्र होती है। बोले कि बस यहीं था, जवानी की एक उमंग थी और मैंने चित्रलेखा लिखा। चित्रलेखा में एक अन्तहीन बहस है–ये महत्त्वपूर्ण है। होता अन्त में क्या है यह नहीं महत्त्वपूर्ण।

तो 'हिन्द स्वराज' का आकर्षण ऐसी बहस जिसका कोई जवाब नहीं है, जिस पर फैसला आप नहीं दे सकते, इसलिए वह बहस महत्त्वपूर्ण है चूँकि कई दिनों की लम्बी बहस सशस्त्र क्रान्ति करने वालों से करके आये थे और विडम्बना देखिये अन्त में उसी सावरकर के भक्त के हाथों गांधी जी की हत्या हुई थी। जिस सावरकर से बहस करते हुए उन्होंने 'हिन्द स्वराज' लिखा था। ये इतिहास की विडम्बना आप देखिये कैसे, कब, क्या होता है? अगर आप लोग एरिक हॉब्स बाम की किताब है–'रिवोल्युशनरीज' उसको पढ़ें, 19वीं शताब्दी के अन्त और 20वीं शताब्दी के आरम्भ में सारी दुनिया में हॉब्स बाम ने दिखाया है रिवोल्युशनरीज नाम की इस किताब को पढ़ियेगा, कम पढ़ते हैं उसको लोग। मार्क्सवादी हिस्टोरियन हॉब्स बाम

की उस किताब को पढ़ते हुए लगा कि कुछ दौर आते हैं जो सारी दुनिया में इस तरह के सशस्त्र क्रान्ति वाले पैदा हुए थे, स्पेन में पैदा हुए थे, फ्रांस में पैदा हुए थे, लैटिन अमेरिका में पैदा हुए थे, एक लम्बा क्रम बताया है।

मुझे लगता है कि सावरकर वग़ैरह के आस-पास की जो पीढ़ी थी, वह हथियार उठाकर और उसके द्वारा क्रान्ति कर इस व्यवस्था को बदलना चाहती थी। संक्रमण काल था और वह संक्रमण काल लगभग इतिहास की दृष्टि से देखें तो मार्क्स ने जिस कैपिटल की बात 19वीं शताब्दी के मध्य में की थी एक उभरता हुआ पूँजीवाद जो उपनिवेशवाद के रूप में बढ़ रहा था और उस उपनिवेशवाद के द्वारा जो दुनिया को अपेक्षा थी जो पिछड़े हुए लोग थे उनमें असन्तोष व्याप्त था और वहाँ कुछ लोग थे जिन्होंने उस असन्तोष के कारण हथियार उठाया था इसलिए मुझे लगता है कि विश्व इतिहास के पूरे परिप्रेक्ष्य में देखें तो लगभग हमारे यहाँ बीसवीं शताब्दी के इर्द-गिर्द सत्तावन की क्रान्ति जो योजनाबद्ध तरीके से हुई थी लेकिन उसके बाद देखें तो हमारे यहाँ उसकी परिणति भगत सिंह वग़ैरह में हुई खुदीराम बोस वगैरह जो थे 19वीं शताब्दी के शुरू में पैदा हुए थे–बंग-भंग जब हुआ था बंगाल के जो दो टुकड़े किये गये थे वे बीसवीं शताब्दी के पहले दशक में हुए थे। उस समय एक ख़ास तरह के सशस्त्र क्रान्ति करने वाले पैदा हुए थे। इसलिए मैं कहना चाहता हूँ कि 'हिन्द स्वराज' को पढ़ते समय एक तो उसकी ऐतिहासिक पृष्ठभूमि जो 1910 है, को याद रखना चाहिए। 1910 के समय भारत के अन्दर कौन-कौन लोग थे। गांधी जी को लोगों का पता था नहीं? लेकिन उसी का एक हिस्सा जो यहाँ से भागकर के लोग इग्लैंड में, लन्दन में, उनके लिए गुजाइंश नहीं थी, लोग चोरी-छुपे जाते थे तो ये पृष्ठभूमि है जिसमें गांधी जी के सामने 'वायलेंस-नॉनवॉयलेंस' था। वहाँ से नॉनवॉयलेंस पैदा हुआ। गांधी जी ने देखा कि ये जो हथियार उठाने वाला रास्ता है वह हिंसा का है, इसलिए 'हिन्द स्वराज' में जो बहुत सारी बहस है वो बहस किससे है? पहले, सबसे पहले वह बहस हिंसा से है और जहाँ से गांधी जी ने देखा कि अहिंसा मतलब यह है। क्यों और क्यों बहस हुई उसमें कुछ लोगों को यह भ्रम होता है। किताब के नाम पर अभी मैं नहीं जाऊँगा कि 'हिन्द स्वराज' जो नाम रखा उसका क्या अर्थ है। लेकिन सशस्त्र क्रान्ति करने वालों से, गांधी जी उनके विचारों से असहमत थे लेकन उनके वे प्रसशंक थे, क्यों प्रसंशक थे, क्योंकि उनका ख़याल था, भले ही हिंसा का रास्ता ग़लत हो लेकिन उनकी बहादुरी के बारे में कोई सन्देह नहीं। जुर्म को सह लेना कायरता है, उससे बेहतर है हथियार उठाना, वे बहादुर थे, साहसी थे, और ये मारने को जितना महत्त्व देते हैं उसी तरह मर जाने के लिए

तैयार रहते हैं। कायर जो है वह मरने के लिए तैयार नहीं हो सकता इसलिए सब कुछ सह जाने वाले कायरों की अपेक्षा हथियार उठाने वाले लोग केवल मारने में विश्वास नहीं करते बल्कि उसके लिए मर जाना भी जानते थे। उनकी बहादुरी के वो कायल थे, आदर करते थे उनका। एक और महत्त्वपूर्ण बात उसमें निकली कि उन क्रान्तिकारियों का उन पर गहरा विश्वास था गांधी जी का और वे क्रान्तिकारी स्वयं गांधी जी का विश्वास करते थे जो समस्याएँ उनके सामने आती थीं तो उनसे पूछते थे कि ऐसी स्थिति में आप क्या करते या क्या करेंगे? डिटेल उसके ज़रूर मिलेंगे, गांधी की डायरी में आपको मिलेंगे, पत्रों में मिलेंगे।

गांधी जी की शिकायत जो थी और उनके विचारों से जो गहरी असहमति थी वो ये थी कि लोग उपनिवेशवाद की पेचीदगी को और उसकी जड़ें कितनी गहराई में हैं, इससे वे लोग वाक़िफ़ नहीं थे। वे समझते थे कि कुछ लोगों की हत्या कर दी जायेगी तो मामला सुलझ जायेगा। उपनिवेशवाद अपने आप में इतना जटिल और कॉम्प्लिकेटेड है और साथ ही उसकी जड़ें इतनी गहरी कि आप अगर किसी कलक्टर को मार देते या किसी पुलिस कमिश्नर को मार देते या थानेदार को मार देते या सिपाही को मार देते हैं इससे आप समझते हैं कि जो व्यवस्था है, उपनिवेशवाद ख़त्म हो जायेगा, तो नहीं ख़त्म होने वाला। कुछ अंग्रेज़ों को मार देने से अंग्रेज़ों का राज्य नहीं ख़त्म होने वाला जोकि हुआ। मारा लोगों ने, हत्या की, जेल में हत्याएँ लोगों ने कीं, फाँसी पर चढ़ गये। ढींगरा के साथ यही काण्ड हुआ था। कई लोग इस तरह के थे, एक को मार देंगे आप लेकिन कुल मिलाकर एक तन्त्र है ये और इस तन्त्र की जटिलता की गहराई से वे वाक़िफ़ नहीं। वे समझते हैं एक आदमी की हत्या कर देने से मामला सुलझ जायेगा, दस को मार देंगे तो हो जायेगा, नहीं हो जायेगा, इसलिए उनकी बहादुरी की दाद देते हुए भी वे बहस करते थे और चाहते थे कि हमारे साथ अगर ये बहादुर आदमी आ जायेंगे तो एक बहुत बड़ी फतह होगी, इसलिए उनसे वे संवाद लगातार बनाये रखते थे और 'हिन्द स्वराज' उसी संवाद के रूप में लिखा गया था और उसका एक लम्बा हिस्सा उन क्रान्तिकारियों से, आज कल उनको आतंकवादी कहते हैं, और हम भूल जाते हैं कि हम अंग्रेज़ों की भाषा बोल रहे हैं। आज भी आप देखें। इसलिए आज 'हिन्द स्वराज' की चर्चा इसलिए जरूरी है कि ऐसे ही हथियार उठाने वाले लोगों का एक बहुत बड़ा हिस्सा है। ये ऐसी प्रक्रिया है। 'हिन्द स्वराज' इतिहास की वस्तु नहीं है, बल्कि जैसे 20वीं शताब्दी के पहले दशक में सारी दुनिया में तरह की सशस्त्र क्रान्ति का उभार हुआ था, आप लोगों में से जो अनुभवी हैं जानते हैं। कि 60 के अन्तिम दशक में 1965-66-67 के

आस-पास नक्सलवादी आन्दोलन शुरू हुआ, शायद यह ज़मींदारों का ज़माना था और ये और बात है कि उसे कुचल दिया गया वे सारे उग्रवादी पकड़े गये, बहुत से लोग मार दिये ग़ये, फाँसी भी दी गयी, और समझा गया कुछ दिनों के लिए कि सरकार निश्चिन्त हो गयी और एक ऐसी व्यवस्था चली कि वह ख़त्म हो गया। फिर कुछ दिनों के बाद आज आप देख रहे हैं कि हिन्दुस्तान के नक़्शे पर लालगढ़ में इसकी झलक तो दिखाई ही पड़ी है लेकिन लगभग पूर्वोत्तर से लेकर और माओवादी आप जिसको कहते हैं, नेपाल तो वहाँ से लेते हुए बंगाल, मणिपुर, असम, वहाँ से उनकी पूरी लाइन बनती है जो राँची के आस-पास झारखण्ड तक जाती है, उड़ीसा है, झारखण्ड है, आन्ध्र प्रदेश है, एक बाकायदा बीज पड़ा हुआ यहाँ से वहाँ तक दिखायी पड़ रहा है। फिर नया उभार आया है। और इसका जवाब केवल 'लॉ एंड आर्डर' की समस्या नहीं है। आप किसी आर्मी से या किसी अर्द्ध सैनिक बल से हथियार के साथ मुक़बला नहीं कर सकते, इस दौर में इसलिए मैंने कहा 'हिन्द स्वराज' की आज फिर ज़रूरत पड़ी है। उन बहादुर लोगों से जानते हुए भी यह कि उनका रास्ता दूसरा है गांधी ने संवाद जारी रखा। आपको उनसे संवाद करना पड़ेगा। असहमत हो उनके विचारों से लेकिन आपको उनसे बात तो करनी ही पड़ेगी। 'हिन्द स्वराज' से एक सबक यह मिलता है। मुझे आज भी लगता है कि केवल क़ानून और व्यवस्था का मामला नहीं है, 'लॉ एंड ऑर्डर' का मामला नहीं है ये। बल्कि इसकी जड़ें गहरी हैं। अब उपनिवेशवाद लगभग ख़त्म सा मालूम हो रहा है। नहीं है उपनिवेशक और ऐसा समझा जाता है कि उसके साथ-साथ साम्राज्यवाद नामक चीज़ भी ख़त्म हो गयी है। अब तो भूण्डलीकरण, ग्लोबलाइजेशन कहते हैं, विश्व बाज़ार कहते हैं लेकिन कुल मिलाकर सबके मूल में तो कैपिटल ही है। इसलिए जो भी तन्त्र आज दिखाई दे, बाज़ार के आधार पर कहें या टेक्नॉलोजी के विकास के कारण, बैंकिंग सिस्टम के कारण और मार्केट फोर्सेज के कारण अब दुश्मन केवल बाहर नहीं है घर के अन्दर है। वे ताक़तें उसको दुश्मन न भी कहें, ताक़तें कहें, तो अब करोड़ तो बड़ा छोटा शब्द हो गया है। लखपति कभी कहा करते थे, लखपतलाल नाम हुआ करता था। करोड़ीमल नाम हुआ करता था। अब तो अरबमल भी नहीं हो सकते हैं खरबमल भी नहीं हो सकते हैं। बहुत बड़ी तादाद हो गयी है हिन्दी में लफ़्ज नहीं रह गये हैं। पूँजी के लोग और इतने बड़े-बड़े लोग अब अमेरिका में नहीं हैं, उससे ज़्यादा बड़े लोग, बड़ी हैसियत वाला जो है, वह, कॉरपोरेट सेक्टर जिसे आप कहते हैं, वह अपने घर के अन्दर है। ऐसी स्थिति में स्वयं जिसे लोकतन्त्र हम कह रहे हैं उसमें तमाम चीज़ों को नये सिरे से समझना पड़ेगा कि यह लोकतन्त्र सचमुच

क्लासिक डेमोक्रेसी जैसी चीज़ कहते हैं वह है कि नहीं मैंने यह नक़्शा आपके सामने क्या, अपनी भी आँखों के सामने रखना चाहता था। इसलिए मुझे लगता है कि 'हिन्द स्वराज' को नयी परिस्थितियों में फिर से पढ़ने की ज़रूरत है। उसे लागू करने, अमल करने की बात अभी मैं नहीं कह रहा हूँ। यह बहुत पुराना दस्तावेज़ है, पुरानेपन की इसमें गहरी छाप-सी है लेकिन जिस तरह से साहित्य में हम अपनी पुरानी किताबों को फिर से पढ़ते हैं तो उसमें से नये अर्थ निकलते हैं। हुए होंगे गालिब 1850 के आस-पास लेकिन गालिब को आज हम फिर क्यों पढ़ते हैं। क्यो मीर को हम फिर पढ़ते हैं, सौदा को पढ़ते हैं नज़ीर अकबरावादी को पढ़ते हैं हिन्दी में आज भी हम क्यों उन्हीं तुलसी को, कबीर को, सूर को पढ़ते है। प्रेमचन्द को दुबारा पढ़ते हैं नयी परिस्थितियों में। नयी परिस्थितियों में साहित्य के शब्दों की ताक़त होती है। जो उसमें एक नया अर्थ फिर दे देती है। इसलिए नयी परिस्थितियों में, जैसा मैंने कहा कि 'हिन्द स्वराज' मैं अपने विश्वविद्यालय में आप सभी लोगों के सामने फिर एक बार पढ़ूँ। उसकी सीमाएँ भी देखें हम। लेकिन उस सीमा में सम्भावना भी नज़र आती है। जिससे आगे चलकर कोई दूसरा 'हिन्द स्वराज' नया कोई लिख सके।

जो महत्त्वपूर्ण बात है, वो यह है कि गांधी जी ने जो बहस की। इसलिए दो नगर बनाम गाँव की बातें करते थे। तो जान-बूझकर उन्होंने अन्त में वर्धा को चुना। इस गाँव को उन्होंने चुना–सेवाग्राम–को–और कहा कि हम गाँव में रहेंगे। बाद में 1945 में तब तय सा हो गया था कि अंग्रेज़ भारत छोड़कर जाने वाले हैं और प्रान्तीय सरकारें हमारे यहाँ बन गयी थीं और नयी अन्तरिम गवर्नमेंट भी बन गयी थी तो गांधी जी ने अपनी ओर से जवाहरलाल को एक चिट्ठी लिखी। उसे छापा भी है सुधीर चन्द्र हमारे मित्र ने। 10-15 साल पहले सम्पूर्ण गांधी वाङ्मय से निकालकर उन पत्रों को प्रकाशित किया था। उस पर एक लेख भी लिखा था, तब मेरा ध्यान उस तरफ़ गया था। दुबारा उस पत्र को पढ़ा था। गांधी जी ने पण्डित जी को पत्र लिखा कि भाई अब तो हम लोगों को आज़ादी मिलने वाली है, अपना राज होगा, अपनी सरकार होगी, लगभग तय सा है तो आओ हम लोग बात कर लें कि कैसा भारत बनायेंगे हम लोग। हमारे हाथ में राजसत्ता आयेगी तो किस प्रकार का भारत बनायेंगे। उस सिलसिले में उन्होंने कहा कि भाई हमारे पास किताब तो नहीं है 'हिन्द स्वराज' लेकिन चूँकि मेरी लिखी हुई है और मेरा ऐसा विचार था, जो आज भी है इसलिए बिना किताब देखे मैं कुछ प्वाइंट दे रहा हूँ कि ये-ये चीज़ें होंगी और तुम्हारा क्या इस पर विचार है। कि भारत जब हम बनायेंगे तब ऐसा-ऐसा भारत होगा, जिसके केन्द्र में गाँव होगा वग़ैरह-वग़ैरह, खेती-वेती की बातें की थीं। उन पत्रों का लम्बा

उदाहरण नहीं देना चाहता हूँ। जवाहरलाल नेहरू कुछ दिनों तक तो रुके रहे, हिचक रही होगी फिर देर से उन्होंने चिट्ठी लिखी और कहा कि बापू आप जो सोच रहे होंगे ठीक सोच रहे होंगे लेकिन यह असम्भव है। स्वाधीन भारत में ये चीज़ें नहीं चल सकतीं। आज़ादी के बाद पहली पंचवर्षीय योजना जो अपनायी गयी थी उसमें कृषि पर ज़ोर बहुत ज़्यादा था। अगर आप याद करें, दूसरी पंचवर्षीय योजना जो शुरू हुई उसमें जाकर बड़े पैमाने पर उद्योग-धन्धों को बढ़ावा दिया गया। ये भिलाई वग़ैरह तो बाद में बने दूसरी पंचवर्षीय योजना में, पहली में नहीं थे। पहली में सारा ज़ोर खेती पर था। लगा जो रुपया वह खा गये कांग्रेसी कुछ नहीं हुआ। तब नेहरू ने कहा नहीं भाई उद्योगीकरण की ओर और ज़ोर देना चाहिए, बेसिक इंडस्ट्रीज जब तक हमारे पास नहीं होंगी तब तक खेती भी नहीं होगी। इतने बड़े बाँध और बड़े कारख़ाने ये सब उन्होंने बनाये। तो बहस उस समय हुई थी और तभी गांधी जी को लग गया था कि ये हमारे रास्ते पर नहीं चल सकते हैं। उन्होंने दो पत्र लिखे जब तीसरा पत्र लिखा तो पं. जवाहरलाल नेहरू ने कहा कि हम आपसे मिलकर ही कोई बात करेंगे, चिट्ठी-पतरी से बात नहीं होती है। वह अध्याय बन्द हो गया और दूसरी समस्याएँ बँटवारे को लेकर के साम्प्रदायिकता को लेकर आयीं। गांधी जी नोवाखाली गये तो इन चीज़ों पे बात करने के लिए टाइम नहीं था। कठिनाई ये थी गांधी जी की, जो गांधी जी की कहिए या 'हिन्द स्वराज' की कुल मिलाकर मालूम होता है गांधी जी मशीनों के विरुद्ध थे, टेक्नोलॉजी के विरुद्ध थे। मशीनरी और टेक्नोलॉजी दोनों दो चीज़ें हैं। विरोध का कारण ये था कि हिंसा बन्दूक में ही नहीं, जिससे गोली चलती है या तोप में ही नहीं है, बल्कि कारख़ाना जिन मशीनों से बनता है उसमें भी मज़दूरों का ख़ून बहता है। इसलिए मनुष्य, मनुष्य नहीं रह जाता। वो डिह्यूमनाइजेशन की जो प्रक्रिया है वह टेक्नोलॉजी में होती है। टेक्नोलॉजी महत्त्वपूर्ण होती है। मैन पॉवर महत्त्वपूर्ण नहीं होती। मशीन जो है हॉर्स पॉवर से जानी जाती है। मैन पॉवर से नहीं जानी जाती। डिह्यूमनाइजेशन करती है। कठिनाई ये थी कि गांधी जी ये बात कहते, जब अंग्रेज़ हिन्दुस्तान में नहीं आये थे। और उद्योगीकरण नहीं शुरू हुआ था। गांधी जी को यह अच्छा-सा वाकया 100 साल बाद याद आया, अगर 100 साल पहले यही बातें करते और रोकने की कोशिश करते जब टेक्नोलॉजी का विकास और इंटरनेशनल ट्रेड मार्केट आदि-आदि चीज़ें नहीं हुई थीं। जब कोयले की खानें खोदी गयी हों और जब कोयले का इस्तेमाल पॉवर के लिए किया जाने लगा हो, जब घोड़ा ही पॉवर हुआ करता था, हॉर्स पॉवर और मशीन नहीं होती थी, अगर तब यह ख़याल आता और तब उद्योगीकरण को रोकने की बात करते तब बात समझ

में आती है। आप देखेंगे कि इस तरह के उपन्यास 19वीं शताब्दी में कई जगहों पर लिखे गये थे। इंडस्ट्रियलाइजेशन के लिए डी.एच. लॉरेन्स का लिखा हुआ नॉवेल है–पूरा का पूरा कोयले की खानें जब शुरू हुई थीं तो उसको लेकर कई नॉवेल लिखे गये थे। बाल्जाक ने लिखा, एमिल ज़ोला ने लिखा। नया-नया जब पूँजीवाद और उद्योगीकरण की चिमनियाँ और चिमनियों से निकलते धुएँ वग़ैरह तमाम चीज़ों को लेकर बहुत से उपन्यास 19वीं शताब्दी में लिखे गयें और उसका बड़ा विरोध लोगों ने किया। तब की बात समझ में आती है, लेकिन गांधी जी को जब समझ में आयी, प्रभाव उन पर पड़ा, देर से यह बात उनको सूझी, जबकि यह काम शुरू हो चुका था और उस दौर के लिए केवल एक व्यक्ति महत्त्वपूर्ण नहीं था जिस समय राजा होते थे, कुछ नवाब होते थे तब तो एक आदमी से कह कर आप रोक सकते थे, लेकिन स्टेट पॉवर आ गया था। और राज्य की सत्ता का मतलब है कि लोहे की मशीन से ज़्यादा मज़बूत राज्य की मशीन बन गयी। स्टेट नाम का पॉवर आ गया था। रियासतों के प्रशासनिक ढाँचे को देखें और अंग्रेज़ी राज के प्रशासनिक ढाँचे को देखें तो जो पुलिस सर्विस, आर्मी, प्रशसान, हेल्थ सर्विस तरह-तरह की जो सेवाएँ शुरू हुईं, जिस तरह ऑफिसर्स की मशीनरी बनी उसकी तुलना किसी रियासत से करें। हैदराबाद की रियासत कैसी थी और अंग्रेज़ी राज्य जो है वह ख़ुशहाल नज़र आता था। पूरा राजस्थान पिछड़ गया। इन्दौर का एक हिस्सा जिसमें कुछ राजा ऐसे कल्पनाशील हुए जिन्होंने अंग्रेज़ों की नक़ल पर अपने यहाँ मशीनरी, औद्योगिक चीज़ों को इस्तेमाल किया। बड़ौदा आगे था, इन्दौर भी बहुत जगहों पर कल-कारख़ाने खोल रहा था लेकिन राजस्थान की रियासतें जो थीं वे नाच-गाने में और बाकी रंगरेलियों में लगी हुई थीं, इसलिए राजस्थान पिछड़ा रह गया 1857 के आन्दोलन के समय में उन रियासतों की भूमिका क्या थी? और जहाँ अंग्रेज़ी राज कायम हुआ था तो वहाँ लखनऊ का नक़्शा देखें, वाजिदअली शाह का लखनऊ, लखनऊ नहीं रह गया, बल्कि 1957 के आस-पास वह नक़्शा काफ़ी बदला था और उसके बाद तेज़ी से बदला। गांधी जी ने एक बार 1945 के आस-पास ऐलान किया था कि मैं कांग्रेस को भंग कर देना चाहता हूँ। घबराये लोग। गांधीजी ने उसके पहले जो एक चुनाव हुआ था तो देखा था कि कांग्रेसियों ने बहुत भ्रष्टाचार किया है। कुछ दिनों के लिए जो अन्तरिम सरकारें बनी थीं, जो सरकार 1937-1938 के बाद ख़त्म हो गयी थी। उतने ही दिनों में इतना भ्रष्टाचार कांग्रेसियों में आया कि इतने दु:खी हुए गांधी जी कि उनकी आँख खुल गयी कि ये कांग्रेसी थोड़े दिनों की अधूरी सरकार मिली है पूरा भी इनको नहीं मिला है, उतने में ही इतने भ्रष्ट हो गये। तो गांधी जी इतने दु:खी

हुए और उन्होंने कहा अब अगर चुनाव होगा और सब कुछ ऐसा ही होगा तो कांग्रेस पार्टी को भंग कर देना चाहिए। कांग्रेस पार्टी के रूप में नहीं चलेगी। गांधी के मूल में कहीं एक तरह का एनार्किज़्म था।

सत्याग्रह आन्दोलन में तीन लाइन का लिखा हुआ पर्चा पढ़ना होता था और पुलिस खड़ी रहती थी और अन्त में आपको वे रिक्शे पर बैठाकर थाने ले जाते थे। व्यक्तिगत सत्याग्रह आन्दोलन उसका नाम था और गांधी जी ने कहा हर व्यक्ति सत्याग्रह करेगा, कांग्रेस नहीं करेगी, यह घटना 1914 के आस-पास की है। इसलिए व्यक्तिगत सत्याग्रह चलाया था गांधी जी ने पर सज़ा तो सामूहिक हुआ करती थी। इसलिए व्यक्तिवादिता थी उसमें राज्य की सत्ता को कम कर दिया। राज्य की सत्ता को गांधी जी ने समझा कि अगर कंाग्रेसी एम.एल.ए., एम.पी. होने लगेंगे और मन्त्री होने लगेंगे तो लोभ-लालच, रुपये-पैसे में पड़कर संस्था बरबाद हो जायेगी और पवित्र उद्देश्य जो है वह मतवाला हो जायेगा। इसलिए उन्होंने ऐसा तय किया था। पर यह नहीं समझा उन्होंने कि स्टेट में अगर पके-पकाये कार्यकर्त्ता कांग्रेस के, जिसमे गांधी जी भी थे, अगर नहीं रहेंगे तो इसके बाद भी ब्यूरोक्रेसी तो रहेगी। स्टेट पॉवर का मतलब एम.पी., एम.एल.ए. मन्त्री नहीं होता। आज हम सभी लोग जानते हैं, स्टेट पॉवर का मतलब है ब्यूरोक्रेसी। इसलिए वह ब्यूरोक्रेसी जो मशीनरी है अंग्रेज़ सजा करके गया था। यह कहना इसलिए ज़रूरी है कि लेनिन ने जब क्रान्ति की तो पहला काम किया कि ब्यूरोक्रेसी को ख़त्म कर दिया। इसलिए कि जब समाजवाद ला रहे हैं तो समाजवाद की मशीनरी वह नहीं होगी जो ज़ार के ज़माने की मशीनरी थी। पूरी ब्यूरोक्रेसी लेनिन ने बन्द की और तब इतने वर्षों तक वह समाजवादी व्यवस्था कायम रह सकी। वह एक नयी मशीनरी बनायी गयी थी जो ज़ार की नहीं थी इसे गांधी जी भूल गये और शायद जवाहरलाल वग़ैरह जो यह जानते थे कि जब स्वराज मिला और नयी सरकार बनी तो वो ही आई.सी.एस. भरे पड़े थे।

गांधी जी स्टेट पॉवर के विकल्प के बारे में यह सोच नहीं सके कि कैसे इस स्टेट पॉवर को बदला जा सकता है। इसलिए 'हिन्द स्वराज' की बात करते समय जो उसकी सीमाएँ हैं, उस पर भी एक तरह की अराजकतावाद गांधी जी के विचारों से निकलता है। इसका नतीजा यह हुआ कि गांधीवाद काफ़ी सीमित हो गया केवल किसी गाँव में जैसे आश्रम है, यहाँ सेवाग्राम आप देखेंगे तो चरखा कातना, रामधुन करना, संध्या को प्रार्थना करना, नाली साफ़ करना, झाड़ साफ़ करना, झाड़ू लगाना, छोटे-छोटे पैमाने पर यही काम सेवादल का, बाक़ी चीज़ों का रह गया था। पूरे समाज को बदलने का जो नक़्शा गांधी का हो सकता, वह ख़त्म हो गया। इसलिए 'हिन्द

स्वराज' में जो सम्भावनाएँ थीं, उन सारी सम्भावनाओं को ख़त्म करके गांधी जी को लोगों ने विनोबा भावे बना दिया। भूदान आन्दोलन दान-दक्षिणा वाली चीज़ हो गयी। नागार्जुन ने जो कविता लिखी:

*ऊसर बंजर और श्मशान*
*सन्त विनोबा पावे दान*
*हर-हर गंगे, हर-हर गंगे।*

तो ऊसर बंजर और श्मशान का दान दिया जाने लगा था। सत्ता दान दी जाती है तो कैसे दान होता है यह तो हम भुगत चुके हैं अंग्रेज़ ऐसा दान देकर गये कि आज तक भुगत रहे हैं, हम वे लोगों के टुकड़े-टुकड़े करके गये। गांधी जी एक बात ज़रूर समझते थे और इस आख़िरी बात की ओर मैं इशारा करूँगा। गांधी जी ने इसका नाम 'हिन्द स्वराज' क्यों रखा? हम लोग अभी कल स्वतन्त्रता दिवस मनाएँगे गांधी जी ने कभी इंडिपेंडेंस शब्द इस्तेमाल नहीं किया क्योंकि यह निगेटिव है–सिर्फ़ यह कह देना काफ़ी नहीं है कि दूसरे पर हम डिपेंड नहीं करेंगे। डिपेंडेंस का उल्टा इन-डिपेंडेंस। गांधी जी ने कहा 'स्वराज' सेल्फ रूल और उसी का नाम है होमरूल। अपना राज होने की बात है। इंडिपेंडेंस दूसरे का न हो तो किसका हो। इससे निकलेगा तो यही कि 'वह अपना हो' पर वह निकलता नहीं है। गांधी जी ने कभी इंडिपेंडेंस दूसरे का न हो तो किसका हो। इससे निकलेगा तो यही कि वह अपना हो' पर वह निकलता नहीं है। गांधी जी ने कभी इंडिपेंडेंस शब्द का इस्तेमाल नहीं किया पहली किताब जो लिखी, इसलिए मैं फिर कह रहा हूँ गांधी ने यह किताब गुजराती में लिखी थी। अंग्रेजी पढ़े-लिखे आदमी थे, लेकिन 'हिन्द स्वराज' अपनी भाषा में लिखी। जो अपना विचार है वह अपनी भाषा में हो सकता है। अंग्रेजी में लिखेंगे तो–

*दिल से तो हर मुआमला करके चले थे साफ हम*
*कहने में उनके सामने बात बदल-बदल गयी।*

दिल की बात कहना चाहो दूसरे की भाषा में तुम्हारी वो बात नहीं होगी जो अपनी भाषा में होगी। गांधी जी 'बार एट लॉ' थे। बहुत अच्छी अंग्रेज़ी जानते लिखते थे। लेकिन 'हिन्द स्वराज' उन्होंने गुजराती में लिखी क्योंकि जब स्वराज की बात करेंगे तो 'स्व' भाषा में की जानी चाहिए। अपनी भाषा में ही अपने राज की बात की जा सकती है। यह वो देश है जो 'स्व' को, सेल्फ को मानता है ख़ुदी को कर बुलन्द इतना–इसलिए ख़ुदा के पास तो बाद में जाइयेगा–'ख़ुदी' महत्त्वपूर्ण है। इक़बाल बार-बार ख़ुदी की बात करते थे। यह वह दौर था कि उस ज़माने में हम लोग कम-से-कम इतने खुद्दार थे कि 'ख़ुदी' की बात करते थे, आत्म की बात करते थे,

'स्व' की बात करते थे। आप देखें कि शब्दों से बहुत फ़र्क़ पड़ता है। अंग्रेज़ी का एक शब्द है 'ऑटोबायोग्राफी' और हिन्दी में उसको 'आत्मकथा' कहते हैं। 'ऑटो' का अनुवाद 'आत्म' नहीं है। ऑटोरिक्शा भी होता है भाई। इसलिए ऑटो से आत्म निकलता है लेकिन वह आत्म नहीं हैं। स्वराज का मतलब है। अपने ऊपर अपने 'स्वत्व' का राज और अपने ऊपर, अपने घर के ऊपर घर का राज। एक जमाने में गांधीजी ने एनी बेसेन्ट के साथ होमरूल चलाया था। इसलिए इंडिपेंडेंस के बजाय गांधी बार-बार स्वराज की बात करते थे। आज के दौर में यह इसलिए भी ज़रूरी है कि हम लोग वह जो विकास का मॉडल अपना रहे हैं वह पराया है। अमेरिका हमारे दिमाग में है कि हम कब अमेरिका बनें, अमेरिका जैसा बनें–

*तू अगर मेरा नहीं बनता न बन, अपना तो बन*

इसलिए 'हिन्द स्वराज' अपने आप में 'स्व' के प्रति आग्रह है जो व्यक्ति नहीं बल्कि अपनी पूरी परम्परा को ध्यान में रखते हुए उन चीज़ों को रोशनी में फिर एक बार नया प्रारूप नया ढाँचा बनाये जाने का संकल्प है पूँजीवाद के बारे में जैसा मार्क्स ने कहा था, जो आज भी सही है कि 'एज ऑफ़ कैपिटल' अपने ही अन्तर्विरोधों की पराकाष्ठा पर जब तक नहीं पहुँचेगा तब तक टूटेगा नहीं। हमारी आज की चीज़ एक ऐसा तन्त्र है कि अपने कंट्राडिक्शन से भहराकर गिरेगा। और जब तक आप चाहे तेजी ले आयें, कोशिश करें, जल्दी तोड़ दें लेकिन यह कम्पलीट प्रोसेस है। साइंस में काम करने वाले लैबोरेटरी वाली चीज़ों से आप जो करते हैं सो करते हैं। पर "It will take its own course" इसलिए यह केवल यूजफल थिंकिंग से या शाप देने से टूटने या नष्ट होने वाला नहीं। इसकी एक लॉजिक है—इंटर्नल। आप उसको एक्सपेलाइट कर सकते हैं लेकिन यह तुरन्त नहीं हो सकता। उसका नमूना यह है कि समाजवाद कायम करके भी चीन और रूस को कैपिटल की तरफ़ आना पड़ा। और सुनता हूँ मैं कि अमेरिका में मार्क्स फिर बहुत पॉपुलर हो गया है। कैपिटल पर नये ढंग से अखबारों में लेख लिखे जा रहें हैं, विचार किये जा रहे है। कैपिटल पर मार्क्स पर नये सिरे से लोग अध्ययन कर रहें हैं। इन तमाम चीज़ों को समझने के लिए बदक़िस्मती यह है कि हमारे यहाँ ख़ुद कम्युनिस्ट और मार्क्सवादी को छोड़ चुके हैं। अब तो पार्टी की जनरल सेक्रेटरी की रिपोर्ट भी नहीं ठीक से पढ़ते हैं तो मार्क्स की कैपिटल और बाक़ी चीजों को क्या पढ़ेंगें। ऐसे दौर में मैं समझता हूँ कि ज़रूरत इस बात की है कि 'हिन्द स्वराज' पर कुछ प्रोजेक्ट इस तरह का लिया जाय कि कुछ ठोस हो, कुलपति की देख-रेख में कुछ लोग यहाँ से निकलें जो नये सिरे से इस किताब के आधार पर महत्त्वपूर्ण लिखें। बहुत लिख गया है 'हिन्द स्वराज' पर

माफ़ कीजिएगा इसमें भगवा वाले भी बहुत से शामिल हैं। हमारे जे.एन.यू. का एक लड़का था मुझी से लोकार्पण करवाया उसने सोशियोलॉजी में पढ़ता था, पूरब का रहने वाला था इसलिए भोजपुरिया होने के कारण मेरे पास ही पहुँचा। मैं क्या करता, गांधी शांति प्रतिष्ठान में उसका लोकार्पण हुआ था। और मुझे बक-बक करना पड़ा था। उसके ख़िलाफ़ बोलना पड़ा था। तो इसलिए आप नहीं करेंगे तो वो भगवा वाले जो है। ये 'हिन्द स्वराज' का दुरुपयोग करेंगे और उसके बहाने वो ऐसी चीज़ों को ढूंढ़कर निकालेंगे कि लगेगा कि गोललकर और गांधी जी में कोई फ़र्क़ ही नहीं था। इसलिए मैं यह कह रहा हूँ कि कम-से-कम इस विश्वविद्यालय परिवार से जुड़े रहने के कारण और एक रोशन ख़याल कुलपति, प्रतिकुलपति बाक़ी लोगों के रहते हुए कम-से-कम रोशनी की एक किरण यहाँ से आयेगी तो इस बुढ़ापे में अन्तिम साँस लेते समय मुझे ख़ुशी होगी कि कम-से-कम कुछ तो हो रहा है।

(14 अगस्त, 2009 को महात्मा गांधी अन्तरराष्ट्रीय हिन्दी विश्वविद्यालय, वर्धा में दिया गया व्याख्यान। प्रस्तुति एवं लिप्यान्तरण: कमलेश कुमार यादव शोध अध्येता महात्मा गांधी अन्तरराष्ट्रीय हिन्दी विश्वविद्यालय, वर्धा)

# राजनीति और हिन्दी भाषा

'राजनीति और हिन्दी भाषा' के विमर्श का मंगलाचरण एक कविता से करना चाहता हूँ :

*हम लड़ रहे थे*
*समाज को बदलने के लिए एक भाषा का युद्ध*
*पर हिन्दी का प्रश्न अब हिन्दी का प्रश्न नहीं रह गया*
*हम हार चुके हैं*

*अच्छे सैनिक*
*अपनी हार पहचान*
*अब यह सवाल जिसे भाषा की लड़ाई हम कहते थे*
*इस तरह पूछ :*
*हम सब जिनके ख़ातिर लड़ते थे*
*क्या हम वही थे?*
*या उनके विरोधियों के हम दलाल थे*
*–सहृद उपकारी शिक्षित दलाल?*

*आज़ादी के मालिक जो हैं ग़ुलाम हैं*
*उनके ग़ुलाम हैं, जो वे आज़ाद नहीं*
*हिन्दी है मालिक की*
*तब आज़ादी के लिए लड़ने की भाषा फिर क्या होगी?*

*हिन्दी की माँग*
*अब दलालों की अपने दास-मालिकों से*
*एक माँग है*

*बेहतर बर्ताव की*
*अधिकार की नहीं*

*वे हिन्दी का प्रयोग अंग्रेज़ी की जगह*
*करते हैं*
*जबकि तथ्य यह है कि अंग्रेज़ी का प्रयोग*
*उनके मालिक हिन्दी की जगह करते हैं*
*दोनों में यह रिश्ता तय हो गया है*
*जो इस पाखण्ड को मिटायेगा*
*हिन्दी की दासता मिटायेगा*
*वह जन वही होगा, जो हिन्दी बोलकर*
*रख देगा हिरदै निरक्षर का खोलकर*

कविता का शीर्षक है 'हिन्दी' और कवि हैं रघुवीर सहाय। रचनाकाल अनुमानत: संसद में राजभाषा विधेयक पास होने और दक्षिण में हिन्दी-विरोधी उग्र हंगामे के बाद का है। यह कविता 'लोग भूल गये हैं' नामक संग्रह में संकलित है, जिसमें 1975-82 के बीच की लिखी कविताएँ हैं।

रघुवीर सहाय ने 'हमारी हिन्दी' शीर्षक एक कविता पहले भी लिखी थी 1957 में, जो लखनऊ से प्रकाशित होने वाली 'युग चेतना' के जून-जुलाई अंक में प्रकाशित हुई थी। उस कविता से कुछ अंश पढ़कर हिन्दी भक्त इतने क्षुब्ध हुए थे कि उन्होंने उस पत्रिका की भरे बाज़ार होली जलाई थी। उस कविता की आरम्भिक दो पंक्तियाँ मुझे आज भी याद हैं :

हमारी हिन्दी एक दुहाजू की नयी बीवी है
बहुत बोलने वाली, बहुत खाने वाली, बहुत सोने वाली!

स्पष्ट है कि हिन्दी की चिन्ता करने वाला यह कवि कोई कठमुल्ला हिन्दी सेनानी नहीं है।

पेशे से एक सजग पत्रकार की हैसियत से रघुवीर सहाय ने हिन्दी के राजभाषा बनाये जाने के लम्बे दौर में हिन्दी की राजनीति पर काफ़ी लिखा है—हिन्दी के साहित्यकारों में सम्भवत: सबसे अधिक।

इस अभियान में मुख्य मुद्दा है राजभाषा हिन्दी को अंग्रेज़ी की अनुवाद-भाषा की हैसियत में रखना।

शिकायत यह कि "अंग्रेज़ी से हर चीज़ का अनुवाद करने की प्रकाण्ड परम्परा इन 15 वर्षों में पड़ गयी है। श्रेष्ठ साहित्य का अनुवाद या विज्ञान-ग्रन्थों का अनुवाद और बात है, पर मामूली-मामूली अर्ज़ियों, दफ़्तरी कार्रवाइयों और विज्ञप्तियों के अनुवाद क्यों? क्या इन कामों के लिए भी अंग्रेज़ी के दफ़्तरी मुहावरों से चिपके रहना ज़रूरी है? दरअसल, हम अंग्रेज़ी हटाकर हिन्दी लाने की बात तो करते हैं, पर बड़ी हद तक अंग्रेज़ी के उस मुहावरे को हिन्दी में ले आना चाहते हैं, जो साहबों ने अपनी शान में चलाया था। यदि जनता की भाषा में सरकारी काम होता है, तो सरकारी काम की भाषा से आडम्बर और धूम धड़ाका निकाल फेंकना होगा।"

गरज़ कि हिन्दी यदि एक अनुवाद भाषा नहीं, बल्कि सचमुच ही राजभाषा है तो "सही उपाय है अंग्रेज़ी से हिन्दी में अनुवाद नहीं होना चाहिए। हिन्दी या अन्य भाषाओं से ज़रूरत पड़ने पर अंग्रेज़ी में अनुवाद करा लिया जा सकता है। ऐसा करके आज भी यदि हम आने वाली या कि वर्तमान ही सही, पीढ़ी को अपनी भाषा में सोचने और लिखने का अवसर दे सकें, तो हम हिन्दी को एक दासभाषा बनने से बचा सकेंगे।"

विडम्बना यह है कि हिन्दी कहने को तो राजभाषा का रुतबा पा गयी, लेकिन हक़ीक़त में अपना आपा खो बैठी। हिन्दी, दरअसल, राजनीति का मोहरा बन गयी और एक पेचीदा राजनीतिक खेल में अन्तत: 'माया मिली न राम!' आरम्भ की कविता में ठीक ही कहा गया है कि हम हार चुके हैं! ज़रूरत इस सच को सीधे-सीधे स्वीकार करने की है।

इस कड़वे सच को स्वीकार करने का साहस कोई संवेदनशील और आत्मसजग साहित्यकार ही कर सकता है।

प्रसंगवश मुझे अंग्रेज़ी के तेज़-तर्रार उपन्यासकार जॉर्ज आर्वेल याद आ रहे हैं, जिन्होंने द्वितीय विश्वयुद्ध के ठीक बाद 1946 में 'राजनीति और अंग्रेज़ी भाषा' (Politics and the English Language) शीर्षक एक लेख लिखा था। लेख के आरम्भ में यह दो टूक आत्म-स्वीकृति है कि अंग्रेज़ी भाषा सख़्त बीमार हालत में है। फिर उसके कारण बताते हुए कहा है कि अन्तिम विश्लेषण में भाषा के ह्रास या पतन के कारण राजनीतिक और आर्थिक ही होते हैं, किन्तु भाषा के भ्रष्ट होने और राजनीति के बीच विशेष सम्बन्ध होता है। उनकी दृष्टि में राजनीतिक लेखन बुरा लेखन होता है—बुरा तभी नहीं होता है, जब उसका लेखक विद्रोही होता है। बड़ी बात यह है कि बुरे लेखन के ढेर सारे कारणों को गिनाने के बाद अन्त में आर्वेल अपने पाठकों को सावधान करते हुए कहते हैं कि मेरे इस लेख में भी वही ग़लतियाँ मिल सकती हैं, जिनका विरोध किया गया है। आर्वेल के इस निबन्ध को समझने

के लिए द्वितीय विश्वयुद्ध की उस राजनीतिक पृष्ठभूमि को ध्यान में रखना ज़रूरी है, जिसका सम्बन्ध फ़ासिस्ट ताक़तों के धुआँधार प्रोपेगेंडा से है। कहना न होगा कि आर्वेल के निबन्ध की विश्वसनीयता के सबसे मज़बूत आधार वे लगभग आधे दर्जन चुने हुए नमूने हैं, जिनका उन्होंने सूक्ष्म भाषा-विश्लेषण किया है।

सच तो यह है कि इस दौर में हम राजनीति से बचने की कोशिश भी करें तो बच नहीं सकते। यहाँ तक कि कला, साहित्य और विज्ञान की कोई शाखा भी राजनीति से अछूती नहीं रह सकती। राजनीति की इस संक्रामक शक्ति से पहले भी हिन्दी के साहित्यकार परिचित थे।

उदाहरण के लिए जयशंकर प्रसाद के नाटक '**चन्द्रगुप्त**' (1932) के प्रथम अंक, दृश्य सात का यह अंश देखें:

**मगध का बन्दी गृह**

**वररुचि :** विष्णुगुप्त! मेरा वार्तिक अधूरा रह जायेगा। मान जाओ! तुमको पाणिनि के कुछ प्रयोगों का पता लगाना होगा, जो उस शालातुरीय वैयाकरण ने लिखे हैं। फिर से एक बार तक्षशिला जाने पर उनका...

**चाणक्य :** मेरे पास पाणिनि में सिर खपाने का समय नहीं! भाषा ठीक करने से पहले मैं मनुष्यों को ठीक करना चाहता हूँ। समझे!

**वररुचि :** जिसने 'श्व-युव-मघोनामतद्धिते' सूत्र लिखा है, वह केवल वैयाकरण ही नहीं दार्शनिक भी था! उनकी अवहेलना।

**चाणक्य :** यह मेरी समझ में नहीं आता, मैं कुत्ता, साधारण युवक और इन्द्र को कभी एक सूत्र में नहीं बाँध सकता। कुत्ता कुत्ता ही रहेगा, इन्द्र इन्द्र! मैं कुत्ते को कुत्ता ही बनाना चाहता हूँ। नीचों के हाथ में इन्द्र का अधिकार चले जाने से जो सुख होता है, उसे मैं भोग रहा हूँ। तुम जाओ।

**वररुचि :** क्या मुक्ति भी नहीं चाहते?

**चाणक्य :** तुम लोगों के हाथ से वह भी नहीं।

किसी तरह की व्याख्या के बिना भी स्पष्ट है कि व्याकरण जैसे ग़ैर-राजनीतिक विषय को राजनीति के लिए इस्तेमाल करने की कोशिश की गयी। कामयाबी हासिल नहीं हुई, यह और बात है। ख़ास बात यह है कि राजनीति व्याकरण जैसे ग़ैर-राजनीतिक विषय को भी इस्तेमाल कर सकती है। जयशंकर प्रसाद इस बात को 1932 ई. में जानते थे।

मुझे स्वयं तथ्य का बोध 1955-56 में संयोग से पुणे में हुआ। पुणे में भाषाविज्ञान के प्रथम ग्रीष्म स्कूल की सूचना मिली। उन दिनों मैं काशी हिन्दू

विश्वविद्यालय में पढ़ा रहा था। भाषाविज्ञान मेरा मुख्य विषय था। प्रवेश के लिए फार्म भरकर डेक्कन कॉलेज, पुणे भेज दिया। प्रवेश की अनुमति मिल गयी। वहाँ भारत से प्रो. सुनीति कुमार चाटुर्ज्या, प्रो. बाबूराम सक्सेना, प्रो. मसूद हुसैन आदि तथा अमेरिका से होइनिंग्सवाल, गम्पर्ज़ आदि तीन-चार भाषा वैज्ञानिक पधारे थे। स्कूल प्रमुख प्रबन्धक डेक्कन कॉलेज के निदेशक प्रो. एस.एम. कत्रे थे। नयी बात यह थी कि स्कूल में मुख्यत: वर्णनात्मक भाषाविज्ञान की शिक्षा का शुभारम्भ हो रहा था। इससे पहले भारत में प्राय: ऐतिहासिक भाषाविज्ञान ही एम.ए. कक्षा में पढ़ाया जाता था।

बहरहाल, सत्रान्त के कोई हफ़्ते/डेढ़ हफ़्ते पहले अचानक यह सूचना मिली कि हमारे शिक्षकों में से एक अमेरिकी शिक्षक को देश छोड़ देने का नोटिस आ गया और वे सचमुच ही पुणे छोड़कर चले गये। अफ़वाह यह फैली कि वे सी.आई.ए. के एजेंट पाये गये और भारत की खुफ़िया एजेंसी की रिपोर्ट के आधार पर उन्हें भारत छोड़कर अपने देश लौट जाने का आदेश दे दिया गया।

बात आयी-गयी हो गयी। उसके बाद पुणे में दूसरा ग्रीष्म स्कूल अगले साल फिर हुआ। अमेरिका से ही दूसरे भाषाविज्ञानी फिर आये। मैं उसमें भी पढ़ने गया। इसके बाद भाषाविज्ञान के ग्रीष्म स्कूल भारत में और हुए, लेकिन मैं किसी में नहीं जा पाया।

वर्षों बाद संयोग से मेरे हाथ एक पुस्तक लगी : The Politics Linguistics by FREDERICK J. NEWMEYER

The University of CHICAGO PRESS,1986

उस पुस्तक में अमेरिका में SIL (Summer Institute of Linguistics) नामक एक संस्था है जिसने तथाकथित शीतयुद्ध के दौर में भारत में भी ग्रीष्म-स्कूल में भाषा विज्ञान के प्रशिक्षण का कार्य आरम्भ किया और वह फोर्ड फाउंडेशन के अनुदान से चलता है। इस संस्था का सम्बन्ध अमेरिका की गुप्तचर संस्था सी.आई.ए. से भी बताया जाता है। ग्रीष्म स्कूल के अलावा यह भारत में 'लिटरेसी मिशन' नामक संस्था भी चलाती है। मेरी जानकारी में उन्हीं दिनों लखनऊ में एक 'लिटरेसी मिशन' स्थापित हुआ, जिसमें कुछ कार्यक्रम अज्ञेय जी ने भी किये थे।

जो हो, इस घटना का ज़िक्र मैंने प्रसंगवश इसलिए किया कि राजनीति इस दौर में इतनी सर्वव्यापक और प्रभावशाली है कि उससे जीवन और ज्ञान का कोई भी क्षेत्र अछूता नहीं रह सकता। ख़ासतौर से तथाकथित भूमण्डलीकरण के इस सर्वव्यापी दौर में जाने-अनजाने सभी कुछ कहीं-न-कहीं एक सूक्ष्म सूत्र में बँधा हुआ है। इसलिए आवश्यकता है, तो सिर्फ़ इस सच के बोध की और ज़रूरत पड़ने पर प्रतिरोध की।

(यह लेख 9 मार्च 2007 को लिखा था)

# हिन्दी की स्थिति 'राष्ट्रपति' जैसी, अंग्रेज़ी का दर्जा 'प्रधानमन्त्री' जैसा

## हिन्दी को त्रिशंकु बना दिया

आज हिन्दी की स्थिति त्रिशंकु की है, स्वाधीनता आंदोलन के दौरान उसे राष्ट्रभाषा बनाने की मांग हुई और स्वाधीन भारत की वह राजभाषा बना दी गयी, जैसे त्रिशंकु को सशरीर स्वर्ग जाने के लिए कहा गया था, लेकिन उसे अचानक बीच में इस तरह रोक दिया गया कि न वह स्वर्ग जा सकता और न धरती पर वापस आ सकता था, वैसे ही हिन्दी को बना दिया गया है, वह न तो राजभाषा का दर्जा पाकर स्वर्ग जा सकती है और न ही गिरकर धरती पर आ सकती है, कभी-कभी तो लगता है कि भाषा के क्षेत्र में हिन्दी की स्थिति भारत के 'राष्ट्रपति' जैसी है और अंग्रेज़ी को प्रधानमन्त्री की हैसियत प्राप्त है। हिन्दी एक सम्मानजनक पद पर तो है, पर व्यवहार में दूसरे दर्जे पर है और सारे अधिकार 'अंग्रेजी' के पास हैं, यह ऐसी हक़ीक़त है जिसे बदलने का कोई तरीक़ा फ़िलहाल दिखाई पहीं पड़ रहा है, ऐसे में हमारा समूचा देश द्विभाषी होने के लिए अभिशप्त है।

## त्रिभाषा फॉर्मूला आज भी प्रासंगिक

कोई भाषा किसी दूसरी भाषा का विकल्प नहीं हो सकती और मातृभाषा का तो कोई विकल्प हो ही नहीं सकता, यह माना गया है कि माँ के दूध के साथ परिवार में जो भाषा सीखी जाती है, उसकी जगह कोई दूसरी भाषा नहीं ले सकती, जो भी कोई दूसरी भाषा सीखेगा, वह 'अतिरिक्त' होगी, 'विकल्प' नहीं, मैं तो कहता हूँ कि जो अपनी बोली भूल जाता है वह कभी अच्छी हिन्दी न तो बोल पाता है और न लिख पाता है, इसलिए आज अंग्रेजी स्कूलों में पढ़ रहे बच्चों को बोलियाँ सिखाने की ज़रूरत है, ताकि वे अच्छी हिन्दी सीख सकें, इस लिहाज़ से 'त्रिभाषा' फॉर्मूला आज भी प्रासंगिक है, हर व्यक्ति को अपनी मातृभाषा के अलावा हिन्दी और अंग्रेजी का ज्ञान होना चाहिए।

## 'नक़ली हिन्दी' से मिले मुक्ति

हिन्दी का नाम लेते ही उसके दो रूप सामने आते हैं, एक राजभाषा हिन्दी और दूसरी, वह हिन्दी जो बोलचाल या हमारे लोकप्रिय साहित्य में दिखती है, अधिकांश विरोध राजभाषा को लेकर किया जाता है मज़ाक उड़ाते हुए उसे 'नक़ली हिन्दी' की संज्ञा दी जाती है, चूँकि यह भाषा सरकार ने बनाई है और सरकारी सत्ता-प्रतिष्ठान पर अंग्रेज़ी वालों का दबदबा है, इसलिए राजभाषा के नाम पर जो भी लिखा जाता है, वह अंग्रेज़ी का अनुवाद होता है, 'अनुवाद' हमेशा 'मूल' की छाया ही होता है और इसलिए वह हमेशा नक़ली ही रहेगा, मुझे तो लगता है कि सत्ता-प्रतिष्ठान पर काबिज़ अंग्रेज़ीदां अफ़सरों ने ही राजभाषा को नक़ली बना दिया, सरकार को चाहिए कि वह राजभाषा को अंग्रेज़ी के अनुवाद से मुक्ति दिलाए।

## व्यावसायिक हितों के टकराव से नुक़सान

हिन्दी के विरुद्ध दुष्प्रचार सबसे ज़्यादा उन माध्यमों ने किया, जिन पर अंग्रेज़ी का वर्चस्व है, हिन्दी विरोध से इनका व्यावसायिक हित जुड़ा है, यह अनायास नहीं है कि आज विश्व के जिन देशों में सबसे ज़्यादा अंग्रेज़ी के लेखक पैदा हुए हैं, उनमें भारत सबसे ऊपर है, सिर्फ़ साहित्य ही नहीं बल्कि समाज, राजनीति, अर्थ और ज्ञान-विज्ञान के अन्य विषयों पर दुनिया के सारे बड़े प्रकाशक भारतीय लेखकों की अंग्रेज़ी पुस्तकें छाप रहे हैं और भारत को इसका एक बड़ा बाज़ार बनाने के अभियान में जुटे हैं। 1947 के पहले भारत में अंग्रेज़ी में लिखने वालों की संख्या उँगलियों पर गिनी जा सकती थी। लेकिन आज यह संख्या सैकड़ों पार कर चुकी है, मुल्कराज

आनंद, राजाराव, आर.के. नारायण के बाद नाम तलाशना पड़ता था, लेकिन आज दर्जनों नाम ऐसे हैं जो अंग्रेजी के बड़े-बड़े पुरस्कार पा रहे हैं, पहले अंग्रेज़ी लिखने वाले भारतीय लेखकों के ज़्यादातर प्रकाशक भारत के होते थे, लेकिन अब विदेशी प्रकाशकों की पैठ बढ़ गयी है। चूंकि हिन्दी की लोकप्रियता को घटाये बग़ैर भारत में अंग्रेज़ी का बाज़ार नहीं बढ़ेगा, इसलिए देश का अंग्रेज़ीदां तबका हिन्दी का विरोध कर रहा है।

## ग्लोबलाइज़ेशन का तर्क

एक यह भी तर्क दिया जा रहा है कि ग्लोबलाइजेशन के युग में अब राष्ट्र-राज्य की अवधारणाएं लगभग ख़त्म हो गयी हैं। भारत भी अब एक राष्ट्र नहीं रहा, वह कई क्षेत्रीय अस्मिताओं का पुंज है। चूँकि एक राष्ट्र की बात ही ख़त्म हो रही है और उसके टुकड़े ज़्यादा महत्त्वपूर्ण हो रहे हैं, तो फिर एक भाषा की ज़रूरत क्यों? हिन्दी को क्यों राष्ट्रभाषा माना जाये? जरूरत एक सम्पर्क भाषा भी है, इसलिए इसे भारत की सम्पर्क भाषा बनाने से फ़ायदा ही होगा। राष्ट्र-राज्य को समाप्त मानने वाली यह धारणा दुर्भाग्य से उन तथाकथित धर्मनिरपेक्ष अंग्रेज़ीदां बौद्धिकों की है जिन्होंने दो दशक पहले 'सबॉल्टर्न स्टडीज' के नाम से इतिहास-लेखन के क्षेत्र में एक नये 'स्कूल' की स्थापना की थी। ये लोग अंग्रेज़ी में सोचते हैं और अंग्रेज़ी का ही खाते हैं, पश्चिम की नक़ल करते हैं और अपने समाज से कटकर वहीं के समाज में अपनी जड़ें तलाशते हैं, इस तबके ने जो नया दर्शन गढ़ा है उसे मैं 'खण्ड-खण्ड पाखण्ड' कहता हूँ यह दर्शन न सिर्फ़ अंग्रेज़ी के वर्चस्व और पश्चिमी विचारधारा की रक्षा करता है बल्क बल्कि परोक्ष रूप से नवउपनिवेशवाद का हिमायती भी है, इसलिए हिन्दी का प्रश्न सिर्फ़ अपनी भाषा के प्रति मोह का नहीं है बल्कि एक नये क़िस्म के उपनिवेशवादी सोच के विरुद्ध लड़ने से भी है।

(यह व्यंग्यात्मक लेख, वर्ष 2002 में हिन्दी दिवस पर हिन्दी अख़बार राष्ट्रीय सहारा के परिशिष्ट 'हस्तक्षेप' में लिखे आलेख का प्रमुख अंश है।)

# भाषा के संकट

महामहिम कुलाधिपति श्री बी.एल. जोशी जी, माननीय कुलपति प्रोफ़ेसर सत्यपाल गौतम जी, विश्वविद्यालय के शिक्षक मित्रो, छात्र-छात्राओ और उपस्थित देवियो-सज्जनो!

नवें दीक्षान्त समारोह के शुभ अवसर पर आप सभी को मेरा प्रणाम और साथ ही आमन्त्रण के लिए आभार।

सर्वप्रथम विभिन्न परीक्षाओं में उत्तीर्ण होने वाले विद्यार्थियों को बधाई और उज्ज्वल भविष्य के लिए शुभकामनाएँ भी। इसी क्रम में उन सबके सामने आने वाली भावी चुनौतियों की ओर कुछ संकेत करने की अनुमति चाहता हूँ।

वैसे तो आज की सबसे बड़ी चुनौती सर्वव्यापी भ्रष्टाचार ही प्रतीत हो रही है। किन्तु उसका दूषित प्रभाव ज़िन्दगी के लगभग सभी क्षेत्रों में दिखाई पड़ रहा है। यहाँ तक कि शिक्षा, संस्कृति, साहित्य, कला के साथ-साथ भाषा भी अछूती नहीं दिखती। मेरा कार्य क्षेत्र भाषा और साहित्य रहा है। इसलिए इसी क्षेत्र के बारे में अपने अनुभवों के आधार पर कुछ कहने की कोशिश करूँगा।

तो सबसे पहले भाषा। कहते हैं कि पक्षाघात यानी लकवा का पहला असर ज़बान पर महसूस होता है। 'जीभ को लकवा मारता है तो बोलते समय वह लड़खड़ाने लगती है।' यह सुपरिचित शेर है:

*कहता हूँ मुँह से कुछ तो निकलता है मुँह से कुछ*
*कहने को यूँ तो मुँह में ज़ुबाँ है, ज़ुबाँ नहीं।*

लेकिन इस नये पक्षाघात का रंग कुछ और है जिसे सुविधा के लिए 'मिलावट' कह सकते हैं। मुनाफ़ाखोरी का नशा इतना चढ़ गया है कि हर चीज़ में मिलावट होने लगी है–यहाँ तक कि बाज़ार में शुद्ध दूध और शुद्ध दूध की बनी चीज़ें दुर्लभ हो गयी हैं। इस सन्दर्भ में स्वयं अपने अनुभव की एक घटना का ज़िक्र करने की अनुमति चाहता हूँ। घटना काशी की है। मिठाइयों की पुरानी प्रतिष्ठित दुकान की।

एक ग्राहक आया और बोला : "शुद्ध घी की मिठाइयाँ मिलेंगी?" झट जवाब मिला, "यहाँ सिर्फ़ घी की मिठाइयाँ मिलती हैं। शुद्ध घी की मिठाइयों के लिए कहीं और जगह जाइए जहाँ लिखा होगा, "यहाँ शुद्ध घी की मिठाइयाँ मिलती हैं।"

उस 'शुद्ध घी' में जो व्यंग्य की टंकार थी वह आज भी मेरे कानों में गूँज रही है और जब भी 'शुद्ध हिन्दी' की बात उठती है तो याद आ जाती है।

अभी 26 नवम्बर के दैनिक भास्कर के पहले पृष्ठ पर काफ़ी बड़े टाइप में एक ख़बर का शीर्षक था, 'पाकिस्तान की ज़ुबान पर छा गये हिन्दी के बोल'! ख़बर की–शुरुआती पैराग्राफ़ इस प्रकार है :

"एक तरफ़ भारत में हिंग्लिश को सरकारी कामकाज में शामिल किया जा रहा है, वहीं पाकिस्तान के लोग हिन्दी की ज़ुबान बोल रहे हैं। आख़िरकार बॉलीवुड की फ़िल्मों और टी.वी. सीरियलों का असर तो होना ही था। हिन्दी के असर की बावत कराची विश्वविद्यालय के जन संचार विभाग की प्रमुख राफिया ताज ने ईद के मौक़े पर घोषणा की, 'विश्वास कीजिए, चाँद दिखा है और हम आज ईद मना रहे हैं। यक़ीन के बदले विश्वास शब्द का इस्तेमाल कराची के लोगों के लिए नया था।'

दैनिक भास्कर को भले ही पाकिस्तान में 'यक़ीन' की जगह 'विश्वास' को देखकर ख़ुशी हो, मेरी नज़र के सामने तो इस समय भारत में 'हिंग्लिश' है। कमोबेश किसी-न-किसी रूप में इस 'हिंग्लिश' की झलक काफ़ी पहले से मिलती रही है, लेकिन आर्थिक भूमण्डलीकरण के पिछले बीस-पच्चीस वर्षों से यह रंग गाढ़ा हुआ है।

अपने इतिहास का सिंहावलोकन करें तो देखेंगे कि ऐसा पहले भी हुआ है। हज़ार साल पहले भारत में इस्लाम के प्रवेश के समय भी हमारी भाषा में ऐसा वर्ण-संकर हुआ था। अमीर ख़ुसरो की उस क़व्वाली को याद कीजिए:

ज़ेहाले मिस्कीं मकुन्तगाफुल
दुराय नैना बनाय बतियाँ।
किताबे-हिजराँ, न दारम ऐ जाँ
न लेहु काहे लगाय छतियाँ।

फ़ारसी-हिन्दी के ये दो सखुने आज भी कानों में रस घोलते हैं। और तो और आगे चलकर हमारे राम-भक्त बाबा तुलसीदास अपने राम को 'ग़रीब निवाज़' कहते हैं : 'सो तुलसी महँगो किया राम ग़रीब-निवाज़! '(दोहावली, 108)। इसके बाद वही तुलसीदास कवितावली (आरकाण्ड) में 'कायर कूर कपूतन की हद तेउ ग़रीब-नेवाज नेवाजे।' और फिर 'विनय पत्रिका' (232) में भी–'लाभ जोग छेम को ग़रीबी

'मिसकीनता', 'तुलसीदास की 'मिसकीनता' में अमीर ख़ुसरो की 'ज़ेहाले मिस्कीं' की गूँज साफ़ सुनाई पड़ती है।

सच तो यह है कि भाषा विज्ञान में जिसे Code Mixing कहते हैं, वह एक विश्वव्यापी सामान्य प्रक्रिया है जिसके लिए अंग्रेज़ी का ही एक पारिभाषिक शब्द है–'क्रियोल' (Creol)। मॉरीशस की भोजपुरिया हिन्दी में भाषायी वर्ण संकर की यह प्रक्रिया बोल-चाल की भाषा में बड़े पैमाने पर हुई जिसमें फ्रेंच और भोजपुरिया की अच्छी-ख़ासी खिचड़ी बनी है। वैसे, खिचड़ी भी स्वादिष्ट भोजन है, लेकिन रोज़-रोज़ नहीं, बस कभी-कभार के लिए।

इसलिए इस नये दौर की 'हिंग्लिश' को भी इसी ऐतिहासिक परिप्रेक्ष्य में देखने की ज़रूरत है।

दरअसल भाषा का प्रश्न 'संस्कृति' से जुड़ा हुआ है जिसे अंग्रेज़ी में 'कल्चर' कहते हैं और अंग्रेज़ी का ही 'एग्रीकल्चर' इसी से जुड़ा है। बांग्ला में कवि गुरु रवीन्द्रनाथ ठाकुर इसीलिए कल्चर के लिए 'कृष्टि' शब्द का प्रयोग करते थे। इस तरह 'संस्कृति' और कृषि एक तरह से सगोतिया हैं।

कृषि विज्ञान के ही सजातीय हैं वनस्पति शास्त्र और प्राणिशास्त्र और विज्ञान प्रयोगशास्त्र में तरह-तरह के यन्त्रों की मदद से भिन्न-भिन्न प्रकार के उत्पाद तैयार करने में समर्थ हैं।

सम्भवत: इसी वैज्ञानिक प्रक्रिया के समानान्तर मानव समाज के भी विधि-विधान बनाये गये हैं। उदाहरण के लिए हिन्दू धर्मशास्त्र में एक विधान है सगोत्र और सपिण्ड विवाह नहीं होने चाहिए। कारण तो नहीं बताया गया है लेकिन यहाँ भी कहीं नस्ल ख़राब होने की अशंका तो नहीं है! बहरहाल अटकलबाज़ी से कोई फ़ायदा नहीं।

जो हो, इन बातों से किसी तरह यदि आज की 'हिंग्लिश' के समर्थन का आभास होता हो तो स्पष्ट कर देना चाहता हूँ कि दरअसल 'हिंग्लिश' बोलने की आदत 'शार्टकट' है जिसे हमारी बोली में 'अगवाह रास्ता' कहा जाता है। मैंने अपने गुरुदेव से यही शब्द सुना है। कोई चाहे तो इसे भाषायी भ्रष्टाचार कह सकता है और इसके विरुद्ध संघर्ष करने का मतलब अन्ना हज़ारे की देशव्यापी मुहिम में शामिल होना नहीं है।

भाषा के बाहर जाकर और कुछ कहने की इच्छा नहीं है फिर भी ज्योतिबा फुले के बारे में दो शब्द कहने का लोभ सँवरण नहीं कर पा रहा हूँ क्योंकि रुहेलखण्ड का यह विश्वविद्यालय महात्मा ज्योतिबा फुले के नाम के साथ जुड़ा है। बाबा साहब आम्बेडकर के नाम से तो अनेक विश्वविद्यालय हैं, लेकिन ज्योतिबा फुले के नाम

पर सम्भवतः यही एक विश्वविद्यालय है। नामकरण के पीछे जो भी राजनीति रही हो, लेकिन हिन्दी भाषी उत्तर प्रदेश में एक मराठी भाषी समाज सुधारक के नाम पर विश्वविद्यालय का होना अपने आप में राष्ट्र के लिए एक मिसाल है। उनके बारे में विस्तार से कुछ कहने का यह अवसर नहीं है, लेकिन इतना भर संकेत करना पर्याप्त है कि महात्मा ज्योतिबा फुले उन्नीसवीं शताब्दी के भारतीय नवजागरण के तेजस्वी अग्रदूतों में विशिष्ट थे और महाराष्ट्र में पैदा होने के बावजूद वे सारे भारत के लिए पूजनीय हैं। दुर्धर्ष चिन्तक होने के साथ ही वे संवेदनशील कवि भी थे। उनकी कविताएँ मेरी पढ़ी हुई हैं। महात्मा फुले का 'गुलामगीरी' नामक ग्रन्थ भारतीय जनजागरण का क्रान्तिकारी घोषणापत्र है—स्वयं बाबा साहब आम्बेडकर के लिए भी यह ग्रन्थ प्रेरणा स्रोत रहा है।

भाग्यशाली है यह विश्वविद्यालय जिसे महात्मा ज्योतिबा फुले के नाम के साथ जुड़ने का गौरव प्राप्त हुआ।

यदि इस विश्वविद्यालय के छात्र और छात्राएँ—विशेषतः उपाधि प्राप्त करने वाले महात्मा फुले से प्रेरणा ग्रहण करके समाज के लिए कुछ करें तो यह एक प्रकार का ऋण-शोध ही होगा।

एवमस्तु।

(यह व्याख्यान 30 नवम्बर, 2011 को महात्मा ज्योतिबा फुले रूहेलखण्ड विश्वविद्यालय, बरेली के नवें दीक्षान्त समारोह में मुख्य अतिथि के रूप में दिया गया था।)

# विदाई भाषण (1992) जवाहरलाल नेहरू विश्वविद्यालय

मैं इस विश्वविद्यालय में नवम्बर 1974 में भारतीय भाषा केन्द्र के अध्यक्ष के रूप में आया था। उस समय हिन्दी-उर्दू के हम सिर्फ़ चार अध्यापक थे और छात्र भी छह, वे भी हिन्दी के। एक नया सेंटर इसी पूँजी से शुरू हुआ था। आज उस सेंटर में हिन्दी-उर्दू के बारह अध्यापक हैं। छात्रों की संख्या भी साठ से ऊपर ही होगी। आँकड़े के हिसाब से यह तीन गुनी बल्कि और ज़्यादा तरक़्क़ी कही जायेगी। लेकिन जो सपना था, जो विज़न था, उसको देखते हुए शायद यह बहुत सन्तोषप्रद न हो। प्रो. अनिल भट्टी को स्मरण होगा और प्रो. प्रमोद तालगिरी को भी, जवाहरलाल नेहरू विश्वविद्यालय में प्रोफ़ेसर के रूप में आने से पहले 'स्कूल ऑफ़ लैंग्वेजेज़' की ओर से एक सेमिनार किया गया था। उस सेमिनार की चर्चा का मुख्य विषय था कि भारतीय भाषाओं का जो सेंटर बनेगा या बनना चाहिए उसका रूप क्या होगा? और मुझे उसमें भाग लेने के लिए जोधपुर से बुलाया गया था। उस सेमिनार ने मेरे सामने जवाहरलाल नेहरू विश्वविद्यालय का जो रूप रखा वह मेरे लिए एक आकर्षण और चुनौती की चीज़ थी। इन अठारह वर्षों में जो कुछ किया, जो कुछ हुआ, जो कुछ लिखा उसमें साल भर की सबेटिकल छुट्टी के दौरान लिखी हुई 'दूसरी परम्परा की खोज' मेरे लिए जवाहरलाल नेहरू विश्वविद्यालय की सबसे बड़ी उपलब्धि है। उस किताब के लिए मैं विश्वविद्यालय का ऋणी हूँ।

जवाहरलाल नेहरू विश्वविद्यालय में आने से पहले 'मुक्तिबोध' की चार पंक्तियाँ मेरे दिमाग़ में बराबर गूँजती रहती थीं। आज भी मेरे साथ हैं और आगे भी रहेंगी। और वह सवाल था कि "अब तक क्या किया/जीवन क्या जिया/ज़्यादा लिया और दिया बहुत-बहुत कम/मर गया देश, अरे, जीवित रह गये तुम!!" यह एक चुनौती थी। हमने इस समाज से, इस देश से कितना लिया है! आज इन्सान से एक दर्जा नीचे

रहने वालों की तादाद हमारे देश में नब्बे फ़ीसदी से ज़्यादा है। हम अध्यापक और विद्यार्थी उनकी तुलना में कितनी सुविधाओं से सम्पन्न हैं? एक ओर यह सब कुछ तो देश की जनता से ही मिला है, पैसा मिला है, सारी सुविधाएँ मिली हैं। उसकी तुलना में अगर हम देखें तो हमने क्या दिया है, उन लोगों को? यह मेरे मन में बार-बार सवाल उमड़ता था और चूँकि हमारा साधन, हमारा माध्यम साहित्य है और साहित्य में भी जिसके बारे में हम कुछ थोड़ा-सा जानते हैं, वह एक भाषा का साहित्य है। उसके माध्यम से हम क्या कर सकते हैं? ये कुछ सपने थे, कुछ बेचैनियाँ थीं हमारे मन में! जिन्हें लेकर जिनके लिए एक सही जगह की तलाश थी मेरे मन में। सच पूछें तो ख़याल थे कुछ, कुछ आइडियाज़ थे और उसे नाटककार या उस 'एक्टर' की तरह से मुझे 'थियेटर' की तलाश थी, जहाँ मैं कम-से-कम वो 'थियेटर ऑफ़ आइडियाज़' कह लीजिए, 'व्यूज़' कह लीजिए, जहाँ मैं उस रंगमंच को भरे-पूरे रूप में प्राप्त करके कुछ कर दिखाऊँ। ज़ाहिर है उसके लिए सहयोगियों की ज़रूरत थी और ऐसे कुछ सहयोगी मिले भी। एक ऐसा थियेटर भी मिला जो विचारों में उन्मुक्त था, खुला हुआ था, मैं इसे अपना सौभाग्य मानता हूँ कि जवाहरलाल नेहरू विश्वविद्यालय में वह सब मिला। यह कुँवारी धरती थी, हर तरह से कुँवारी थी। मैं तो चार साल बाद आया। पर वे भाग्यशाली लोग हैं, जिन्होंने सन् 1969 से इस ज़मीन को तोड़कर यहाँ एक नयी दुनिया बनाने की कोशिश की थी। लेकिन मुझे...अगर एक पोढ़ी पकी, बनी बनायी हुई यूनिवर्सिटी मिली होती तो शायद मैं या हम लोग वह नहीं कर पाते जो कर सके। इसलिए हमने तो कोरी पटिया से शुरू की। कोरी स्लेट से शुरू किया था और एक हद तक यह हमारे लिए सौभाग्य की बात थी और विश्वविद्यालय भी ऐसा मिला जो लगभग एक 'लीजेंड' उस समय बना हुआ था। धीरे-धीरे वह 'लीजेंड' अब तो टूट रहा है।

उस नये दौर में आने पर, इस नयी दुनिया में आने पर मेरे भीतर एक नया इन्सान बना और पैदा हुआ। जिसका अहसास इन अठारह वर्षों में तो नहीं हुआ, लेकिन अब इस विश्वविद्यालय को छोड़ते हुए महसूस करता हूँ। यहाँ विद्यार्थियों से, छात्रों से जो बौद्धिक चुनौतियाँ मिलीं, अगर वे नहीं मिलतीं तो हम लोग भी उसी तरह से एक ख़ास तरह की 'स्मॅगनेस' के शिकार हो गये होते। रोज़मर्रा जो हमें विद्यार्थियों से, कक्षाओं के बाहर होस्टल में, सड़कों पर, सेमिनार में मिले और उसके साथ ही मैं बहुत भाग्यशाली हूँ... किसी दूसरे विश्वविद्यालय में शायद वह अवसर न मिलता, जहाँ मुझसे बेहतर, मुझसे ज़्यादा अच्छे दूसरे शास्त्रों में, दूसरी विद्याओं में चाहे वह सामाजिक विज्ञान हो, चाहे वह अन्तरराष्ट्रीय विद्या संस्थान हो या विज्ञान

के लोग हों, उन लोगों से मिलने, जानने और सीखने का मुझे अवसर मिला। एक ऐसी 'लाइब्रेरी' मिली और उस दौर के एक ऐसे 'लाइब्रेरियन' मिले... मेरी ज़िन्दगी का एक बहुत बड़ा हिस्सा जवाहरलाल नेहरू विश्वविद्यालय की 'लाइब्रेरी' है। अगर 'कोई हाज़िरी' की किताब रहती तो पता चलता कि वहाँ जाने वालों में शायद सबसे नियमित यही आदमी था। कभी-कभी उन घड़ियों में भी, जब जाने वाले थोड़े लोग होते थे। बहुत पाया है मैंने उससे, बहुत सीखा है। इसका पूरा अहसास है मुझे। बाहरी आचार-विचार को देखने वाले लोग नहीं जानते कि किसी आदमी के शरीर के अन्दर दौड़ने वाली वो हज़ारों नसें हैं, जो ख़ून और खुराक पहुँचाती हैं। वह अदृश्य दान इस विश्वविद्यालय का मेरे लिए रहा है। कहीं पढ़ा था कि 'दत्तात्रेय' के चौबीस गुरु थे। चौबीस तो ख़ैर कहने के लिए थे। मशहूर यह था कि वे जहाँ भी जाते, वहाँ कुछ-न-कुछ सीखने के लिए मिल जाता। जैसे ओखली में मूसर चलाने वाली, धान कूटने वाली औरत हो और उसकी चूड़ी झनझना रही हो, तो उससे भी दत्तात्रेय को कोई एक ज्ञान मिल जाया करता था। ऐसा जिज्ञासु होने का दावा तो मैं नहीं कर सकता, लेकिन मैंने कोशिश की है कि यहाँ के प्रवास में जितने लोगों से सम्भव है ज्ञान बटोर लूँ। वह बटोरी हुई पूँजी इस क़द्र मेरे मानस का हिस्सा बन चुकी है कि उसके मूल स्रोतों के नाम भी आज याद नहीं रहे।

जवाहरलाल नेहरू विश्वविद्यालय में आया तो हिन्दी सुनाई नहीं पड़ती थी। हिन्दी बोलने वाले लड़के थे लेकिन उन्हें संकोच होता था। एक ख़ास तरह की आधुनिकता थी। उसे मैं अंग्रेज़ियत नहीं कहूँगा। उसमें कुछ 'बोहेमियन' तत्त्व मिला हुआ था। लेकिन जिसे कहें कि एक ग़रीबी का भी गर्व हुआ करता है, एक गँवारपन का भी स्वाभिमान हुआ करता है, उस स्वाभिमान के साथ इस पूरे विश्वविद्यालय में यह गँवार आदमी धोती-कुर्ता पहने हुए खड़ा रह सका। यह ताक़त मुझे अपने गाँव के लोगों से, बनारस से मिली थी। मुझे लगता था कि यह देसीपन इस विश्वविद्यालय के लिए बहुत ज़रूरी है। यह विश्वविद्यालय उस विदेशी हवा-पानी की खुराक से जवाहरलाल नेहरू के नाम को सार्थक नहीं कर पायेगा। यह देसीपन अपने आप इस विश्वविद्यालय में जुड़कर एक नयी ताक़त, एक नयी शक्ति बना। जो मुझे बल देता रहा है। मित्रों ने ज़िक्र किया कि हिन्दी की जो 'स्टीरियो टाइप' एक तस्वीर बनी थी, उसे मैं तोड़ना चाहता था और उस तस्वीर को तोड़ने के लिए ज़रूरी था कि हिन्दी केवल अपनी पहचान अकेले दम पर, केवल हिन्दी की होकर नहीं बना सकती। इसके लिए सगी बहन उर्दू का साथ ज़रूरी है। 'स्कूल बोर्ड' की अपनी पहली बैठक में सेंटर का पाठ्यक्रम प्रस्तुत करते हुए मैंने प्रस्तावना के रूप में कहा था :

और विश्वविद्यालयों में उर्दू और हिन्दी के विभाग जो जी चाहे करें, हम तो जे.एन.यू. में, हमारा सेंटर ऐसा बने जहाँ कि गंगा-जमुनी संगम चाहते हैं। बड़ा फ़र्क़ पड़ेगा इससे। प्रस्ताव का स्वागत करने वालों में एन.के.वी. मूर्ति पहले सदस्य थे, जो इस विश्वविद्यालय के प्रथम रजिस्ट्रार रह चुके थे। और अब भी यह अकेला विश्वविद्यालय है जहाँ हिन्दी के विद्यार्थी को उर्दू पढ़ना और उर्दू के विद्यार्थी को हिन्दी पढ़ना अनिवार्य है। दूसरे विश्वविद्यालयों में जहाँ दोनों भाषाएँ पढ़ाने और पढ़ने वाले एक-दूसरे से लड़ने के लिए बदनाम हैं, हमारे छात्रों ने, हमारे सहयोगियों ने दोस्ती की एक मिसाल पेश की है।...प्रेमचन्द के 'गोदान' उपन्यास में होरी की आख़िरी बात याद आती है। होरी कहता है, "जो कुछ अपने से नहीं बन पड़ा उसी के दुखों का नाम तो मोह है। पाले हुए कर्तव्यों और निपटाये हुए कामों का क्या मोह! मोह तो उन्हें छोड़ जाने का है जिनके साथ हम अपना कर्तव्य निभा नहीं सके, उन अधूरे मनसूबों में है, जिन्हें हम पूरा नहीं कर सके।''

शायद आपको लगे कि इस क्षण जब कि हर तरह के मोह से आदमी को मुक्त होना चाहिए, अजीब बात है कि इन्सान होने के नाते उस मोह से, जो अधूरे मनसूबे हैं, उससे मुक्त होना बड़ा कठिन लगता है। एक सपना था कि हिन्दी उर्दू के साथ कम-से-कम दक्षिण की एक भाषा हो, पश्चिम की एक भाषा हो, पूरब की एक भाषा हो और आधार रूप में संस्कृत हो। इन्हें मिलाकर कम-से-कम एक ऐसे भारतीय साहित्य, तुलनात्मक साहित्य की तस्वीर रखी जाय, जहाँ हर भाषा अपनी पहचान क़ायम रखते हुए भारतीय साहित्य की व्यापकता का आभास दे। फिर, 'स्कूल ऑफ़ लैंग्वेजेज़' से बड़ा विदेशी भाषाओं के अध्ययन का कोई संस्थान इस देश में नहीं है। रूसी, जर्मन, फ्रेंच, स्पैनिश, चीनी, जापानी के साथ ही अरबी, फ़ारसी इत्यादि भाषाओं की सर्वोच्च पढ़ाई यहीं होती है। ऐसे वातावरण में तुलनात्मक अनुशीलन की पद्धति अपनाकर भारतीय साहित्य क्या शक्ल ले सकता है, यह सोचते ही "तच्च संस्मृत्य संस्मृत्य रूप मत्सद्‌भुत हरेः। विस्मयो मे महान्यजन् हृश्यामिच पुनः पुनः।।" रोमांच हो आता है, इसकी कल्पना करके। यह सपना हमारा रहा है और मैं समझता हूँ कि सपना देखना छोड़ना नहीं चाहिए। क्योंकि कभी-कभी सपना देखने का अधिकार भी छिन जाता है। तब हक़ीक़त भी मुरझा जाती है और मर जाती है। मुझे उम्मीद है कि भारतीय भाषा केन्द्र आगे आने वाले समय में और विश्वविद्यालय का इस ओर ध्यान जायेगा, जहाँ वह एक सही मायने में भारतीय भाषाओं के साहित्य का मरकज़ और केन्द्र बन सकेगा।

मित्रो ! यहाँ आने के साथ हमारे मन में यह तो था ही। लेकिन इस सिलसिले में एक और अजीब बात देखी, जब सन् 1986 में 'नयी शिक्षा नीति' आयी, क्या देखा कि पूरे इस दस्तावेज़ में 'लिटरेचर' शब्द नहीं है। जवाहरलाल नेहरू विश्वविद्यालय में भी स्कूलों का नाम देखता हूँ तो 'साइंसेज़', 'सोशल साइंसेज़', इंटरनेशनल स्टडीज़', 'लैंग्वेजेज़..., 'लिटरेचर' नाम की कोई चीज़ यहाँ भी नहीं है। मैं कल्पना नहीं कर सकता किसी यूनिवर्सिटी की जहाँ साहित्य न हो, आर्ट न हो। मेरे सपनों में से एक सपना यह रहा है कि जवाहरलाल नेहरू विश्वविद्यालय की केवल 'आर्केटेक्चर' में ही नहीं बल्कि उसके बौद्धिक वातावरण को एक 'एस्थेटिक डाइमेंशन' की ज़रूरत है। उस 'एस्थेटिक डाइमेंशन' या सौन्दर्यपरक आयाम की बुनियाद साहित्य और कला बनाती है। यह साहित्य और कला की बुनियाद सम्भव हो कि इस विश्वविद्यालय को एक 'टीचिंग इंडस्ट्री' के स्तर से ऊपर उठा करके इसे संस्कृति की जगह बना सके। अपार सम्भावनाएँ यहाँ मौजूद हैं।

जब मैं देखता हूँ कि इस विश्वविद्यालय में जो चुनाव लड़े जाते हैं, उनके पोस्टर से अन्दाज़ा लगता है कि कितनी सर्जनशीलता है, कितनी सांस्कृतिक सम्पदा यहाँ मौजूद है। उन तमाम चीज़ों को क्या हम अपने 'एकेडेमिक प्रोग्राम' के द्वारा एक ऊँचा स्तर नहीं प्रदान कर सकते? इन प्रतिभाओं को देखते हुए मैं मित्रों से कहना चाहता हूँ कि यह तभी होगा कि जब उसके लिए भारतीयता का, भारतीय भाषाओं का ठोस आधार होगा। इनके बिना वह 'एस्थेटिक डाइमेंशन' दिया नहीं जा सकता है। ये कुछ सपने हैं जो आपके पास छोड़े जा रहा हूँ। 'जो भी दिया था वह आपका ही दान था और/तुमने जितना भी ग्रहण किया/उतना ही मुझे ऋणी बनाया है।' रवीन्द्रनाथ की कविता की ये पंक्तियाँ मुझे याद आती हैं। इन शब्दों के साथ मैं आज के अवसर पर इसलिए भी कि पुरानी परम्परा में कुछ तो जड़ें हैं ही, मैं ढूँढ़ता ही रहा कि विद्यार्थियों ने आयोजन किया है, हमारी परम्परा में ऐसे समय क्या गुरु के पास कहने को कोई शब्द होता है। मैंने देखा कि सारी परम्परा में शिष्यों के तो विदाई देने के तमाम मन्त्र हैं लेकिन गुरु विदाई लेता हो और उसके पास भी ऐसे अवसर पर कहने के लिए कोई मन्त्र हो, समूचे शास्त्र में मुझे कहीं नहीं मिला। क्या इसका यह अर्थ है कि विद्यार्थी आते-जाते रहते हैं, गुरु तो स्थाणु है, अचल है, वह कहीं नहीं जाता है। इन शब्दों के साथ मैं आपसे विदा लेता हूँ।

# बनारस हिन्दू यूनिवर्सिटी

जिस तरह विश्व भारती रवीन्द्रनाथ ठाकुर का सपना है और अलीगढ़ मुस्लिम यूनिवर्सिटी सर सैयद अहमद का, उसी तरह बनारस हिन्दू यूनिवर्सिटी पण्डित मदन मोहन मालवीय का सबसे बड़ा सपना है—ऐसा सपना जो इन साठ सालों में बहुत कुछ पूरा होने के बावजूद शायद अब भी एक ख़्वाब ही है। आधी हक़ीक़त आधा ख़्वाब।

यूनिवर्सिटी छूटे क़रीब सोलह साल हो गये लेकिन इस बीच वक़्तन... फ़वक़्तन अक्सर वहाँ जाता रहा हूँ और हर बार एक-न-एक नया इजाफ़ा दिखाई पड़ता है। देखते-देखते कैम्पस की बहुत-सी ख़ाली जगहें भरती जा रही हैं और पहले का ख़ाका एक भरी-पूरी ख़ूबसूरत तस्वीर की शक्ल अख़्तियार कर चला है।

अभी कुछ ही दिन पहले बनारस जाने का मौक़ा मिला तो एक शाम यूनिवर्सिटी में सिर्फ़ घूमने के लिए रख ली और देर तक कैम्पस की सेमी-सर्कुलर सड़कों पर अजनबी की तरह घूमता रहा। इस तरह बेमतलब बिलावजह घूमने का भी अपना मज़ा है। लम्बी-लम्बी सड़कें, दोनों तरफ़ ऊँचे-ऊँचे दरख़्त, कुछ हटकर एक तरफ़ कॉलेजों की बिल्डिंग्स और दूसरी तरफ़ होस्टल्स की क़तारें—नीम उजाले में शिवालानुमा आर्किटेक्चर के सिलुहेट। मुझे याद नहीं कि ऐसा ख़ूबसूरत कैम्पस मैंने कहीं और देखा है। कहते हैं कि बनारस हिन्दू यूनिवर्सिटी एशिया का सबसे बड़ा कैम्पस है—1300 एकड़ रकबे में फैले हुए कैम्पस का ओरछोर जल्दी नहीं दिखता। कहते हैं, इस कैम्पस की शक्ल में भी एक ख़ास बात है—इसकी शक्ल दूज के चाँद की सी है, ठीक उसी तरह जैसे गंगा के किनारे बसी हुई काशी दूज के चाँद सी दिखती है। शायद हिन्दू पुराणों में इसीलिए काशी को भगवान शंकर के ललाट पर रचे हुए चाँद के मानिंद कहा गया है।

बहरहाल, इतने साल बाद उन सड़कों पर घूमते हुए और बहुत-सी जानी-पहचानी जगहों से गुज़रते हुए दिमाग़ में कई-एक भूली-बिसरी यादें ताज़ा हो आयीं—बेतरतीव।

सामने जो लम्बा-चौड़ा एम्फी थियेटर का मैदान है, जहाँ हर साल कनवोकेशन हुआ करता है–यहीं पहली बार 1941 में गांधी जी को देखा था। तब मैं हाई स्कूल का स्टूडेंट था और बनारस के ही एक स्कूल में पढ़ता था। उस साल शायद बनारस हिन्दू यूनिवर्सिटी की सिलवर जुबिली मनायी जा रही थी। उस मौक़े पर हिन्दुस्तान के दूसरे बड़े लीडरों के साथ गांधी जी भी आये थे। गांधी जी को देखने के लिए लाखों की भीड़ टूट पड़ी थी। इन्तज़ाम करना मुश्किल हो गया था–भीड़-भाड़ शोर-गुल में कुछ भी सुनाई नहीं पड़ता था। एक बात अब भी याद है। गांधी जी ने मालवीय जी से शिकायत की थी कि आपकी यूनिवर्सिटी के बाहरी दरवाज़े पर अंग्रेज़ी में 'बनारस हिन्दू यूनिवर्सिटी' लिखा हुआ देखकर तकलीफ़ हुई। क्या वह हिन्दी में नहीं हो सकता? बात बहुत छोटी है लेकिन जैसा कि हम जानते हैं कि गांधी जी की नज़र ऐसी बहुत-सी छोटी चीज़ों पर भी जाती थी जो बड़े लोगों की नज़रों से फिसल जाती है। मुझे ठीक याद है कि यह छोटी-सी भूल दस साल बाद ठीक की गयी, जब मालवीय जी के बेटे पण्डित गोविन्द मालवीय वाइस-चांसलर हुए। सुनते हैं कि गांधी जी ने बनारस हिन्दू यूनिवर्सिटी के संगे बुनियाद के मौक़े पर 4 फ़रवरी, 1916 को भी कुछ ऐसी ही असुविधाजनक बातें कहकर मालवीय जी को धर्म संकट में डाल दिया था। उस मौक़े पर ख़ुद लॉर्ड हार्डिंग तो मौजूद थे, बहुत से राजे-महाराजे भी तशरीफ़ लाये थे, जिनसे यूनिवर्सिटी के लिए काफ़ी दान मिलने की उम्मीद थी। गांधी जी अपनी रौ में कुछ ऐसी बातें कह गये कि राजे-महाराजे नाराज़ होकर बीच ही में उठ गये। कहते हैं कि बनारस हिन्दू यूनिवर्सिटी को लेकर गांधी जी और मालवीय जी में आगे भी मतभेद के एकाध मौक़े आये। गांधी जी ने जब अपना 'नॉन-को-ऑपरेशन' मूवमेंट चलाया और विद्यार्थियों से पढ़ाई छोड़ने की अपील की तो मालवीय जी ने अपनी यूनिवर्सिटी के लड़कों को पढ़ते रहने का आग्रह किया था। सही कौन था, आज इस बात को छोड़ भी दें तो यह हक़ीक़त है कि बनारस हिन्दू यूनिवर्सिटी के विद्यार्थियों और अध्यापकों ने नेशनल मूवमेंट में आगे बढ़कर हिस्सा लिया और इस यूनिवर्सिटी को अनेक नेशनल लीडर पैदा करने का गौरव प्राप्त है। जैसे, आचार्य जे.बी. कृपालानी, बाबू जगजीवन राम, कामरेड राजेश्वर राव आदि।

दरअसल, बनारस हिन्दू यूनिवर्सिटी का जन्म ही कौमी तहरीक से हुआ। वरना मुल्क में और भी यूनिवर्सिटी थीं, जहाँ बी.ए., एम.ए. की पढ़ाई होती थी। इसलिए आज़ादी की भावना तो कहीं-न-कहीं इसकी बुनियाद में और इसके किरदार में ही रही है। यूनिवर्सिटी का करीक्यूलम भले ही दूसरी यूनिवर्सिटियों की तरह ही रहा हो, लेकिन क्लास रूम से बाहर कैम्पस के माहौल में कुछ ऐसा था कि यहाँ

आकर कोई विद्यार्थी राष्ट्रीयता की भावना से अपने को अलग नहीं रख सकता था। इस तरह यूनिवर्सिटी के भीतर एक और यूनिवर्सिटी थी जिसमें आज़ादी के लिए क़ुर्बानी देने वालों की ट्रेनिंग होती थी। हमारे ज़माने में ऐसी तमाम कार्रवाइयों का मरकज़ था रुइया होस्टल के सामने का गोल चबूतरा जो यूनिवर्सिटी में गांधी चबूतरा के नाम से मशहूर था। सारी सभाएँ उसी गांधी चबूतरे पर होती थीं। बाहर से आने वाले नेता भी उसी चबूतरे पर तकरीर करते थे। मुझे नहीं मालूम कि अब उस चबूतरे का क्या हाल है? शायद आज की पीढ़ी उसका नाम भी न जानती होगी।

इससे यह न समझा जाय कि बनारस हिन्दू यूनिवर्सिटी सिर्फ़ सियासत का अड्डा थी और वहाँ पढ़ाई-लिखाई न होती थी। मालवीय जी इस बारे में बेहद सावधान थे। उन्होंने खोज-खोजकर देश के कोने कोने से विद्वानों को बुलाया और यूनिवर्सिटी में जमा किया। मालवीय जी के व्यक्तित्व में ऐसा जादू था और उसका मिशन इतना बड़ा था कि कोई विद्वान उनके अनुरोध को मुश्किल से ही टाल पाता था। कई प्रोफ़ेसर ऐसे भी थे जो बिना किसी तनख़्वाह के सिर्फ़ मिशनरी स्पिरिट से काम करने के लिए आ गये थे। शुरू के दिनों में ऐसे प्रोफ़ेसरों की तादाद ज़्यादा थी। कुछ प्रोफ़ेसर ऐसे भी थे जो 'टोकेन' के रूप में सिर्फ़ एक रुपया तनख़्वाह लेते थे और कुछ ऐसे थे जो अपनी तनख़्वाह का अधिकांश ग़रीब विद्यार्थियों में बाँट दिया करते थे। कहने की ज़रूरत नहीं कि उस आदर्शवादी ज़माने में अध्यापकों और विद्यार्थियों के सम्बन्ध और तरह के थे। बहुत कुछ उस तरह के जैसा पुराने गुरुकुलों के बारे में सुनते आये हैं। अध्यापकों के दरवाज़े अपने विद्यार्थियों के लिए हमेशा खुले रहते थे और ज़रूरत पड़ने पर विद्यार्थी उनसे हर तरह की मदद पा सकता था।

यह सूरते हाल तो बहुत कुछ उस वक़्त भी था, जब मैंने 1947 की जुलाई में बी.ए. में दाख़िला लिया। लेकिन वह पुरानी बनारस हिन्दू यूनिवर्सिटी का आख़िरी दौर था। वह यूनिवर्सिटी तो शयद मालवीय जी के इन्तक़ाल के साथ 1945 में ही चली गयी। सूरज के डूबने के बाद जैसे आसमान में कुछ देर के लिए रोशनी बची रहती है, बनारस हिन्दू यूनिवर्सिटी के आसमान की रंगत उन दिनों कुछ वैसी ही थी।

सर सर्वपल्ली राधाकृष्णन वाइस-चांसलर थे। यह वही सर सर्वपल्ली जिन्हें मालवीय बड़ी आरज़ू से बनारस हिन्दू यूनिवर्सिटी में ले आये थे। वाइस-चांसलर की हैसियत से वे कोई तनख़्वाह न लेते थे, 'इंडियन फिलासफ़ी एंड रेलिजन' के प्रोफ़ेसर की एक गायकवाड़ चेयर थी, जिससे उनको शायद डेढ़ हज़ार रुपये माहवार मिलते थे। डॉ. राधाकृष्णन उस साल के ख़त्म होते ही यूनिवर्सिटी छोड़कर चले गये, लेकिन एक विद्यार्थी को गर्व करने के लिए यह भी कम नहीं कि वह उस

यूनिवर्सिटी का स्टूडेंट है जिसके वाइस-चांसलर डॉ. राधाकृष्णन थे। वैसे तो हमें यह पता ही न चलता था कि वाइस-चांसलर यूनिवर्सिटी में कब होते हैं। लेकिन डा. राधाकृष्णन के साथ एक ख़ास बात थी। वे जब भी यूनिवर्सिटी में होते थे तो इतवार की सुबह 8 बजे ओरिएंटल कॉलेज के हॉल में उनका गीता लेक्चर ज़रूर होता था। डॉ. राधाकृष्णन का लेक्चर और वह भी गीता पर। आप ख़ुद अन्दाज़ा लगा सकते हैं। यह अपने आप में एक अनुभव है।

आज भी मेरी आँखों के सामने उस लेक्चर की तस्वीर एकदम साफ़ है। ठीक आठ बजे हैं। आप घड़ी मिला लीजिए। डॉ. राधाकृष्णन की कार ओरिएंटल कॉलेज की बरसाती में पहुँचती है। कार से एक शख़्स उतरता है। वही गोरा चिट्टा रंग। लम्बा इकहरा बदन। सफ़ेद पगड़ी। लम्बा कोट। धोती। ऑडिएंस के बीच में से गुज़रते हुए मंच पर। आधे उठे हुए दाहिने हाथ की दो उँगलियों से नमस्कार का प्रति उत्तर। तब वे प्रेसिडेंट न थे फिर भी उस चाल में एक राजसी गरिमा थी। और अब वह गीता लेक्चर। अंग्रेज़ी जिसे सुनने के लिए अंग्रेज़ भी तरसते थे लफ़्ज़ जैसे चाँदी के खनकते हुए सिक्के। मेटलिक आवाज़। गोया चाँदी का एक झरना था कि चश्मा और आप उसमें बह रहे हैं–बहते जा रहे हैं। और बीच-बीच में गीता के श्लोक। एक जुम्ला जो बार-बार याद आ रहा है–Transcendental Reality आज भी याद है। लेकिन डॉ. राधाकृष्णन की आवाज़ में कुछ ऐसा जादू था कि जब वे Transcendental Reality कहते थे तो लगता था कि सचमुच Transcendental Reality है–ऊपर और ऊपर कहीं सातवें आसमान के पार। आध घण्टे के बाद विराम। पाँच मिनट के लिए एक भजन। फिर यूनिवर्सिटी के बारे में कुछ ज़रूरी ऐलान। और प्रोग्राम ख़त्म।

मुझे उनके आख़िरी लेक्चर की भी याद है, जिसमें उन्होंने यूनिवर्सिटी छोड़ने का ऐलान किया था। लेकिन वह वाक़या इतना कड़वा है कि उसका ज़िक्र न करना ही बेहतर।

उसके बाद तो एक-एक करके कई वाइस-चांसलर आये। साल भर के लिए डॉ. अमरनाथ झा, फिर गोविन्द मालवीय ख़ुद, फिर आचार्य नरेन्द्र देव और उनके बाद सर सी.पी. रामास्वामी अय्यर और फिर वी.एस. झा ... और फिर एक लम्बा सिलसिला है जो आज डॉ. के.एल. श्रीमाली पर आकर ख़त्म होता है। यह सही है कि कोई यूनिवर्सिटी अपने वाइस-चांसलर से जानी जाती है, लेकिन यह पूरी सचाई नहीं है–यही नहीं बल्कि कुछ मामलों में तो यह बात अब बेमानी-सी होती जा रही है। इसलिए इस तफ़सील में जाने की ज़रूरत नहीं है।

दरअसल, हर यूनिवर्सिटी अपने इल्मी ख़यालों से जानी जाती है जिसका श्रेय उसके प्रोफ़ेसरों को है। ज़ाहिर है कि बनारस हिन्दू यूनिवर्सिटी से सबसे पहले संस्कृत और हिन्दुस्तान के इतिहास तथा कल्चर के मामले में नयी रवायतों की उम्मीद की जाती है। जहाँ तक संस्कृत का ताल्लुक है, इस यूनिवर्सिटी में अलग से एक संस्कृत कॉलेज ही है। दर्शन जिसे वेद, वेदान्त, व्याकरण, धर्म, दर्शन और साहित्य की पढ़ाई संस्कृत माध्यम से होती है और इन विषयों के एक-से-एक पण्डित यहाँ शुरू से ही रहे हैं, जिनमें पं. रामावतार शर्मा, पं. चन्द्रधर शर्मा 'गुलेरी', चिन्नस्वामी शास्त्री, पं. बालकृष्ण जी तथा पं. महादेव प्रसाद पाण्डेय के नाम आज भी आदर से लिए जाते हैं। इस कॉलेज के अलावा आर्ट्स कॉलेज में भी संस्कृत का एक डिपार्टमेंट है जिसमें प्रोफ़ेसर पी.एल. वैद्य जैसे इंटरनेशनल शोहरत के स्कॉलर रह चुके हैं। हिन्दुस्तानी तारीख़ की रिवायत यहाँ शुरू से ही बहुत पुख्ता रही है। मेडिवल इंडियन हिस्ट्री के विद्वान सर जदुनाथ सरकार से यह रवायत शुरू होती है और आगे चलकर इसमें एंशिएंट इंडियन हिस्ट्री के प्रो. आर.डी. बेनर्जी और प्रो. ए.एस. अत्तेकर जैसे विद्वान हुए। कुछ दिनों से यूनिवर्सिटी ने 'भारत कला भवन' नाम से एक म्यूज़ियम भी विकसित किया है, जिसके डाइरेक्टर राय कृष्णदास जैसे मशहूर कला मर्मज्ञ हैं।

काशी हिन्दी का गढ़ माना जाता है, इसलिए अगर बनारस हिन्दू यूनिवर्सिटी ने हिन्दी के क्षेत्र में भी बड़े काम किये तो इसमें किसी को आश्चर्य नहीं होना चाहिए। बनारस हिन्दू यूनिवर्सिटी को यह गौरव प्राप्त है कि डॉ. श्यामसुन्दर दास इसके शोब-ए-हिन्दी के पहले हेड थे, जिन्होंने हिन्दुस्तान की यूनिवर्सिटियों में हिन्दी की पढ़ाई की दागबेल डाली। आगे चलकर हिन्दी के बड़े नक्काद आचार्य रामचन्द्र शुक्ल और आचार्य हजारी प्रसाद द्विवेदी भी इसी यूनिवर्सिटी में हिन्दी के प्रोफ़ेसर रहे।

हिन्दुस्तान की तारीख़ और कल्चर की कोई भी तालीम अरबी, फ़ारसी और उर्दू के बिना पूरी नहीं हो सकती और कहना न होगा कि मालवीय जी इस बात से अच्छी तरह परिचित थे। इसलिए उन्होंने शुरू से ही यूनिवर्सिटी में अरबी, फ़ारसी और उर्दू की तालीम का इन्तज़ाम रखा। हमारे ज़माने में इस शोबे के प्रोफ़ेसर मौलवी महेश प्रसाद हुआ करते थे, जिनकी शख़्सियत ऐसी थी कि कोई उन्हें नज़रअन्दाज़ न कर सकता था। उनकी तीन पहिये वाली साइकिल यूनिवर्सिटी के लिए अजूबा चीज़ तो थी–वह उनका साइन बोर्ड भी थी। मुझे बाद में मालूम हुआ कि मौलवी महेश प्रसाद ने ग़ालिब के ख़तूत का बहुत अच्छा एडिशन मुरत्तब किया था।

इल्मों और अदबी रवायतों के साथ ही फ़नी रवायतों का ज़िक्र भी ज़रूरी है और बनारस हिन्दू यूनिवर्सिटी को यह गौरव प्राप्त है कि उसके कॉलेज ऑफ़ म्यूज़िक

एंड फाइन आर्ट्स को पण्डित ओंकारनाथ ठाकुर जैसा गायक प्रिंसिपल के रूप में मिला था। पण्डित ओंकारनाथ ठाकुर को बनारस हिन्दू यूनिवर्सिटी में ले आने का श्रेय पं. गोविन्द मालवीय को है। 1951-52 की बात होगी, जब पहली बार मैंने पण्डित ओंकारनाथ ठाकुर को आर्ट्स कॉलेज के आँगन में वन्दे मातरम् गाते सुना था। वह एक अनुभव है, उसे लफ़्ज़ों में बयान नहीं किया जा सकता।

आर्ट्स का ज़िक्र तफ़सील से करने का यह मतलब नहीं कि बी.एच.यू. सिर्फ़ आर्ट्स की यूनिवर्सिटी है। दरअसल आर्ट्स तो मुश्किल से तीसरा हिस्सा है यूनिवर्सिटी का। दो-तिहाई हिस्सा तो साइंस, टेक्नोलॉजी, मेडिकल साइंसेज़ और एग्रीकल्चर वग़ैरह घेरे हुए है। मालवीय जी इस यूनिवर्सिटी को सही मायने में 'सर्व विद्या की राजधानी' यानी सारे इल्मों का मरकज़ बनाना चाहते थे और आज के ज़माने में साइंस और टेक्नोलॉजी ये लिए बिना यह मरकज़ बन ही नहीं सकता। इंजीनियरी के कॉलेज तो उस ज़माने में भी कई-एक थे, लेकिन माइनिंग एंड मेटलर्जी, सिरामिक्स इंजीनियरिंग और फार्मास्यूटिकल्स की तालीम शुरू करने में बी.एच.यू. ने पहल की और आज वहाँ का इंस्टीट्यूट और टेक्नोलॉजी किसी भी इंस्टीट्यूट से बढ़-चढ़कर है। इसी तरह शुरू के दिनों का आयुर्वेदिक कॉलेज आज एक अच्छे-ख़ासे 'कॉलेज ऑफ़ मेडिकल साइंसेज़' के रूप में विकास कर चला है। इसी तरह एग्रीकल्चर की फैकल्टी भी अपने आपमें मुकम्मल एक बड़े इंस्टीट्यूट के रूप में विकास कर चुकी है। इसके पास कैम्पस में 150 एकड़ का फार्म है और मिर्जापुर में 2500 एकड़ ज़मीन पर एक और फार्म बनाने का प्लान है। इसके अलावा एक अच्छी-ख़ासी 'डेयरी' भी है। मुझे मालूम नहीं किसी यूनिवर्सिटी कैम्पस में साइंस, टेक्नोलॉजी, एग्रीकल्चर और मेडिकल साइंसेज़ की इतनी सारी फैकल्टी इकट्ठे एक साथ मौजूद हैं।

लेकिन इन सबके बावजूद मुझे इस यूनिवर्सिटी में जो बात सबसे अहम लगती है वह है इसका आल इंडिया नेशनल कैरेक्टर। सर हारकोर्ट बटलर ने कभी इस यूनिवर्सिटी के बारे में कहा था कि "If it ever there was an all India university it is this" यह कथन आज भी सौ फ़ीसदी सही है। यूँ तो अब हिन्दुस्तान के हर सूबे में एक नहीं अनेक यूनिवर्सिटियाँ हैं, फिर भी बनारस हिन्दू यूनिवर्सिटी में हिन्दुस्तान के हर सूबे से, कोने-कोने से विद्यार्थी आते रहते हैं; इस तरह एक कैम्पस पर आपको समूचे हिन्दुस्तान की झाँकी मिल जायेगी ये यहाँ शुरू से ही हर ज़बान और हर सूबे के अपने कल्चरल एसोशिएन रहे हैं और वे आज भी है। नेशनल इंटीग्रेशन की ऐसी अच्छी मिसाल और कहीं शायद ही मिले। जिसे सारा हिन्दुस्तान घूमकर देखने का

मौक़ा नहीं मिला है वह बनारस हिन्दू यूनवर्सिटी देखकर छोटे पैमाने पर हिन्दुस्तान की कम्पोज़िट कल्चर की एक झलक पा सकता है। मेरे ख़याल से यह ख़ूबी बनारस शहर की भी है और कोई ताज्जुब नहीं कि बनारस हिन्दू यूनिवर्सिटी बनारस के इस ख़याल को साइंटिफ़िक और मॉडर्न ढंग से विकसित करने की कोशिश करे।

(यह लेख 1975-76 में जवाहरलाल नेहरू विश्वविद्यालय में भारतीय भाषा केन्द्र में अध्यक्ष होकर आने के बाद लिखा गया है।)

❑❑